4ª Edição

AUTOCULTURA

à Luz do Ocultismo

I. K. Taimni

AUTOCULTURA

à Luz do Ocultismo

Tradução
Milton Lavrador

EDITORA TEOSÓFICA
Brasília-DF

Título do original em inglês
Self-Culture

Edição 1970
The Theosophical Publishing House
Adyar, Chennai, Índia

EDITORA TEOSÓFICA
SIG-Setor de Indústrias Gráficas,
Quadra 6, Lote 1235
70610-460- Brasília-DF
Tel.: (061) 3322-7843
Email: editorateosofica@editorateosofica.com.br
Site: www.editorateosofica.com.br
Instagram: *@editorateosofica*
Whatsapp: 61 98613-4906

T 129 Taimni, I. K. (1898-1978)

AUTOCULTURA
à luz do ocultismo

Editora Teosófica, 4ª edição, 2020
Tradução do original : Self-culture

Tradutor : Milton Lavrador

ISBN: 9788585961169

I. Teosofia
II. Título

CDU 141.332

Capa: Tiago Portes
Diagramação:
Reginaldo Mesquita / Ricardo Souza
Equipe de Revisão:
Ricardo Lindemann,
Wanisa Costa Lins
Zeneida Cereja da Silva
Impressão: Gráfika Papel e Cores - Fone: (61) 3344-3101 (2Reimp2024)

Sumário

Prefácio

Muitos livros têm sido escritos sobre o imperante assunto da Autocultura. Alguns desses foram escritos por pessoas cuja visão da vida está nitidamente colorida pelo materialismo ou pela ortodoxia religiosa, mas praticamente todos estes escritos estão baseados na tácita aceitação de que temos somente uma vida para viver na Terra e cumpre-nos adotar medidas tais que nos permitam atingir todo o sucesso ou felicidade possíveis dentro das limitações naturais da vida humana. Mesmo os escritores que discutem o assunto sob o ponto de vista moral ou espiritual deixam à parte as consequências capitais da vida e limitam-se geralmente aos pequenos e restritos interesses de uma única existência. Nenhuma tentativa é feita para relacionar o homem com o universo onde vive, ou indicar a natureza de seu destino final.

Uma concepção tão restrita da vida humana dificilmente pode fornecer base satisfatória para a verdadeira Ciência da Autocultura. Se temos que viver nesta Terra tão somente uma vida de alguns anos, se o futuro do homem após a morte é treva ou, na melhor das hipóteses, algo nebuloso, se não há leis definidas operando nos reinos da mente e das emoções, se não há um objetivo definido que todo ser humano possa e deva atingir, então a Autocultura, no sentido mais amplo do termo, torna-se um esforço fútil e sem significado da parte do homem para chegar a um ideal vago e inatingível. Que oportunidade tem o homem de hoje, sobrecarregado com suas fraquezas e responsabilidades, de atingir o estado de perfeição humana exemplificado nas vidas dos verdadeiros grandes homens do mundo? E mesmo no caso daqueles que estão colocados nas circunstâncias mais favoráveis para o atingimento desse elevado ideal, que certeza há de que o conseguirão no meio das incertezas da vida? E se não há certeza desse atingimento, se a vida, no caso da grande maioria dos aspirantes, está destinada a ser ceifada no meio da luta para chegar ao objetivo, qual é a utilidade de lutar por esse ideal? A vaga promessa de prêmio e de uma espécie de existência *post-mortem,* oferecida pelas religiões ortodoxas de hoje, pode induzir gente comum a uma vida virtuosa, mas não lhe pode dar ímpeto e determinação suficientemente fortes para trilhar o árduo caminho da perfeição.

O fato é que uma autêntica Ciência da Autocultura só pode ser edificada sobre o conhecimento abrangente e direto da vida como um todo encontrado no Ocultismo, e aqueles que não estão preparados para aceitar que tal conhecimento exista e possa ser adquirido, não estão aptos a trilhar o caminho que leva, através de muitas vidas, à meta da Perfeição e Iluminação. É possível seguir um código de ética para levar uma vida virtuosa, ou fazer um curso de treinamento para desenvolver poderes e faculdades mentais, ou mesmo chegar a certas experiências espirituais, mas estes esforços permanecem confinados ao estreito e limitado horizonte de uma breve e incerta vida humana, sem relação com a maior e mais vasta vida da alma da qual uma única vida humana é um capítulo isolado.

Não é possível tratar-se neste livro, mesmo resumidamente, do vasto conhecimento denominado Ocultismo, e muito menos fornecer provas dos muitos fatos incomuns que fazem parte integral desse conhecimento. Mas é justo dar-se ao leitor alguma ideia dos fatos fundamentais do Ocultismo nos quais este livro se baseia, e deixar que ele decida se pode aceitá-los como fundamentos para uma compreensão da Ciência da Autocultura. É verdade que a eficiência dos métodos adotados na Autocultura de forma alguma depende da verdade desses postulados, exatamente como o uso da energia elétrica não depende da teoria vigente sobre a natureza da eletricidade. Entretanto, dificilmente se pode esperar que uma pessoa esteja preparada para a longa e árdua tarefa de transformar-se por completo, a menos que aceite experimentalmente as verdades da Ciência Oculta ou esteja, no mínimo, preparada para considerá-las como hipóteses razoáveis para finalidades práticas. As principais ideias que são parte da Filosofia Oculta e nas quais este livro se baseia são as seguintes:

1. O Universo manifestado tem raízes em um Princípio Eterno, Ilimitado, Imutável, sempre Imanifestado, chamado o Absoluto, *Parabrahman* ou a Realidade Última. Este Princípio transcende o alcance da compreensão humana.

2. Consciência e Poder, ou Espírito e Matéria, não são duas realidades independentes, mas dois aspectos polares do Absoluto. Eles são os primeiros produtos da diferenciação e a base da Manifestação.

3. Dessa Tríada procedem todos os inúmeros Universos que aparecem e desaparecem num ciclo sem fim de *Shrishti* e *Pralaya,* ou Manifestação e Dissolução.

4. Os inumeráveis Sistemas Solares que constituem parte do Universo manifestado são expressões dessa Realidade Última, formando cada Sistema Solar uma unidade independente, e contudo continuando suas raízes na Realidade Sempre-Imanifestada.

5. Todo Sistema Solar é um mecanismo perfeitamente organizado que, além de governado pelas leis imutáveis da Natureza, é também a manifestação da Inteligência transcendente chamada Deus ou *Logos*.

6. O Sol físico e os planetas a ele ligados são a parte mais externa ou mais densa do Sistema Solar, havendo diversos mundos invisíveis, compostos de matéria progressivamente mais fina, interpenetrando o mundo físico.

7. O Sistema Solar completo, com seus planetas visíveis e invisíveis, é um vasto teatro da evolução, onde a vida, em seus vários estágios e inúmeras formas, está evoluindo para uma perfeição cada vez maior.

8. Todo esse estupendo processo tem lugar de acordo com um Plano definido, presente na Consciência Divina, controlado e guiado por várias hierarquias de Seres em diferentes estágios de evolução.

9. A evolução da humanidade em nossa Terra é guiada por uma Hierarquia Oculta composta de Seres humanos perfeitos, que desenvolveram em si poderes e faculdades que não podemos conceber no estágio onde nos encontramos. Eles estão em constante e íntimo contato entre si e com os acontecimentos do mundo e guiam-no segundo o Plano Divino com extrema habilidade e sabedoria.

10. A vida evolui passo a passo através dos reinos mineral, vegetal, animal e humano. A evolução continua mesmo depois de ter sido atingida a perfeição do estágio humano.

11. Os seres humanos, Divinos em essência, contêm em si todas as qualidades e todos os poderes que associamos à Divindade, mas em estado germinal. O desenvolvimento gradual destes poderes e qualidades acarreta uma perfeição e uma expansão da consciência sempre crescentes, sem limites.

12. O desenvolvimento dessas qualidades e poderes latentes é efetuado através do processo de reencarnação, a alma encarnando vezes e mais vezes em diferentes países e em diferentes circunstâncias, para adquirir experiências de todas as espécies, despendendo em seguida períodos de descanso nos planos superfísicos para assimilá-las.

13. Não somente o físico, mas também todos os outros aspectos da vida humana são governados por leis naturais operando em suas respectivas esferas. Essa lei oniabarcante de causa e efeito, geralmente conhecida como *Karma*, torna o homem senhor de seu destino e criador de sua felicidade ou de sua miséria.

14. Assim como nos reinos vegetal e animal a evolução das formas pode ser acelerada pela utilização das leis biológicas, também a evolução do homem pode ser muito acelerada pela aplicação das leis mentais e espirituais que operam em seus respectivos planos.

15. A Ciência da Autocultura baseia-se na aplicação dessas leis naturais, em sua totalidade, ao problema da evolução humana, leis tão certas e fidedignas em resultados definidos quanto as que operam no Plano Físico dentro do campo da Ciência moderna.

Alguns dos fatos acima enumerados podem parecer estranhos e não convincentes àqueles que leem a seu respeito pela primeira vez, mas não o são na realidade se os considerarmos com cuidado em sua totalidade e examinarmos a evidência que existe em seu favor. Esses fatos, quando estudados cuidadosamente e em detalhe, revelam-se uma solução que abrange praticamente todos os problemas mais profundos da vida, uma solução inerentemente razoável e de acordo com os conhecimentos atuais. O leitor pode tomá-los, se assim preferir, como hipóteses, tendo em mente o fato de que não são hipóteses no sentido em que a palavra é usada pela Ciência. Na Ciência a palavra é empregada para significar um conjunto abrangente de suposições que são arbitrariamente adotadas para explicar um grupo de fenômenos e para guiar experimentos posteriores na mesma linha. As doutrinas da Filosofia Oculta não são suposições não comprovadas naquele sentido, mas matéria de conhecimento direto dos ocultistas, pelo menos dos mais avançados entre eles, sendo aos poucos comprovadas por todo candidato que trilhe o Caminho Oculto para a Perfeição. Mas, para o neófito, esses fatos devem permanecer sem verificação ainda que, pelo estudo exaustivo da literatura do Ocultismo, ele possa facilmente se convencer de sua verdade e inerente razoabilidade. Esses fatos podem ser verificados e reconhecidos como verdadeiros somente por aqueles que percorrem o caminho do desenvolvimento interno e tornam-se Adeptos da Ciência da Autocultura.

O Ocultismo é frequentemente confundido com magia e artes ocultas, tais como astrologia, hipnotismo e bola de cristal e, visto serem estas últimas muitas vezes associadas com charlatanismo, pessoas cultas da atualidade mantêm uma natural suspeita contra todas as coisas que não fazem parte do conhecimento científico contemporâneo. É verdade que a maior parte desse conhecimento e das práticas anunciadas como Ocultismo, tanto por sociedades como por indivíduos, são em maioria espúrios; não obstante, por trás deste pseudo-ocultismo existe uma tremenda realidade sobre a qual o homem comum dificilmente pode ter qualquer noção. Há mundos mais sutis, de esplendor progressivamente crescente e interpenetrando o mundo físico que percebemos através de nossos sentidos físicos. Existem seres altamente desenvolvidos que vivem nos tempos atuais e que possuem completo conhecimento destes mundos mais sutis. Estes relatos parecerão incríveis ao homem que os ouve pela primeira vez, mas são objetos de experiência comum para certo número de pessoas, em contato com os Adeptos do Ocultismo, que desenvolveram as faculdades necessárias ao conhecimento desses mundos.

Aqueles que não estão obcecados pela filosofia materialista da vida e acreditam que o homem é um ser imortal, sendo sua vida física apenas um capítulo na longa e contínua existência nos planos superfísicos, estarão aptos a verificar que, se tais mundos superfísicos existem, o conhecimento a seu respeito deve também ser possível e deve haver gente que o possua. Como mostra a literatura religiosa e filosófica de alguns povos antigos, os setores ocultos e avançados de tais comunidades têm tentado perscrutar os mistérios mais profundos da vida, além de desenvolver, há muito tempo, técnicas para a solução desses mistérios. Há também evidência positiva da existência de escolas de Ocultismo e da transmissão de conhecimentos ocultos acerca dos problemas mais profundos da vida, nos Antigos Mistérios. Tudo isso chama a atenção para o fato de que o genuíno conhecimento sobre os mistérios mais profundos não somente é possível, mas também está ao alcance de algumas pessoas.

Desde tempos imemoriais, sempre existiu neste planeta um grupo de Seres altamente evoluídos que têm atuado como guardiães desse conhecimento oculto e usam-no estritamente para o progresso e a orientação da raça humana. Desconhecidos e não reconhecidos pelo mundo externo, eles vêm trabalhando pela evolução através das idades e por trás dos bastidores, em cooperação com as forças naturais e os agentes divinos, usando homens e acontecimentos do mundo como seus instrumentos para a execução dos desígnios divinos. Desta augusta corporação vieram os grandes Instrutores religiosos das várias raças, em épocas diferentes. Por eles tem sido inspirada a maioria dos movimentos beneficentes do mundo, que vem lentamente mudando as diferentes civilizações e erguendo a humanidade para níveis evolutivos cada vez mais altos. Nela, todos estes Seres, que constituem a corporação oculta, estão no mesmo nível, mas formam uma Hierarquia gradativa, incluindo-se em suas fileiras, nos escalões inferiores, os discípulos Iniciados e, nos mais elevados, Seres de quem não podemos nem mesmo formar uma ideia, tal a sua sabedoria e poder.

A Hierarquia Oculta possui completo conhecimento sobre tudo quanto existe no Sistema Solar, mas nem todos os seus membros participam da totalidade deste conhecimento. À medida que um Adepto progride na evolução e desenvolve suas faculdades, uma após a outra, entra em contato com camadas cada vez mais profundas da consciência divina e adquire visão mais penetrante dos fatos da existência e dos planos mais sutis. A maior parte deste conhecimento que constitui o verdadeiro Ocultismo não é semelhante ao conhecimento comum da Ciência que pode ser formulado em linguagem e comunicado de uma pessoa para outra. O Ocultismo, em seus aspectos inferiores, pode ser, sem dúvida, transmitido dessa maneira, mas o aspecto superior está além do alcance do pensamento e somente pela experiência direta é possível entrar-se em contato com ele.

É necessário compreendermos que todo conhecimento existe eternamente na Consciência do *Logos* de nosso Sistema Solar e, à proporção que vamos desenvolvendo nossas faculdades interiores, vamos adquirindo a capacidade de entrar em contato com esse conhecimento nos diferentes níveis. Temos, por assim dizer, de nos sintonizar, através de nossos diferentes veículos, com os diferentes níveis de Sua Consciência a fim de entrar em contato com todas as coisas em seus respectivos níveis. O conhecimento das realidades transcendentes da vida só pode ser obtido dessa maneira peculiar e sua aquisição depende da nossa capacidade de responder às diferentes espécies de vibrações mais sutis dos planos internos. Assim é impossível comunicar esse conhecimento a outrem e expressá-lo em fórmulas para o mundo, como acontece com outros conhecimentos científicos. Todos devem desenvolver suas próprias faculdades interiores e conquistar este conhecimento de dentro para fora.

A maior parte desse conhecimento não somente é incomunicável, como também muito do que está ligado aos mundos mais elevados é incompreensível para o intelecto humano. Acostumados como estamos com fatos e ideias de um mundo de três dimensões, não podemos, naturalmente, entender as realidades dos mundos nos quais a consciência opera num número progressivamente maior de dimensões, a menos que possamos nos "erguer" a esses mundos e "ver" as coisas por nós mesmos. Quanto mais penetramos nas profundezas insondáveis da Mente Divina, mais difícil torna-se formular as realidades desses mundos em termos dos conceitos mentais com os quais estamos familiarizados, e maior é a necessidade de desenvolvimento de nossas faculdades e poderes interiores para a compreensão dessas realidades. Por isso o Senhor Buda, quando interrogado sobre Deus, guardou silêncio, e todos os verdadeiros instrutores da "doutrina do coração" recusaram-se a discutir os mistérios mais profundos da vida com os não iniciados e os curiosos.

Do que foi dito acima deve ser óbvio quão pouco podemos entender do verdadeiro Ocultismo e da natureza e poderes dos Adeptos do Ocultismo. Tudo o que podemos esperar conseguir, estudando essa Ciência Sagrada, é tocar a fimbria desse conhecimento ilimitado e, com esse auxílio, começar a desenvolver nossa natureza espiritual e as faculdades interiores.

À medida que formos tendo sucesso em nossos esforços, ficaremos aptos a obter uma visão direta[1] dos mistérios mais profundos da vida e a adquirir conhecimento de primeira mão dessas realidades, que os filósofos acadêmicos erroneamente procuram nas regiões do intelecto e os religiosos ortodoxos nas páginas de um livro sagrado.

Tal desenvolvimento interior é possível porque os Adeptos do Ocultismo possuem um conhecimento abrangente, não só de todos os segredos da Natureza, mas também da ciência prática da Autocultura. Quem quer que se faça proficiente nessa Ciência pode gradualmente desenvolver suas faculdades interiores e verificar, um a um, todos os fatos do Ocultismo. Os elementos da Ciência da Autocultura foram disseminados pelo mundo inteiro a fim de dar a todos uma oportunidade de trilhar o Caminho da Autorrealização, mas o conhecimento mais avançado dos mistérios da Natureza, que conferem poderes aos Iniciados, é dado somente aos discípulos dignos da confiança dos Adeptos, que tenham demonstrado, através de um longo período de provas e de experiências, ser inteiramente devotados aos interesses da humanidade, incorruptíveis e incapazes de usar o conhecimento egoisticamente em seu próprio benefício. Por isso, todos que no mundo são atraídos para o Ocultismo com motivos egoístas, ainda que esse egoísmo seja sutil, são excluídos do auxílio dos Adeptos. Esses não podem chegar senão ao mais externo dos recintos do templo sagrado, onde apenas lhes é facultado um conhecimento superficial dos segredos da Natureza e a aquisição dos poderes menos importantes da alma. Somente aqueles que estão preparados para abandonar todos os objetivos egoístas, e aproximarem-se do Caminho do Ocultismo com coração puro e vida limpa, podem ser admitidos nos segredos internos e podem manejar o poder de *Ātmā* que os torna poderosos nos planos internos, ainda que apareçam "como nulos aos olhos dos homens". Pois, quanto mais um Adepto recolhe-se ao mais íntimo recesso de sua alma e adquire conhecimento mais completo das realidades da vida, mais se eleva acima dos desejos mesquinhos, e por vezes infantis, que fazem os homens comuns procurarem poder, fama temporária e popularidade nas sombras passageiras da vida. É assim que o verdadeiro ocultista permanece desconhecido e, deliberadamente, evita os olhos do público, enquanto os pseudo-ocultistas, ainda cheios dos desejos inferiores, competem entre si para atraírem a atenção de seus seguidores e do mundo em geral.

Como todo verdadeiro Adepto do Ocultismo esconde zelosamente da vista vulgar do público seu conhecimento e poder, os homens indagam

[1] No original em inglês: *insight*. (N. ed. bras.)

se há algo de verdadeiro no Ocultismo ou se toda essa conversa de planos mais sutis e Seres super-humanos é apenas fantasia. Mas aqueles que têm conhecimento real desses assuntos deliberadamente deixam que o mundo permaneça em sua ignorância e incredulidade quanto à enorme potencialidade oculta no homem e na Natureza. Pois, enquanto a natureza humana for como é no presente, e o egoísmo, o preconceito e o autoengrandecimento forem as paixões predominantes do homem, é preferível que a humanidade permaneça ignorante dessas forças poderosas e das enormes possibilidades a que o Ocultismo abre a porta. Quem quer que observe o que esta acontecendo presentemente no mundo e veja quanto o conhecimento das forças do Plano Físico está sendo usado para o mal por pessoas e nações sem escrúpulos, compreenderá de imediato que é mais sábio manter segredo do conhecimento das forças mais sutis da Natureza, para uma humanidade não desenvolvida e, de certa maneira, ainda bárbara. Essas forças são muito mais poderosas para fazer o mal e por conseguinte infinitamente mais perigosas.

Não deve ser, portanto, difícil de se entender que a parte do conhecimento Oculto encontrada nos livros, acessível ao homem comum, é a mais exterior e a menos importante, e que, atrás do simbolismo e das referências veladas que encontramos com frequência, há tremendas realidades das quais ninguém no mundo externo pode fazer qualquer ideia. Contudo, o pouco conhecimento ministrado é suficiente para que aquele que seriamente procura a Verdade tenha uma chave satisfatória para a compreensão dos problemas da vida e para habilitá-lo a dar os passos preliminares que levam ao Caminho do Ocultismo. Pois a verdadeira vida de Ocultismo somente começa quando um homem entra em contato direto com as realidades que estão dentro dele, passando a depender cada vez mais de suas próprias faculdades e poderes interiores e cada vez menos de instruções e orientação do exterior.

Com este pequeno prefácio deixa-se à decisão do leitor se vale a pena ir até o fim do livro e, depois de lê-lo, dar o passo seguinte, adotando a filosofia e a técnica da Autocultura aí contida, para empreender a viagem de Autoexploração e Autorrealização.

O livro foi dividido em três partes. A parte 1 trata de maneira geral das bases teóricas da Ciência da Autocultura, que tem por objetivo a descoberta da Realidade oculta no coração de todos os seres humanos. Sem pelo menos um conhecimento geral da relação do homem com Deus, em Quem tem sua raiz, e com o universo onde evolui, ele não pode tentar resolver inteligente e sistematicamente os vários problemas da Autocultura.

A parte 2 trata dos problemas da autodisciplina e autocultura que visam a tornar os veículos do aspirante instrumentos eficientes para a expressão da Vida e Consciência Divinas, nos diferentes planos. Sem que esses problemas sejam compreendidos e sejam dados os necessários passos para imprescindíveis mudanças nos veículos, é muito difícil, senão impossível, tentar resolver o problema do Autodescobrimento e da Autorrealização. Somente quando os veículos forem adequadamente purificados, harmonizados e colocados sob o controle do Eu Superior é que a faculdade espiritual conhecida como *Buddhi* começa a iluminar a mente, e o *Ātmā* pode funcionar, através de seus veículos, nos planos inferiores.

A parte 3 trata dos problemas do Autodescobrimento, da Autorrealização e das técnicas que lhes são próprias. Aqui não há a intenção de dar um conhecimento detalhado destas técnicas, o qual deve ser adquirido em tratados técnicos e em outras fontes. Seu propósito é dar ao aspirante uma ideia geral desses problemas e preparar sua mente para um estudo mais intensivo e para a prática dessas técnicas.

Os capítulos das partes 1 e 2 são, em maioria, reprodução dos que apareceram na primeira edição deste livro. A parte 3 contém novos capítulos, adicionados a fim de tornar o livro mais amplo em seu escopo e servir como uma espécie de introdução ao estudo do livro *A Ciência* do *Yoga*[2]

---

[2] TAIMNI, I. K. Editora Teosófica, Brasília, 7ª ed., 2018. Em várias páginas seguintes, serão citados *Sūtras* do livro aqui referido. (N. ed. bras.)

PARTE 1

Base Teórica da Autocultura

1

Evolução à Luz do Ocultismo

Uma das mais brilhantes e fecundas ideias dadas pela Ciência ao mundo moderno é a da Evolução. Mas as tendências materialistas do pensamento científico tornaram esta ideia desde o começo uma meia verdade, privando-a de seu verdadeiro significado e importância na vida humana. É a Ciência que provê a outra metade da verdade e assim torna a ideia realmente dinâmica e de grande auxílio para a compreensão da vida e de seus variados fenômenos.

Da maneira como é dada pela Ciência, a ideia básica da evolução é fácil de ser entendida. A Teoria da Evolução foi originalmente formulada por Darwin, levando em consideração a grande variedade de espécies no reino animal, mas logo foi aplicada e desenvolvida em outros setores, trazendo esclarecimentos para fenômenos da mais variada espécie. Nesta teoria, a principal ideia a ser compreendida, e que nos diz respeito, é que as mudanças acarretadoras de tão grande variedade de espécies no reino animal não aconteceram por acaso, mas resultaram do esforço da forma para adaptar-se gradualmente ao ambiente no qual foi colocada. As formas continuamente mudam segundo as variáveis condições peculiares ao ambiente do momento. As transformações maiores e mais fundamentais produzem os diferentes gêneros, enquanto as menores e locais produzem a grande variedade das espécies. A continuidade das mudanças nas formas, que se verificou ser um fato na Natureza, é assim explicada pela dependência dessas formas a um ambiente em mutação gradual. Assim, o que a Teoria realmente fez foi introduzir ordem na confusão dos fenômenos biológicos, mostrando que a grande variedade de formas vivas não são independentes, mas que um princípio de derivação trabalha por trás dessas formas em mutação, tornando-as mais e mais adaptadas ao ambiente onde são colocadas.

Ver-se-á que, de acordo com a ideia da evolução enunciada pela Ciência, as mudanças das formas eram atribuídas tão somente ao seu esforço para adaptarem-se ao ambiente. Este foi o resultado natural de encarar-se o processo global como um fenômeno puramente físico e de considerar-se o aspecto "vida" do processo como um subproduto das mutabilidades físicas. Enquanto a vida foi encarada como o resultado da interação de matéria e força, era inevitável que ela fosse posta de lado ao se considerar a série de transformações das formas e ao se atribuírem essas mudanças apenas à influência do ambiente. A limitação da concepção científica sobre a evolução é assim inerente à posição adotada pela Ciência moderna em relação à natureza do Universo, e pode ser resumida numa palavra – materialismo.

A contribuição importante e vital trazida pelo Ocultismo à ideia da evolução foi, por assim dizer, mostrar o outro lado da medalha, e assim dar um quadro completo do processo. A Ciência Oculta tem à sua disposição meios para investigar os fenômenos da vida de maneira mais direta e abrangente do que a Ciência e, como resultado dessas investigações, verificou claramente que a vida não é um subproduto da matéria e da força, mas um princípio independente que usa matéria e força para sua expressão no Plano Físico. As formas existem para habilitar a vida que as anima a se expressar e mudam para atender à crescente e variada procura de expressão mais completa por parte da vida. A vida toma para si forma após forma e, por meio dos estímulos recebidos através de todas elas, as possibilidades que encerra gradualmente se desenvolvem e se manifestam. As formas morrem e desaparecem, mas a vida que opera através delas cresce mais e mais.

Assim, por trás da série de mudanças nas formas, que de acordo com a teoria científica da Evolução fazem todo o processo parecer um conjunto de transformações infindáveis e sem sentido, vemos uma vida evoluindo continuamente, usando diferentes formas em seus vários estágios de evolução. Na infinita variedade de formas e em sua constante destruição, a Natureza mostra ter um propósito definido, inteligível, que mesmo presentemente é negado pela Ciência. A Ciência moderna é como uma pessoa surda estudando instrumentos musicais de grande variedade e crescente refinamento. Estuda os instrumentos com grande cuidado, mas se recusa a acreditar que haja uma coisa chamada música.

Desta forma, não é de admirar-se que a Evolução estudada e exposta pela Ciência seja um assunto muito pouco convidativo, um conjunto de fatos prosaicos, de fósseis desenterrados das entranhas da terra e seus esqueletos armados peça por peça, dando-nos uma visão muito parcial ou mesmo distorcida do processo. Por outro lado, a evolução como nos é apresentada pelo Ocultismo é uma ideia dinâmica, e quanto mais a estudamos mais nos fascina. Esta ideia nos dá, num relance, uma visão interior de todo o processo da Natureza que vemos desenvolver-se ante nossos olhos, fundindo num conjunto integrado todos os fenômenos da vida que estão dentro de nosso conhecimento. Este conceito tanto ilumina o passado e o presente como nos dá um vislumbre do futuro, não somente em relação à humanidade, mas também a nós próprios como indivíduos. Mostra-nos ainda a perfeição que todos atingiremos um dia e os degraus da escada a ser galgada para chegarmos a essa mesma perfeição. De fato, a realização mais importante dessa visão Oculta da evolução não é a compreensão intelectual que obtemos da Natureza em operação, mas a certeza que nos dá de nosso triunfo final sobre nossas dificuldades, imperfeições e limitações. Estamos assim aptos a tratar do problema da Autocultura de maneira científica e total e a desenvolver todos os nossos poderes e faculdades com a mesma confiança de um cientista trabalhando em seu laboratório.

Posto que o objetivo deste livro é tratar globalmente do problema da Autocultura, sendo isto possível somente com a visão ampla da evolução tal como nos dá o Ocultismo, temos de separar-nos aqui da teoria científica da Evolução, a fim de perceber o que a evolução significa em Ocultismo, e quais são as diferentes etapas dessa longa estrada que irá levar-nos à perfeição. Mas antes consideremos por uns momentos o significado da perfeição que é o objetivo do esforço humano.

Deve ficar bem entendido que não há limite para o gradual desenvolvimento da Vida Divina manifestada no Universo em formas variadas. Não há nenhum ponto em que se possa dizer que o máximo em perfeição tenha sido atingido. Mas para o estágio humano há um limite que pode ser considerado o limite do reino humano e que é alcançado quando o *Arhat* recebe a quinta iniciação no Caminho da Santidade e torna-se um *Jīvanmukta* ou Mestre de Sabedoria. Quando o Adepto chega a esse estágio definido, as reencarnações compulsórias estão encerradas para Ele. Passou do estágio humano para o Super-humano e, daí em diante, continua seu Autodesenvolvimento nos planos superfísicos. A perfeição acima mencionada é a perfeição relativa que é atingida por um Mestre de Sabedoria.

É necessário também que nos lembremos que não podemos saber o que é essa perfeição até que tenhamos atingido o mesmo estágio, pois as realidades da vida superior somente podem ser conhecidas por experiência direta. Nenhuma descrição verbal destas realidades, ou mesmo o maior esforço de imaginação, pode habilitar-nos a conhecê-las como verdadeiramente são. Assim, quando dizemos que estamos tentando compreender essas coisas, enquanto confinados à região do intelecto, queremos dizer que estamos procurando captar, aqui e ali, luzes isoladas ou pálidos reflexos do esplendor oculto que está muito além da concepção humana e que só nosso coração pode compreender, até certo ponto, quando nosso desenvolvimento interior o possibilitar.

Após esta explicação, contemplemos numa visão panorâmica o vasto processo da Evolução. Fascinante como é o assunto, não é possível entrar em detalhes no pequeno espaço disponível. Tudo o que se pode fazer é expor certas generalidades realçando marcos importantes da estrada que estamos percorrendo.

De acordo com os ensinamentos do Ocultismo, toda a vida que vemos em manifestação em torno de nós veio do Princípio ou Essência Divina Una a qual, depois de desenvolvidas todas suas potencialidades, novamente retornará à Fonte Divina. Todos os poderes e qualidades que associamos à Divina perfeição estão presentes quando a vida emerge de sua Origem Divina num estado germinal ou latente, tal como uma árvore está oculta em uma semente. Eles se desenvolvem muito lentamente, postos a funcionar pelos impactos externos provenientes das forças evolutivas e da constante pressão da Vontade Divina exercida no interior, e quando a vida, depois de atingida a perfeição, novamente se funde conscientemente na Divindade, todos os poderes e qualidades pertencentes a este estágio estão em plena manifestação.

Outro ensinamento fundamental do Ocultismo é que o nosso Sistema Solar, um vasto teatro de evolução, é sétuplo em sua constituição e, interpenetrando o mundo físico, que podemos perceber com os nossos sentidos, existem seis outros mundos compostos de matéria progressivamente mais sutil. Esses mundos são chamados planos na literatura teosófica e a eles são dados nomes apropriados. O mundo em seguida ao físico, e ao qual passamos durante o sono e após a morte, é chamado Plano Astral e está relacionado com nossos sentimentos, desejos e emoções. O plano imediatamente superior, onde ficamos a maior parte de nosso tempo no período entre duas encarnações, é chamado Plano Mental e está relacionado com nossos pensamentos. Seguem-se os Planos *Búddhico, Átmico, Anupādaka* e *Adi*, nesta ordem. Estes planos estão relacionados com nosso ser espiritual e eterno e são a fonte de nosso conhecimento e poderes espirituais.

O homem e, de fato, toda a vida em suas várias formas, estão ligados, de certo modo, a todos os sete planos do Sistema Solar; mas, limitando-nos presentemente ao homem, podemos dizer que ele tem um veículo de consciência em cada um dos planos. A vida humana tem raiz na vida do *Logos* no plano mais elevado e flui desse Centro comum através de todos os veículos que a ligam aos diferentes planos. Um raio da Consciência Divina atravessa e energiza, por assim dizer, o conjunto de veículos que representam a Mônada ou *Jīvātmā* nos diferentes planos, e realiza sua transformação gradual até que o fragmento divino torna-se completamente desenvolvido, onipresente, onipotente e onisciente em todos os planos.

Essas verdades podem ser representadas pelo diagrama que segue. Convém, entretanto, ter-se em mente que se trata de uma figura de duas dimensões, que pode ser usada como símbolo a fim de ajudar-nos a entender essas verdades, mas de maneira nenhuma pode representar as realidades transcendentes dos planos mais elevados. Há sempre certo perigo no uso de figuras, símbolos e analogias, estendendo ao demasiado e chegando a conclusões que não encontram justificativa nos fatos.

Os sete planos do Sistema Solar estão representados pelos sete círculos concêntricos da figura, enquanto o Centro representa o *Logos* Solar ou *Ishvara,* que preside todo o Sistema Solar manifestado durante o período de manifestação. O ponto importante a ter em mente quando se olha o diagrama é que, apesar de estarem os diferentes planos representados por círculos, são realmente esferas que se interpenetram; cada esfera mais sutil situando-se no interior e interpenetrando todas as outras mais densas. É assim que os círculos pretendem indicar, não o tamanho dos diferentes planos, mas seu relacionamento espacial. Nossa consciência, acostumada às três dimensões do espaço, não pode imaginar as condições dos planos mais elevados onde tem que operar com mais de três dimensões e, assim, muito dificilmente podemos fazer uma ideia do relacionamento dos diferentes planos entre si. O mundo físico, ao qual nossa consciência está presentemente quase por completo confinada, é o mais denso, o mais externo e o que está mais sujeito as maiores limitações e ilusões. À medida que penetramos no interior, de plano em plano, essas limitações vão se tornando menos opressoras, os véus da ilusão tornam-se mais tênues, até desaparecerem completamente quando atingimos a consciência do *Logos* Solar que permeia todos os planos e a todos dá vida.

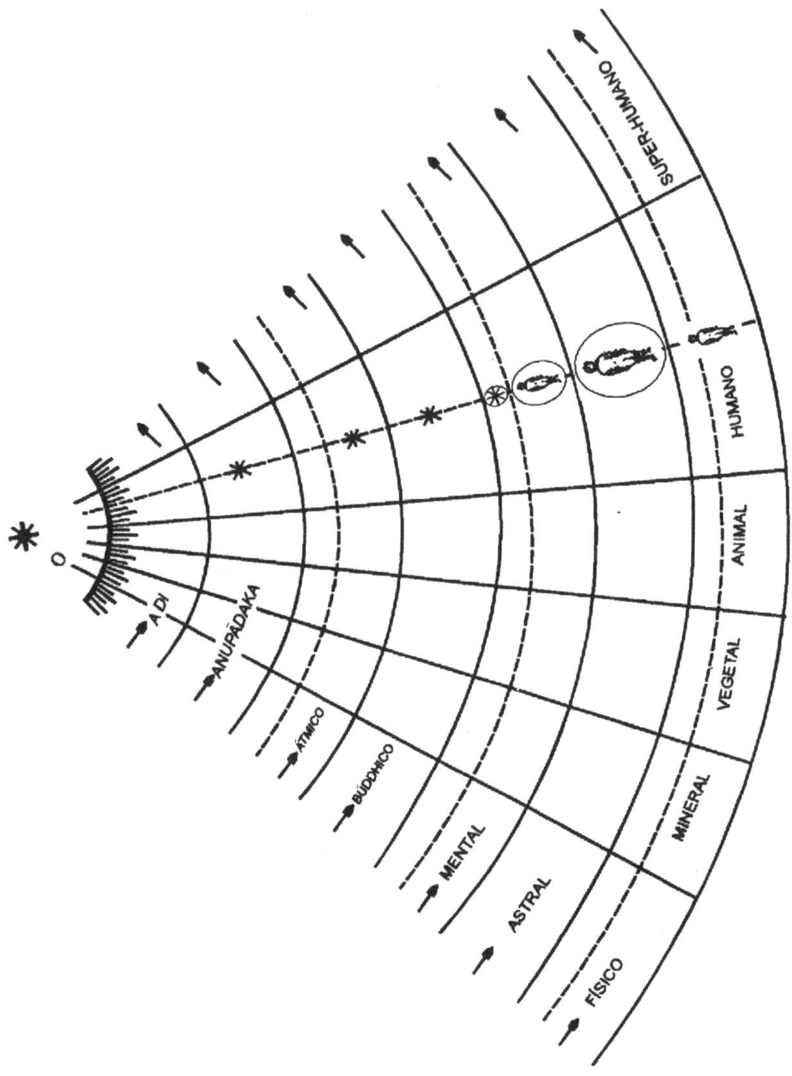
O
ADI
ANUPÁDAKA
ÁTMICO
BÚDDHICO
MENTAL
ASTRAL
FÍSICO
MINERAL
VEGETAL
ANIMAL
HUMANO
SUPER-HUMANO

Figura 1

Uma alma individual ou *Jīvātmā* está representada nesta figura por um raio dos círculos concêntricos. Tal raio corta todos os círculos, o que pode ser entendido como indicando que o raio da Consciência Divina, representando um *Jīvātmā,* atravessa todos os planos e energiza um conjunto completo de veículos, ligando-os aos diferentes planos. Todos os veículos de um determinado *Jīvātmā* podem ser visualizados como se estivessem enfileirados neste raio de consciência, que assim os unifica apesar das grandes diferenças em suas maneiras de agir. À medida que a evolução prossegue, veículo após veículo, a partir do físico, é desenvolvido, ativado e preparado para servir ao *Jīvātmā* nos planos sucessivos.

A evolução da Vida que vem do *Logos* e que, depois de desenvolver suas potencialidades Divinas, no *Logos* novamente se funde, está representada na figura por setas intercaladas entre os círculos. Os estágios de involução pelos quais a vida passa, antes de atingir o estágio de mineral, são deixados em branco porque as condições relativas a esses estágios não foram suficientemente investigadas e estão além do nosso horizonte mental. Entretanto é bom lembrar que a vida, antes de atingir o estágio mineral, considerado pela maioria das pessoas como o mais inferior, já passou no mínimo por três estágios distintos e bem organizados. Nesses estágios, que são realmente estágios de involução e não de evolução, a vida mergulha cada vez mais na matéria antes de começar a ascender novamente e passar ao processo de evolução. O estágio mineral é assim o ponto mais baixo do círculo que representa o ciclo da involução e da evolução.

A vida, por conseguinte, surge bem nitidamente em nosso horizonte mental no estágio mineral, a linha O, na figura 1, p. 24, marca, portanto, o limite entre o desconhecido e o conhecido. A vida no estágio mineral, pelo menos no que concerne à sua manifestação no Plano Físico, tem sido estudada muito minuciosamente por nossos cientistas modernos e as leis que regem seu trabalho incorporadas à literatura de ciências tais como a Química, Física, Geologia e Astronomia. Contudo, mesmo em relação ao estágio mineral, sobre o qual a Ciência fez estudo detalhado, o Ocultismo sabe muito mais sob certos aspectos. Não é necessário, entretanto, ventilar aqui esta questão.

O estágio seguinte da evolução é o reino vegetal, onde a resposta aos estímulos externos torna-se um pouco mais definida do que no reino mineral e a capacidade de sentir é mais desenvolvida. As sensações são ainda indefinidas porque o corpo astral, veículo das sensações, em vez de organizado, é simplesmente um agregado de matéria astral. Não podemos, portanto, dizer que plantas e árvores sintam prazer ou dor, mas suas respostas a estímulos externos assemelham-se de certo modo a prazer e dor. Devemos lembrar que no reino vegetal há grandes diferenças no grau de evolução, e que os membros mais elevados deste reino têm talvez maior capacidade de sensações que os membros mais primitivos do reino animal. Esses reinos da Natureza não são nitidamente separados entre si, mas existem inúmeras sobreposições, sendo algumas vezes difícil apreciar a que reino pertence um membro situado na região limítrofe. A vida no reino vegetal, manifestada no Plano Físico através de organismos físicos, tem sido também objeto de muita investigação, e as leis a ela concernentes constituem a Ciência da Botânica.

A vida no reino vegetal é certamente muito mais evoluída do que no reino mineral, mas o fato de que os organismos vegetais estão enraizados num lugar limita grandemente a variedade de estímulos que eles podem obter de seu ambiente. Esta limitação é removida no estágio seguinte, o reino animal, e a capacidade de movimento que os animais têm abre a porta a um número maior e mais variado de experiências. Isso, não há dúvida, acelera a evolução da vida e pode ser esta a razão de encontrarmos nos animais mais evoluídos a capacidade de sensações mais desenvolvidas e também o começo da atividade mental.

É necessário reparar que o corpo astral e o sistema nervoso dos animais são perfeitamente organizados, sendo por isso bastante desenvolvida a sua faculdade de sentir prazer ou dor. Por este motivo qualquer ferimento no corpo físico é intensamente sentido pelo animal, embora não esteja apto a expressar seus sentimentos. Aqueles que infligem dor aos animais ou são causa de que a dor lhes seja infligida quer para a obtenção de alimento quer no campo esportivo devem refletir sobre isso. O sofrimento infligido a outrem retroage inevitavelmente, cedo ou tarde, àquele que o causou, e a Lei do *Karma* não deixa de operar mesmo no caso daqueles que são ignorantes ou que tentam encontrar desculpas plausíveis para seu erro. Se os homens soubessem que terríveis sofrimentos acumulam sobre si com sua insensibilidade e crueldade com os animais, seriam menos propensos a continuar em seu caminho nefasto e irresponsável, deixando de lado esse assunto que consideram desagradável com um sacudir de ombros.

Uma contribuição importante da Ciência Oculta na solução do problema da evolução nos reinos mineral, vegetal e animal é a elucidação do mecanismo dessa evolução. Tem-se verificado, por meio de pesquisas clarividentes nos planos mais elevados, que o mecanismo da evolução nos estágios inferiores difere num aspecto fundamental do mecanismo da evolução dos seres humanos, pois naqueles cada organismo físico não tem uma "alma" separada como acontece com cada ser humano. Em lugar disso, um grupo de organismos físicos da mesma espécie é ligado a uma "alma-grupo" que se torna, assim, não só o repositório de todas as experiências passadas por esses organismos, como também a vida que anima e energiza essas formas. Esse interessante fato de evolução coletiva esclarece muitos problemas ligados à vida dos animais e das plantas e incidentalmente mostra, de maneira admirável, os métodos engenhosos adotados pela Natureza para chegar a seus fins. Mas como esta questão não tem grande importância para o assunto em foco, não necessitamos detalhá-la e podemos passar ao estágio humano que mais nos afeta, pois somos seres humanos.

Ainda que, segundo todas as aparências externas, o estágio humano seja meramente uma continuação dos estágios anteriores, e sob muitos aspectos, de fato uma sequência, é necessário que se saiba que se opera uma mudança fundamental quando a vida entra nesse estágio, uma mudança que separa nitidamente a vida no estágio humano da vida no estágio animal. Esta mudança, exposta resumidamente, consiste na formação do corpo causal, o mais externo veículo da alma espiritual individual, em cujo interior desce a vida do *Logos* vinda diretamente do alto, e através do qual começa, daí em diante, a operar com maior dinamismo. Essa introdução do elemento divino no homem, proveniente do Primeiro *Logos,* ausente nos vegetais e animais, dá nascimento à peculiar faculdade humana, conhecida em Psicologia como autoconsciência, o que possibilita o desenvolvimento rápido e ilimitado da Vida Divina que tem lugar nos estágios humano e super-humano. A vida toma-se então uma unidade individual da consciência divina e esta pode continuar a expandir-se ilimitadamente.

As fases mais primitivas do estágio humano são passadas nas condições de selvagem, semicivilizados e civilizados. O homem adquire experiências de todo tipo, sob circunstâncias de toda espécie, e seus corpos astral e mental desenvolvem-se lentamente à medida que ele reencarna em condições diferentes, que ele mesmo criou por seus pensamentos, desejos e ações. Seus sentimentos e emoções desenvolvem o corpo astral, seus pensamentos, em termos de imagens concretas, desenvolvem a mente inferior, enquanto que o pensamento posto em coisas mais elevadas e assuntos abstratos produzem o desenvolvimento da mente superior, operando através do corpo causal. A grande maioria das pessoas civilizadas do mundo atingiu em sua evolução o estágio em que o corpo astral é bastante desenvolvido, a mente inferior também é desenvolvida até um certo ponto, mas somente no caso de cientistas, filósofos e outros grandes pensadores o corpo causal pode ser considerado atuante no sentido real do termo.

Depois de um indivíduo ter passado por toda espécie de experiências, vida após vida, de ter aos poucos começado a dedicar seus pensamentos a coisas mais elevadas e a viver uma vida nobre e altruísta, o veículo seguinte, o do Plano *Búddhico,* começa também lentamente a se desenvolver e a iluminação vinda dessa região para a mente aparece como a faculdade de discernimento, ou *Viveka,* como é chamada em sânscrito. O homem começa a apreciar as verdades espirituais e a reconhecer intuitivamente sua existência, ainda que disso não tenha provas. *Buddhi,* ou intuição como é chamada na Psicologia ocidental, é a faculdade com cujo auxílio todas as verdades espirituais são reconhecidas, e sem seu desenvolvimento um homem não pode fazer qualquer progresso no campo da espiritualidade. O simples intelecto é inútil numa região fora do alvo de sua atividade.

Quando o veículo *Búddhico* está suficientemente desenvolvido e principia a influenciar a mente com eficiência, nasce então o divino anseio que prenuncia o despertar da natureza espiritual. O homem começa a interrogar a vida, a fazer perguntas sobre os problemas fundamentais da existência dos quais aquele que está espiritualmente adormecido não tem o menor conhecimento. Começa então a procurar uma saída deste mundo de ilusões e sofrimentos, aspira à vida mais elevada do Espírito e sente uma afinidade interior com seus semelhantes, o que a pessoa comum dificilmente pode entender.

Se essa aspiração é convenientemente atendida e dirigida, cedo ou tarde, o homem põe os pés no caminho que leva à perfeição, atinge seu objetivo final e ultrapassa o reino humano. Se essa aspiração não é atendida, é abafada pela mente inferior ou deformada pelos desejos mundanos, o homem então pode caminhar por muitas vidas solicitado por duas atrações rivais: a da mente inferior que o impele para baixo e a aspiração pela vida mais elevada que o impulsiona para cima. Mas, cedo ou tarde, como resultado das lições repetidamente ministradas pelo sofrimento, pelas frustrações e pelos desapontamentos da vida mundana, o apelo divino torna-se demasiado forte para ser resistido, o homem dá as costas à vida inferior e, voltando sua face para o Divino, começa a galgar a encosta, passo a passo, em direção ao topo da montanha.

Percorremos até agora, em pensamento, rapidamente, o longo caminho da evolução em que estivemos viajando desde quando partimos do Divino e atingimos o estágio onde a aspiração divina nasceu em nós e fez-nos pensar em nosso verdadeiro lar e nos meios de retornar a ele. Examinemos agora mentalmente o caminho que ainda resta para ser trilhado e os estágios a serem vencidos.

O que fazer quando sentimos em nós aspirações pela vida mais elevada? A primeira coisa naturalmente é pensar de maneira profunda nos problemas fundamentais da vida e elucidar nossa mente até que esses problemas tornem-se claros ante nossa visão mental e compreendamos que a única maneira de termos solução satisfatória e permanente é tomarmos o caminho que leva à perfeição e à Iluminação. É necessário atravessar esse processo preliminar de profunda reflexão e sondar o coração muito cuidadosamente, sem precipitação, para chegar a uma decisão em relação a esses assuntos vitais, porque muitas vezes os ímpetos ocasionais que vêm do interior são de natureza evanescente, resultado de reações produzidas por desapontamentos e frustrações da vida. Eles vão desaparecendo aos poucos à medida que as atrações do mundo jogam sobre a mente seus véus de fascinação, e caímos novamente nas condições usuais de esquecimento de nosso destino superior. A aspiração divina que nos levará, através de muitas vidas, à nossa meta tem de ser constante e forte e deve resultar da maturidade da alma que será atingida quando tivermos passado por toda espécie de experiências e aprendido todas as lições que elas têm para nos ensinar.

Supondo ser correto o ímpeto que sentimos, nosso próximo passo será considerar cuidadosamente os meios a serem adotados para tornar realidade o nosso objetivo. Pois há no mundo muitos caminhos e muitos instrutores e nós temos de encontrar nosso caminho e nosso instrutor, que nos guiará com segurança ao fim almejado. Alguns dos caminhos que vemos se estenderem à nossa frente são como becos sem saída e alguns dos instrutores que se oferecem para nos ensinar são como cegos guiando outros cegos. Portanto, a escolha correta de nosso caminho irá poupar-nos muito tempo e transtorno. Para aqueles que já pensaram profundamente nos problemas da vida e compreenderam o plano da evolução não haverá dificuldade na escolha. O único caminho que podem escolher é o que foi trilhado pelos grandes Instrutores e *Rishis* do passado e leva à perfeição da vida humana, quer essa perfeição se chame *Nirvāna*, Iluminação, *Jīvanmukti* ou tenha outro nome qualquer. E o único Instrutor que lhe é possível ter é o seu Eu Superior que reside em seu próprio coração, que os conduziu ao estágio atual, e os levará sem desvio até a meta maior – a Iluminação.

Visto ser este um sumário rápido dos estágios da evolução pelos quais temos de passar, não é possível dar aqui, em detalhes, as qualificações a serem adquiridas pelos que aspiram a trilhar o Caminho que leva à Iluminação e Libertação das ilusões e misérias da vida humana. Há diversos livros na literatura oculta que dão informações minuciosas e úteis sobre o assunto, além das indicações importantes sobre a matéria, os quais se encontram difundidos em toda a literatura deste tipo. Muitas das questões importantes ligadas aos problemas de nosso desenvolvimento espiritual serão tratadas nos capítulos seguintes, no seu devido lugar.

É possível ter-se uma ideia sobre a condição sublime de *Jīvanmukti* ou Libertação, sobre a perfeição da vida atingida por Aquele que cruzou a fronteira que separa o estágio humano dos estágios que ficam além? Não, exceto de forma muito obscura. Mas, até certo ponto, podemos imaginar o enorme avanço do Adepto que atingiu esse estágio pelo fato de todos os seus cinco veículos inferiores da consciência – físico, astral, mental, *Búddhico* e *Átmico* – estarem completamente desenvolvidos e vivificados, podendo Ele operar em qualquer um destes veículos, em plena consciência, tal como uma pessoa comum pode fazê-lo usando seu corpo físico. Basta ao Adepto focalizar sua consciência em qualquer veículo, *Átmico* ou inferior, para entrar imediatamente em contato com o plano correspondente e saber o que quer que seja de seu interesse nesse plano, embora a palavra "saber" seja bastante inepta para exprimir o funcionamento da consciência nos planos espirituais mais elevados. Não apenas isto, mas Sua consciência está normalmente centrada no Plano *Átmico,* e quando Ele tem de trabalhar em qualquer um dos planos inferiores, focaliza-a parcialmente em um deles pelo tempo necessário; desse modo todos os cinco planos do Sistema Solar, com os quais a humanidade tem relação, estão dentro de sua consciência e formam o campo em que Ele trabalha para a execução do Plano Divino.

Cumpre lembrar que no desenvolvimento e na organização dos três veículos inferiores – físico, astral e mental – foram empregados milhões de anos. Por isso, quando um homem aproxima-se do fim da evolução humana e encontra-se no limiar da Divindade, sua evolução nos reinos espirituais é acelerada em altíssimo grau, tornando-se possível para ele em poucas vidas vencer a estupenda distância que separa um Adepto de um homem comum.

Dos estágios da Evolução e do desenvolvimento que estão além dos reinos super-humanos nada sabemos exceto o que temos ouvido falar. O intelecto humano recua confuso quando tenta penetrar nos mistérios mais profundos, e tudo que podemos fazer é cogitar com admiração e reverência sobre o que possam ser tais sublimes condições de existência. Basta-nos saber que elas existem, e existem Aqueles, que de inimagináveis alturas, fazem chover Suas bênçãos sobre nós, ainda vivendo no vale da ilusão, do sofrimento e da morte.

2

A Constituição Total do Homem

Tendo mostrado o que é o verdadeiro Ocultismo, podemos tratar agora de alguns fatos descobertos por ocultistas concernentes à constituição interna do homem. Estes fatos resultam das descobertas de numerosos investigadores que conseguiram desenvolver suas faculdades mais sutis e examinar os fenômenos dos planos internos de maneira perfeitamente científica. Efetivamente, para um certo número de Adeptos avançados, as questões pertencentes aos planos mais sutis são matéria de experiência direta, da mesma maneira que os fenômenos da vida física o são para o homem comum, que vive no corpo físico.

Já foi mencionado, no capítulo precedente, que o homem tem uma constituição complexa operando em diversos veículos de consciência. Sua consciência tem raiz na consciência do *Logos* Solar, dela fazendo parte no plano mais elevado, e daí descendo passo a passo até o Plano Físico que se acha, por assim dizer, na periferia da Consciência Divina. Em cada plano do Sistema Solar, essa unidade individualizada de consciência apodera-se de matéria pertencente ao plano e aos poucos prepara um veículo que possa operar nesse plano com eficiência cada vez maior. Consideremos uma dessas unidades de consciência e examinemos generalizadamente alguns fatos a respeito dos veículos ocupados e seu mútuo relacionamento.

O primeiro ponto a ser notado nesses veículos é que à medida que vamos da periferia para o centro, os veículos vão-se tornando cada vez menos materiais e a consciência vai-se tornando progressivamente predominante. De acordo com a doutrina oculta, todo o Sistema Solar é derivado da consciência do *Logos* Solar e nela tem sua base. A manifestação nos planos sucessivos significa materialização cada vez maior da Sua Vida e envolvimento de Sua Consciência em véus gradativamente mais espessos. Ao descer, plano após plano, a consciência vai perdendo seus atributos a cada degrau até que, no Plano Físico, o mais externo deles, as restrições atingem seu último limite. É assim evidente, que quando a consciência retrocede internamente, como por exemplo nas práticas de *Yoga*, e o processo de descida é invertido, as limitações caem uma após outra e a consciência torna-se apta a operar em crescente liberdade, sempre se aproximando, com a reversão progressiva, do esplendor irrestrito e não condicionado da consciência divina. Esta libertação das limitações e do obscurecimento é experimentada por todo Iogue, à proporção que transfere o centro de sua consciência de um plano para outro e aproxima-se da Fonte de toda consciência. É necessário que se compreenda este fato importante, pois quando estamos vivendo no Plano Físico, absorvidos pelos fenômenos passageiros e comparativamente grosseiros, estes nos parecem muitíssimo mais vívidos, plenos de vitalidade, enquanto as realidades dos planos mais elevados parecem-nos nebulosas, irreais e, portanto, sem atrativos. Tememos perder o contato com o Plano Físico, tememos ser privados de suas alegrias efêmeras, sem entender que o físico é o mais grosseiro de todos os planos e nele a vida é um reflexo distorcido e melancólico dos inimagináveis esplendores associados aos reinos mais elevados do Espírito.

O segundo ponto a ser observado em relação a esses veículos é que, apesar da sua multiplicidade e das grandes diferenças na natureza das manifestações por meio deles, a consciência operando através deles é uma só e é um raio da Consciência Divina. Estudando o homem e sua complexa constituição, podemos, para efeitos práticos, dividi-lo em diferentes componentes, mas isto não deve dar a impressão de que haja diferentes entidades agindo em seu interior, uma dentro da outra. A consciência que opera através de um conjunto de veículos é indivisível. Somente seus diferentes aspectos aparecem em maior ou menor grau, de acordo com a natureza e o desenvolvimento do veículo em que a consciência opera num dado momento. A manifestação num determinado plano depende da natureza intrínseca do plano e do colorido derivado de outros planos através dos quais passou a consciência. Assim, por exemplo, quando o *Jīvātmā* está em ação no veículo físico, sua consciência está condicionada pela natureza do Plano Físico, mas todos os outros veículos do *Jīvātmā* estão secundariamente presentes e influenciando a vida nesse plano. Na morte, quando o corpo físico é abandonado, o corpo astral toma-se o foco da consciência e condiciona seu funcionamento, mas todos os outros veículos estão secundariamente presentes e modificando a manifestação. Em *Samādhi,* quando o centro de consciência é deliberadamente deslocado de um plano para outro, um veículo torna-se momentaneamente o foco da consciência, enquanto outros ficam no plano de frente, ou no secundário, como mostra a Figura 2.

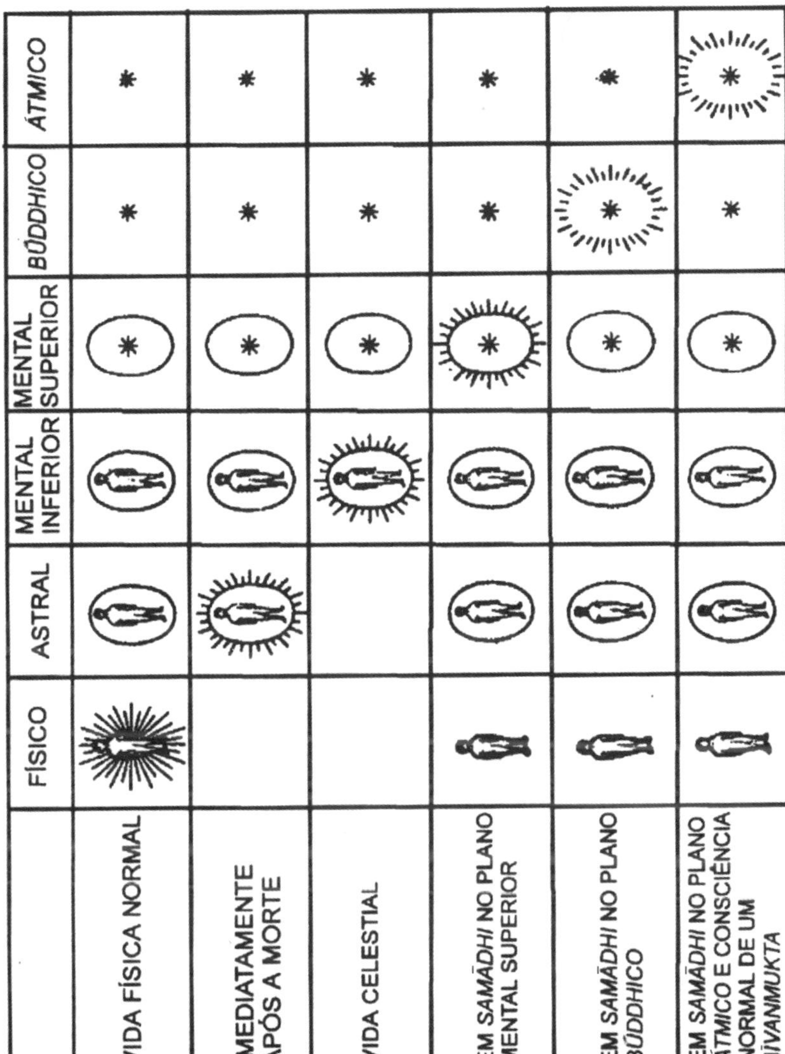
FÍSICO
ASTRAL
MENTAL INFERIOR
MENTAL SUPERIOR
BŪDDHICO
ÁTMICO
VIDA FÍSICA NORMAL
IMEDIATAMENTE APÓS A MORTE
VIDA CELESTIAL
EM SAMĀDHI NO PLANO MENTAL SUPERIOR
EM SAMĀDHI NO PLANO BŪDDHICO
EM SAMĀDHI NO PLANO ÁTMICO E CONSCIÊNCIA NORMAL DE UM JĪVANMUKTA

Figura 2

O fato mencionado acima revela a necessidade de ser o problema da Autocultura solucionado globalmente, levando em consideração nossa constituição total. Todos os nossos veículos são ligados entre si, são interdependentes e não podemos modificar um sem que, até certo ponto, os outros sejam modificados. Se uma pessoa deseja saúde emocional não pode isolar sua vida emocional e tratá-la separadamente. Ela tem que ver também suas vidas física e mental, e se deseja ser realmente completa, terá de cuidar, além disso, de sua natureza espiritual.

O ponto seguinte a ser notado em relação a esses veículos é que, apesar de os diferentes veículos de um determinado *Jīvātmā* estarem situados em diversos planos, e a manifestação da consciência, operando através deles, ser diferente de um plano para outro, parecem funcionar em grupos de três. A consciência trabalhando em cada grupo como um todo é uma unidade, ainda que esta unidade seja subordinada e esteja contida na unidade maior do plano de manifestação imediatamente superior. Este fato é ilustrado no diagrama da Figura 3.

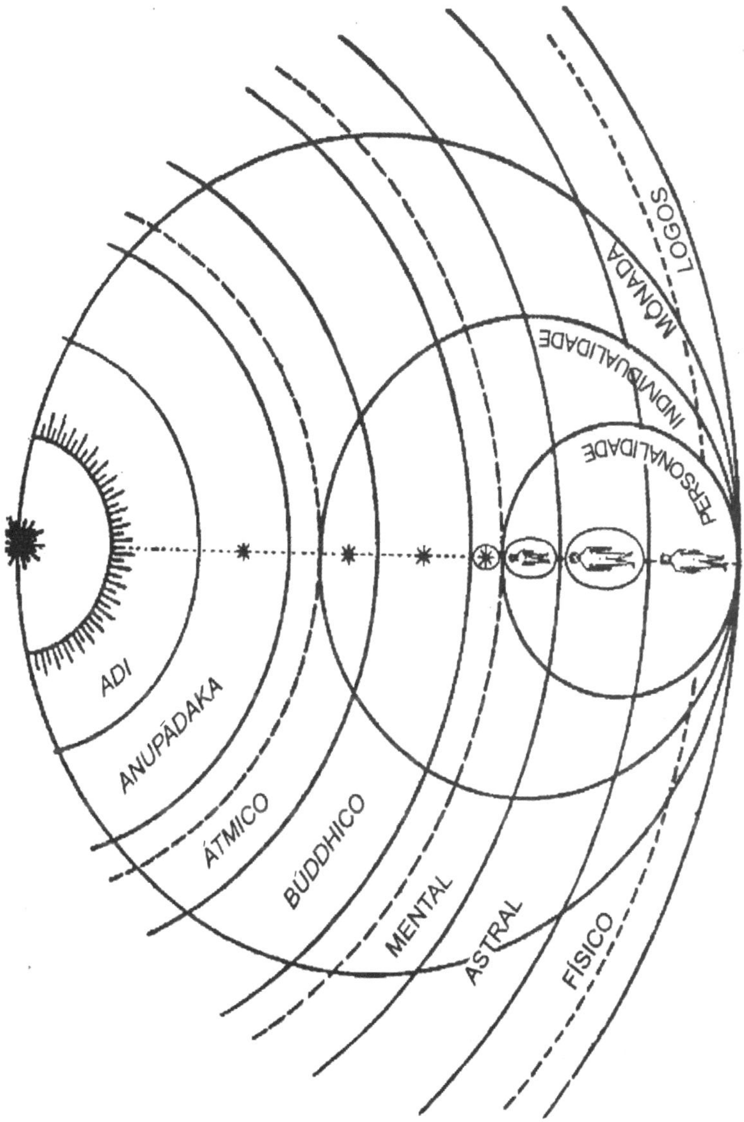
ADI
ANUPĀDAKA
ÁTMICO
BÚDDHICO
MENTAL
ASTRAL
FÍSICO
LOGOS
MÔNADA
INDIVIDUALIDADE
PERSONALIDADE

Figura 3

O círculo menor representa o limite operacional da consciência nos três planos inferiores, através dos corpos físico, astral e mental, e pode ser tomado como a esfera da personalidade. A seguir o círculo maior representa a esfera da individualidade, que opera através dos corpos causal, *Búddhico* e *Átmico* e inclui a personalidade. A individualidade está, por sua vez, contida na bem mais vasta consciência da Mônada que tem suas raízes no Plano *Adi,* opera no Plano *Anupādaka* e exerce sua influência no Plano *Átmico* de um modo que não podemos entender nos planos inferiores. A Mônada, de maneira incompreensível, está contida na consciência que tudo inclui, na consciência do *Logos.* Vemos assim que a personalidade, a Individualidade e a Mônada são manifestações, parcial e diferentemente limitadas, da consciência do *Logos,* sendo que cada manifestação superior é mais ampla que a inferior e contém esta em sua amplitude maior. A personalidade, a Individualidade, a Mônada e o *Logos* são chamados respectivamente *Jīva , Jīvātmā, Ātmā* e *Paramātmā* na terminologia hindu.

Procuremos compreender em que consistem, um a um, esses três componentes de nossa constituição total. A personalidade é a consciência humana comum, limitada, que opera através dos corpos físico, astral e mental inferior. Visto serem estes três veículos temporários, formados de novo em cada encarnação, a personalidade é obviamente uma manifestação temporária, desaparecendo, dissolvendo-se à medida que esses três corpos vão sendo destruídos, um depois do outro, durante a progressiva recessão da consciência, que tem lugar após a morte. Embora a consciência, operando através da personalidade, seja apenas um raio do Sol da consciência divina, devido às limitações e ilusões dos planos inferiores, perde a percepção de sua origem divina e vem à existência uma entidade temporária, que se considera independente e separada das demais. Esta entidade movimenta-se no palco do mundo durante certo número de anos, retirando-se para os planos mais sutis depois da morte do corpo físico e, depois de despender um tempo maior ou menor nesses planos, termina por dissolver-se e desaparecer para sempre. E os homens, identificando-se com esta entidade ilusória, permanecem envolvidos em seus interesses mesquinhos, esquecidos de seu destino mais elevado e da vida de maior esplendor, oculta pela máscara da personalidade. Os poucos que veem através dessa ilusão escolhem o caminho que os leva no final à realização de sua natureza divina e os habilita a usar a personalidade como um instrumento do seu Eu Superior. A grande maioria nasce, vive e morre nessa ilusão, passando de uma para outra vida, vivendo mais e mais vezes tão inconsciente de sua verdadeira natureza quanto as flores dos campos ou os pássaros e animais nas florestas.

O componente seguinte de nossa constituição interna é a Individualidade, o Eu Superior, também chamado Ego ou *Jīvātmā,* que opera através dos veículos causal, *Búddhico* e *Átmico.* A Individualidade representa o elemento espiritual do homem, é o Eu Imortal que subsiste de uma vida para outra, aos poucos desenvolvendo todos os atributos e poderes divinos, latentes em seu interior, durante os milênios de sua evolução. Assim como há uma espécie de unidade e coesão no trabalho dos corpos físico, astral e mental inferior, que da à consciência atuante através deles um sentimento de personalidade, da mesma maneira os três corpos superiores agindo nos Planos *Átmico, Búddhico* e Mental Superior são ligados dando uma espécie de unidade à consciência que opera através deles. Esta consciência unificada é chamada Individualidade. A Individualidade, apesar de operar sob limitações dos respectivos planos, está acima de muitas das ilusões mais grosseiras que obscurecem a visão da personalidade e a faz julgar-se uma entidade separada lutando por sua existência independente contra todas as outras manifestações da Vida Divina. O homem, em seu Eu Superior, está consciente de sua natureza imortal, da unidade da vida, de ser uno com ela, e conhece o propósito divino na evolução. Tem a memória de todas as vidas separadas pelas quais passou nas sucessivas personalidades, pode se identificar, em consciência, com todos os seres viventes através do veículo *Búddhico* e pode, através do veículo *Átmico,* tocar a consciência divina. Aos poucos, prosseguindo na evolução, conhecimento, sabedoria e poder, que são atributos da Vida Divina, vão aparecendo na Individualidade em grau sempre crescente, pois "seu futuro é o futuro de algo cujo crescimento e esplendor não têm limite".

Mas mesmo o Eu Imortal Superior, elemento espiritual no homem, não representa o aspecto mais elevado de sua natureza. Em seu interior reside eternamente a Mônada, o *Purusha* da Filosofia Samkya, o *Ātmā* do Vedanta, aquele misterioso Ser sobre quem não podemos fazer nenhuma ideia, mas que é o núcleo de nosso complexo ser. O Ego é imortal, mas ainda que tenha uma vida imensuravelmente longa quando comparada com a da personalidade, tendo vindo à existência num determinado tempo – ao ser formado o corpo causal – deve portanto deixar de existir. Mas a Mônada transcende o tempo, vive na eternidade. Em essência é una com o *Logos* Solar, é um raio do Sol Divino com raízes no Plano *Adi,* tendo seu centro de consciência no Plano *Anupādaka,* projeta-se e influencia a Individualidade no Plano *Átmico.* Aquilo que aparece como evolução e desenvolvimento da

Individualidade nos planos inferiores está de maneira misteriosa eternamente presente na Mônada. Por isso não evoluímos ao acaso, mas nos tornamos algo que já somos em nossa natureza eterna. Esta ideia foi expressa paradoxalmente na conhecidíssima máxima oculta: "Tornai-vos aquilo que já sois". Cada Individualidade é única porque resulta da expressão de um arquétipo, o qual, de certa maneira incompreensível para o intelecto humano, existe no interior da Mônada, e aos poucos se expressa em termos de tempo e espaço no processo evolutivo. Tudo isso, naturalmente, parece absurdo ao mero intelecto, o qual, sendo uma expressão bastante inferior da Realidade, não se pode esperar que compreenda, sem a luz da intuição, os aspectos mais elevados da Verdade. Mas na visão dos planos mais elevados aquilo que parece insensato ao intelecto torna-se tão claro como a luz do dia, e os paradoxos da vida inferior transformam-se em realidades vivas e indivisíveis da vida superior.

Embora toda unidade individual de consciência, chamada Mônada ou *Purusha,* seja, em última análise, meramente um centro através do qual a consciência e vida do *Logos* têm sua expressão nos diferentes planos, ainda assim, examinando a total constituição de tal unidade, temos de considerar três componentes claramente marcados e distintos. Cada componente inferior é uma expressão parcial e mais limitada do componente imediatamente superior e seu propósito no esquema evolutivo é servir ao desenvolvimento do componente imediatamente superior.

A função da personalidade no desenvolvimento da Individualidade pode ser melhor entendida quando se observa o crescimento de uma árvore. De uma árvore brotam novas folhas todos os anos na primavera e através de suas folhas ela absorve bióxido de carbono que, após muitas mudanças, é assimilado pelo corpo da árvore, servindo ao seu crescimento. No outono a árvore deixa cair suas folhas, mas antes que isso aconteça, a seiva enriquecida recolhe-se ao interior do corpo para ser reenviada às novas folhas na primavera seguinte. Ano após ano o processo se repete e a árvore, consequentemente, vai se tornando cada vez maior e mais forte. De maneira semelhante, a Individualidade toma novos corpos nos planos inferiores e lança uma porção de si mesma na nova personalidade que se forma. Esta personalidade vive na Terra o tempo de vida que lhe cabe, reúne um certo número de experiências, mas antes de se dissolver e desaparecer, após o repouso de vida celeste, passa a essência de suas experiências à Individualidade, desta maneira enriquecendo sua vida e servindo ao seu crescimento. É assim que todas as sucessivas encarnações trazem maior perfeição às faculdades e aos poderes antes no *Jīvātmā,* proporcionando um instrumento mais eficiente para expressão da Vida Divina.

De maneira semelhante, mas que dificilmente podemos compreender, a Individualidade é uma expressão parcial da Mônada servindo ao Seu desenvolvimento, embora a palavra "desenvolvimento" não dê bem a ideia desse processo nos planos mais elevados do qual a evolução é um reflexo nos planos inferiores. Não temos palavras que expressem o processo que tem lugar nos Planos da Mônada e que correspondam ao progressivo desenvolvimento de todas as qualidades e poderes divinos no *Jīvātmā* nos Planos de *Ātmā, Buddhi* e *Manas* Superior. Entretanto, algo semelhante, porém de natureza bem mais grandiosa, deve ter lugar no Plano da Mônada, porque tudo quanto acontece nos planos inferiores é um reflexo de alguma coisa bem maior e mais bela que ocorre nos planos mais elevados. "Como é em cima; assim é embaixo".

Não somente o inferior reflete o superior, mas também tudo quanto se passa nos planos inferiores tem seu impacto e sua influência nos planos superiores. O interno e o externo, o superior e o inferior parecem estar agindo e reagindo mutuamente a todo momento, efetuando entre si o processo que vemos como evolução ou desenvolvimento.

A compreensão da relação existente entre a personalidade e a Individualidade esclarece alguns dos problemas fundamentais da vida espiritual. Pode-se ver, do que foi dito acima, que enquanto a consciência estiver confinada à esfera da personalidade e nós nos identificarmos com essa ilusória entidade, que vem à existência em cada encarnação, somos praticamente esta entidade e temos de participar de seu destino. Se vivermos apenas em nossos pensamentos e emoções e permanecermos completamente absortos nos interesses temporários do eu inferior, com a dissolução desse eu – o que é inevitável – morremos também. Mas suponhamos que nosso centro de consciência desloque-se da personalidade para a Individualidade e compreendamos – não apenas pensemos ou sintamos – que somos a entidade espiritual consciente de sua natureza divina, a personalidade torna-se então um mero apêndice de nós mesmos, como o nosso casaco, e o que quer que aconteça à personalidade não nos afeta realmente. Se temos um casaco velho que rasgou, não nos sentimos infelizes, pois sabemos que podemos jogá-lo fora e obter outro, mas se nosso corpo envelhece, sentimo-nos infelizes como se tudo estivesse acabado para nós. Por quê? Porque nos identificamos com o corpo físico, mesmo sabendo que ele é apenas um instrumento.

O verdadeiro problema da vida espiritual é, de certo modo, deslocar para a Individualidade o foco de consciência situado na personalidade e desse centro derivar a vida, usando a personalidade como mero instrumento nos planos inferiores. Quando conseguimos assim fazê-lo ainda operamos através de nosso corpo físico, nossas emoções e nossa mente, mas ficamos constantemente conscientes do dualismo, entre nosso Eu verdadeiro e os corpos que usamos nos planos inferiores. Ficamos constantemente conscientes de nossa natureza superior e, quando usamos nossos corpos inferiores, percebemos que estamos, por assim dizer, descendo a eles, com o propósito de usá-los nos respectivos planos. O estabelecimento da consciência nas regiões espirituais mais elevadas dá-nos liberdade, imortalidade e bem-aventurança, porque nos torna independentes da personalidade sujeita como é a toda espécie de limitações, tais como mudança, ilusão e morte. A imortalidade e a paz nunca são encontráveis na esfera da personalidade, é inútil procurá-las aí. Podemos conseguir o prolongamento de nossa existência física por certo lapso de tempo, podemos viver no mundo celestial por milhares de anos, mas virá a época em que as causas que geramos na encarnação esgotam-se e a personalidade dissolve-se para nunca mais vir a existir.

Assim, o sábio que compreende este fato e sabe que está navegando num barco destinado a afundar um dia aproveita a primeira oportunidade para encontrar terra firme de onde possa olhar com calma o encapelado oceano da existência. Essa terra firme é a consciência espiritual que está em nosso interior e que é o nosso verdadeiro lar. Nos estágios posteriores da evolução, o foco da consciência penetra ainda mais e permanece estabilizado no Plano da Mônada, daí sendo controlado e guiado pela vida da Individualidade. Sempre em direção ao Centro que representa a consciência do *Logos,* desloca-se o foco em progresso evolutivo multimilenar, ainda que nunca possa atingir esse Centro. “Entrarás na luz, mas nunca tocarás a chama”.

Cumpre também lembrar ao leitor que evolução espiritual significa deslocar o centro de consciência em direção ao Centro divino de nosso ser e compreender de maneira cada vez mais real a nossa Divindade. Isto não quer dizer aperfeiçoar a nossa personalidade, pois esta, por sua própria natureza permanece, em grande parte, imperfeita e limitada. O desenvolvimento espiritual da Individualidade certamente se reflete, até certo ponto, na personalidade, pois as limitações inerentes aos planos inferiores constituem obstáculo à plena expressão. É necessário que se chame a atenção para este fato, visto que muitas pessoas fazem, em sua mente, confusão a respeito dele.

3

Autocultura – Uma Ciência

Um dos traços chocantes dos tempos atuais é a falta de compreensão sobre a natureza do homem. O homem está tentando saber tudo no Universo. Ele pode dizer com certeza de que são feitas as estrelas distantes de nós milhões de quilômetros. Ele conhece detalhadamente a constituição dos átomos e das moléculas. Entretanto, sobre si mesmo praticamente nada sabe e, o que é pior, está muito satisfeito de viver sua vida sem cogitar de onde vem, qual a sua natureza real, porque está aqui neste mundo e para onde vai após a morte. É realmente espantoso como a grande maioria da população do mundo pode viver toda uma vida sem fazer essas perguntas naturais, ou mesmo tomar conhecimento de sua existência.

Um resultado direto da ausência de qualquer conhecimento preciso sobre a natureza do homem e sua constituição é a imprecisão de nossas ideias sobre o caráter humano. A palavra "caráter" é usada geralmente de maneira muito vaga para as qualidades mentais e morais, bem como para as idiossincrasias que caracterizam um determinado indivíduo. O homem verdadeiro, com seus diversos veículos de consciência ocultos no veículo físico, não é conhecido nem aceito, e o que quer que seja de sua natureza complexa que consiga encontrar expressão por meio do comparativamente denso e inelástico veículo físico é tomado como sua verdadeira natureza. Considerando os seres humanos em massa, verificamos que eles se comportam de maneira peculiar sob certo conjunto de circunstâncias. A todos esses modos típicos de características humanas chamamos comportamento e a cada modo damos um determinado nome. Mas muito pouco sabemos por que os seres humanos comportam-se desta ou daquela maneira e como se relacionam entre si os diferentes elementos do caráter humano. Algumas das características humanas são meros hábitos físicos, outras são correlatas com nossa natureza emocional ou mental, enquanto outras obviamente são de natureza espiritual. Mas a palavra "caráter" a todos abrange sem distinção.

Com tal confusão de ideias sobre o assunto, é difícil desenvolver-se uma Ciência da Construção do Caráter. Pode ser possível, pela aplicação de certos métodos empíricos, efetuar certas mudanças em nossos caracteres, mas tais esforços seriam aleatórios e de alcance limitado. Para uma verdadeira Ciência da Construção do Caráter deveríamos ter, antes de tudo, uma clara concepção da natureza do homem, sua total constituição e os poderes e as faculdades nele latentes. Teríamos então que conhecer as leis que regem o trabalho da consciência através dos diferentes veículos usados pelo homem nos diferentes planos do Sistema Solar. Mas o mero conhecimento dessas leis não é suficiente. Devemos desenvolver uma técnica minuciosa que nos habilite a aplicar essas leis aos vários problemas relacionados à evolução dos veículos e ao desenvolvimento da consciência. E por último, cumpre-nos ter uma ideia clara sobre o que almejamos, a meta que temos de atingir e os diferentes estágios no caminho que leva a essa meta. É somente no Ocultismo que podem ser encontrados todos os elementos necessários para o desenvolvimento satisfatório de uma Ciência da Construção do Caráter.

Tentemos compreender o que é caráter de acordo com o Ocultismo. O Universo manifestado em conjunto, segundo a Filosofia Oculta, é a expressão da Vida Divina que está construindo uma forma após a outra e está tentando expressar-se através dessas formas com perfeição sempre crescente. Esta expressão atingiu seu ponto mais alto nas unidades de consciência individualizadas, representadas pelos seres humanos cujos veículos oferecem um campo para expressão múltipla dos atributos divinos. Tomando uma dessas unidades para nossa consideração, verificamos uma constante interação entre a consciência e os veículos em que opera. Esta interação assume várias formas, algumas das quais são comuns a todos os seres humanos, enquanto outras são peculiares a cada indivíduo. Essas formas de expressão comuns aos seres humanos, as características humanas normais, com as quais estamos familiarizados, e qualquer outra característica que um determinado indivíduo possa ter, constituem seu caráter.

Em vista da grande diversidade de formas que esses modos de expressão assumem na vida, é natural que se pergunte se há qualquer relação fundamental entre as diversas características humanas e, nesse caso, qual a natureza de tal relacionamento. Apesar da aparente dificuldade de classificar os diferentes elementos do caráter humano, o problema não é tão difícil como parece, desde que tenhamos a chave apropriada para a classificação. A chave está na tríplice natureza da Vida Divina, doutrina esta que se encontra de uma forma ou de outra praticamente em todas as grandes religiões do mundo. A tríplice natureza em relação à consciência dá origem aos três aspectos fundamentais chamados *Sat*, *Chit; Ānanda* e, em relação à matéria, dá origem às qualidades fundamentais chamadas *Tamas, Rajas e Sattva*. Consciência e matéria são o resultado da diferenciação primária do Absoluto Imanifestado.

As triplicidades, observáveis por toda a parte na Natureza, resultam do reflexo nos planos inferiores das triplicidades fundamentais da consciência e da matéria. Deve-se a grande variedade de fenômenos às diferentes condições estabelecidas pelos sucessivos planos e às inúmeras permutações e combinações resultantes de tais manifestações.

Embora seja fascinante essa linha de pensamento não é possível detalhá-la neste momento. O ponto que nos é necessário apreender aqui é que todas essas peculiaridades e qualidades positivas muito conhecidas, que constituem os caracteres dos diferentes indivíduos, são apenas modos de expressão dos aspectos fundamentais da Natureza Divina nos planos inferiores da manifestação, assim como as cores que encontramos na Natureza ou preparamos artificialmente são diferentes combinações das cores primárias – azul, vermelho e amarelo. Algumas ilustrações esclarecerão o assunto.

Quando o aspecto *Sat* é refletido na esfera da personalidade pode gerar um número de qualidades que, mesmo sendo externamente diferentes entre si, após um exame mais acurado, revelam uma base comum. Tomemos, por exemplo, os seguintes traços de caráter muito conhecidos: coragem, força, decisão. Se analisarmos essas qualidades, verificaremos que elas representam diferentes modos de manifestação do princípio de estabilidade contido no aspecto *Sat*. Quando uma pessoa segue uma predeterminada linha de ação apesar dos perigos que a ameaçam, diz-se que ela tem coragem, mostra estabilidade no meio das dificuldades. Quando uma pessoa prossegue uma linha predeterminada de ação apesar das tentações que a assaltam, diz-se que ela tem firmeza, está mostrando estabilidade no meio das tentações. Quando uma pessoa permanece numa linha escolhida de ação apesar das alternativas que lhe são abertas, diz-se que ela mostra decisão de caráter, mostra estabilidade no meio das distrações mentais. Vemos que esses traços de caráter que aparentam externamente grande dessemelhança são realmente o princípio da estabilidade manifestando-se sob diferentes condições de vida. A estabilidade é um atributo fundamental da vontade que é um reflexo do aspecto *Sat* da consciência.

As mesmas considerações têm lugar no caso dos dois outros aspectos. Quando o aspecto *Ānanda* da consciência está refletido na esfera da personalidade dá origem à sabedoria. Um dos atributos fundamentais da sabedoria é a percepção da unidade da vida em manifestação através de todas as formas. Nos planos mais elevados do Espírito essa percepção é direta e clara, mas na região da personalidade essa unidade é apenas percebida e aparece como diferentes formas de amor. Todas as qualidades tais como afeição, compaixão e devoção são baseadas nessa percepção indireta da unidade, sendo as diferenças nas formas externas o resultado das diferentes circunstâncias sob as quais o sentimento de unidade se expressa. Assim, quando sentimos uma afinidade interior em relação a outro indivíduo, seja ou não nosso parente nesta vida, dizemos ter-lhe afeição. É amor vindo à tona devido a alguma associação em vidas passadas, em diversas espécies de relacionamento. Quando vemos outro ser humano degradando-se, a Vida Divina sendo sobrepujada pelas fraquezas que tomam os corpos, e nosso amor dirige-se para o irmão que caiu, diz-se então que temos compaixão. É amor por aqueles que são fracos, aqueles que necessitam nossa simpatia, nosso auxílio. Quando vemos outro indivíduo corporificando o ideal que adoramos, para ele nosso amor é dirigido e desejamos ligar nossa vida à sua vida mais elevada, diz-se então que estamos demonstrando devoção. É amor dado a alguém em quem reconhecemos superioridade em sabedoria, poder ou conhecimento. Vemos assim, mais uma vez, que os vários elementos do caráter humano são apenas reflexos do aspecto da consciência chamado *Ānanda* nas várias condições da vida humana.

Quando o terceiro aspecto da consciência reflete-se na personalidade traz o conhecimento dos objetos concretos. Poderemos verificar, após cuidadosa análise, que observação, memória, raciocínio e outras funções da mente inferior não são senão manifestações do aspecto *Chit* de consciência sob diferentes condições. Assim, por exemplo, quando nos pomos mentalmente em contato, através de nossos sentidos físicos, com qualquer objeto que não nos é familiar, diz-se que o observamos. A observação é um aspecto da mente colhendo seu material. Quando a mente é impressionada por qualquer objeto que pode ser usado mais tarde em suas operações, entra em ação a memória. A memória é a mente guardando seu material para ser usado no futuro. Quando os vários objetos observados são comparados, contrastados e são tiradas conclusões diz-se que a mente raciocinou. O raciocínio é o estabelecimento, pela mente, de relações entre os objetos que observou e reteve no armazém da memória. Todas essas faculdades mentais, ligadas de um modo ou de outro com o conhecimento, são derivadas do aspecto *Chit* da consciência.

O que foi dito nos parágrafos anteriores serve para mostrar que todas as características e faculdades humanas, que chamamos por diversos nomes, são apenas manifestações dos três aspectos da consciência com todas suas permutações e combinações. Algumas dessas características são derivados simples de um determinado aspecto, enquanto outras são derivados complexos de mais de um aspecto, sendo as expressões depois modificadas e complicadas pelo caráter distintivo dos diferentes veículos, de acordo com a predominância neles dos elementos *Sáttvico, Rajásico* ou *Tamásico*[3] Seria uma pesquisa bastante interessante se todos os elementos muito conhecidos de caráter humano fossem analisados e traçados até suas respectivas origens. Está claramente demonstrado que todos os fenômenos aparentemente diversos e complicados da vida e comportamento humanos são devidos à dispersão, em miríadas de cores, da luz da consciência divina pelos veículos dos *Jīvātmās* envolvidos no esquema evolutivo.

A exposição acima sobre a natureza das características e faculdades humanas talvez nos habilite, dentro de certos limites, a compreender o que é o caráter humano, estabelecendo assim os fundamentos de uma verdadeira Ciência da Construção do Caráter. O caráter de um determinado indivíduo, podemos ver agora, é a soma total de todos os modos diferentes da manifestação de sua consciência através de seus veículos – físico, astral, mental e espiritual. Esta soma total não é senão uma pequena fração da totalidade dos modos possíveis de manifestação da consciência divina operando através do indivíduo. À medida que o indivíduo evolui todas as possibilidades encerradas no fragmento da Divindade passam, uma a uma, de latente à atuante, e o caráter torna-se um instrumento mais rico e mais eficiente da Vida Divina operando através dele.

A ciência moderna fornece uma bela analogia para o gradual aparecimento das qualidades que estão em estado latente. Se um sólido, como por exemplo uma peça de metal, é aquecido progressivamente, começa a revelar vibrações de frequências diferentes. Quando o corpo torna-se incandescente, as vibrações podem ser analisadas por um espectroscópio e verifica-se um espectro que nos mostra claramente quais as vibrações que são ativas no corpo incandescente. À medida que a temperatura do corpo é elevada, grau a grau, mais linhas aparecem e o espectro do corpo incandescente vai aproximando-se do espectro do Sol, no qual são representadas todas as vibrações possíveis. As faixas ou linhas pretas no espectro representam a ausência de vibrações das frequências correspondentes. O número

[3] *O Homem, Deus e o Universo.* Ed. Cultrix, capítulo XI, pelo mesmo autor. (N. ed. bras.)

destas faixas ou linhas pretas diminui à medida que a temperatura do corpo cresce e a escala de vibrações torna-se mais e mais completa.

É evidente a analogia desse fenômeno com a evolução humana e o aparecimento progressivo de toda espécie de faculdades e poderes. Todos os atributos da Vida Divina estão presentes em forma latente em qualquer fragmento individual da Divindade representada por um *Jīvātmā*. À medida que o *Jīvātmā* evolui esses atributos são trazidos à manifestação um após outro e, aos poucos, o indivíduo aproxima-se da condição de perfeição relativa na qual todos os atributos estão em completa manifestação. Assim o caráter de um indivíduo é realmente o espectro incompleto das qualidades divinas que ele mostra em seu estágio particular de desenvolvimento; a luz da consciência manifestando-se através de veículos imperfeitos produz o espectro parcial. O caráter de um Ser perfeito, mostrando o espectro completo das qualidades divinas, é semelhante ao espectro do Sol, enquanto que um indivíduo imperfeito, comum, só pode ser semelhante ao espectro de um corpo sólido incandescente, mostrando algumas linhas brilhantes de qualidades desenvolvidas separadas por linhas negras de qualidades não desenvolvidas. O Ocultismo não reconhece a existência de qualidades positivamente más. Estas são linhas ou faixas negras do espectro do caráter que estão fadadas a desaparecer no decorrer do tempo, à medida que o indivíduo evolui e desenvolve as qualidades positivas correspondentes.

Do que foi dito acima deve estar claro que a construção do caráter, no mais amplo sentido do termo, significa trazer à tona, do âmago de nossa natureza divina, todas as qualidades que já aí se encontram em forma latente, aproximando assim nossa natureza imperfeita mais e mais da perfeição divina que contém as qualidades em harmonia e equilíbrio completos. Se a construção do caráter é uma ciência, esta construção deve ser exequível, sistemática e cientificamente. É exequível sistematicamente porque sabemos o que temos de fazer e o modo de fazer como resultado do conhecimento posto à nossa disposição pelos Adeptos do Ocultismo. É cientificamente exequível porque o desenvolvimento de qualidades é um processo natural, governado por leis tão imutáveis e fidedignas como são as leis que governam o mundo físico.

O uso do termo "construção do caráter" para esse processo de desenvolvimento interior não é bastante apropriado, podendo dar ao estudante uma impressão duplamente errônea. Primeiro, pode dar a impressão que alguma coisa tem que ser construída como se fora um edifício ou uma máquina, enquanto que, na verdade, o processo consiste em liberar uma realidade interna existente em sua plenitude dentro de nós. O processo é realmente a liberação gradual e crescente de uma vida de infinitas possibilidades, a expansão progressiva da consciência, que acabará por abranger tudo no Universo. O que deve ser construído e evoluir neste estágio são os veículos inferiores através dos quais a Vida Divina em nosso interior encontra expressão, e não a vida e sua expressão. A segunda impressão incorreta que podemos ter do termo a "construção do caráter" é que o caráter que desenvolvemos limita e restringe a liberdade de expressão da vida. A mente, posta a funcionar sob certos padrões saudáveis de comportamento, não põe mais restrições à sua liberdade e atividade do que o faz a formação de certos hábitos físicos desejáveis e necessários à nossa vida física. Não são esses hábitos físicos ou mentais que restringem a liberdade de expressão. É a falta de *Buddhi* ou *Viveka* que nos torna desapercebidos dessas limitações e assim dominados por elas. Quanto mais se desenvolve nossa natureza superior e maior o controle que ela assume de nossos veículos inferiores, menos perturbadores e mais inócuos tornam-se esses hábitos. Eles apenas habilitam a alma a relegar ao mecanismo da mente inconsciente atividades físicas e mentais que, de outra forma, tomariam sua atenção com gasto desnecessário de tempo e energia. Tendo esses fatos em mente podemos continuar usando a bem conhecida expressão "construção do caráter" para a transformação de nossa natureza inferior, o que nos possibilita exprimir nossa natureza Espiritual em medida sempre crescente.

O problema do desenvolvimento de um caráter perfeito é principalmente um problema de estudo de todos nossos veículos e suas funções, dando-se então os passos necessários para o aperfeiçoamento das funções desses veículos. Isto não é possível quando se tem por base o conhecimento obtenível hoje em Ciência, Filosofia ou Religião, onde não encontramos os elementos requeridos para a edificação de uma Ciência da Construção do Caráter. O necessário conhecimento para tal Ciência só pode ser encontrado no Ocultismo, cujos Adeptos vêm, através das idades, procedendo experiências nessa linha e desenvolvendo uma técnica eficiente com essa finalidade. Nos capítulos seguintes tenta-se, tomando cada um dos veículos do homem, estudar suas respectivas funções tanto quanto possamos entendê-las nos planos inferiores e então mostrar os passos preliminares pelos quais essas funções possam ser melhoradas. Somente assim é possível tratar-se do problema da Autocultura sistematicamente.

Não basta tentar esse trabalho de construir nosso caráter de maneira sistemática, é necessário também espírito científico. Isto significa duas coisas. Primeira, que devemos adotar a atitude científica em relação ao problema global. Atitude científica quer dizer que devemos compreender claramente que, ao ocupar-nos de todos esses veículos, estamos operando numa esfera de leis naturais que são tão seguras quanto as leis do mundo físico sobre as quais foi construída toda a estrutura da Ciência moderna. É necessário enfatizar-se esse fato porque há uma concepção errônea generalizada em relação a todos os aspectos da vida que não se limitem ao domínio do físico. O homem comum do mundo, e mesmo pensadores e cientistas avançados, têm geralmente noções muito estranhas sobre todas as coisas de natureza mental ou moral. Eles tomam como óbvio que tudo no mundo físico acontece de acordo com leis naturais fixas, mas na esfera de nossa vida mental ou moral nada é considerado definido e certo, e muito poucos são os que levam a sério as chamadas leis mentais e morais. Isto realmente equivale a supor-se que uma porção do Universo é um Cosmos enquanto o resto é um caos, mas o absurdo desta atitude não é geralmente compreendida por aqueles que estão demasiadamente engolfados no físico e nada podem ver além.

Há um critério pelo qual podemos julgar se estamos firmemente estabelecidos em nossa fé nas leis da vida interior. A falha em obter os resultados esperados em qualquer experimento que estejamos procedendo em nossa vida interior deprime-nos, fazendo-nos duvidar da validade dessas leis? Ou consideramos tal fracasso mera consequência de não termos criado previamente todas as condições necessárias ao sucesso? Muitos dos que se empenham na Autocultura e começam a trabalhar em seus pensamentos e emoções sentem desânimo porque não obtêm os resultados esperados tão rapidamente quanto gostariam, e muitos mesmo desistem de todos os esforços nessa direção, pensando que nada é certo nesse campo do empreendimento humano. Essa atitude é absolutamente não científica e mostra que não entenderam a base verdadeira da Autocultura.

A atitude científica em relação a esses problemas também significa que não devemos encarar os fenômenos da vida mais elevada como algo misterioso. É verdade que devemos nos aproximar desses reinos mais elevados do invisível num espírito de reverência, mas não esquecendo o fato de que esses reinos são sujeitos às leis naturais de suas respectivas esferas e que os segredos desses reinos podem ser obtidos somente por experiências e pelo uso apropriado das leis que neles opera. Todos os fatos e leis, que em seu conjunto constituem o Ocultismo, foram descobertos não por qualquer processo misterioso, mas por experimentação com o auxílio de faculdades e poderes superfísicos. Estes fatos e leis foram verificados repetidamente por estudantes e Adeptos do Ocultismo que trilharam o caminho do desenvolvimento interno e comprovam que suas leis são dignas de confiança sob quaisquer condições. Assim, quando um estudante penetra no vasto e fascinante campo de sua natureza interna e empreende extrair daí toda espécie de faculdades e capacidades extraordinárias, ele deve compreender que pode obter qualquer coisa que deseje desde que tenha a chave do conhecimento e a vontade de perseverar ante todas as dificuldades que sobrevirão em seu caminho. Mas só conhecimento teórico não basta, o estudante deve experimentar, deve verificar por si mesmo, obter conhecimento direto das leis da vida interna e desenvolver uma técnica para aplicação eficiente destas leis. Somente assim ele pode avançar firmemente no conhecimento de sua natureza insondável e do Universo externo em que vive.

Mas há algo sobre que devemos estar atentos. O fato de que os fenômenos da mente são sujeitos às leis naturais não significa que possamos obter os resultados tão rapidamente e da mesma maneira como no caso dos fenômenos físicos ou mecânicos. Os resultados dos experimentos nos reinos da Mecânica, Química ou Física aparecem imediatamente porque nenhum processo vital está envolvido. Onde os processos vitais estão envolvidos os fenômenos não somente se tornam mais complicados como também os resultados são obtidos depois de um período comparativamente mais longo. No caso do fenômeno biológico, os resultados demoram mais tempo para aparecer e não são obtidos com a mesma certeza, como no caso dos fenômenos mecânicos. Devido à complexidade dos processos, tendemos muito mais a deixar escapar ou ignorar alguns fatores, o que explica o insucesso. Logo que isto é remediado, os resultados esperados aparecem. Não queremos dizer que a Biologia não seja uma ciência por causa desse retardo ou incerteza. Apesar disso, a Biologia continua sendo uma ciência, pois os resultados dependem no final de tudo das leis naturais, por mais longos e complexos que possam ser os processos. Assim também no caso de fenômenos mentais e espirituais a demora ou insucesso em obter um resultado sob certas condições não significa que não haja leis imutáveis operando nessas esferas. Significa somente que as condições são diferentes, são mais complicadas e requerem um ajustamento muito mais inteligente de todas as condições que assegurem o sucesso. Não imaginemos portanto que, por ser o campo da Autocultura governado por leis naturais, nossa tarefa seja como a de montar um carro segundo um modelo e rotineiramente sair dirigindo-o para o nosso destino. O problema é cheio de toda espécie de dificuldades e complicações, que requerem manejo cuidadoso, paciente e esforço prolongado. Mas os resultados são baseados em leis naturais, e assim nosso sucesso final é assegurado. Tão só nesse sentido a Autocultura ou *Yoga* é uma ciência.

A meta da Autocultura, já amplamente explicada em capítulo anterior, é, em essência, viver uma vida de perfeita liberdade em consciente unificação com o Espírito Divino, dominando com perfeita maestria os poderes e as faculdades pertencentes a todos os planos na execução da Vontade Divina. Mas este é um objetivo que o aspirante só pode atingir depois de várias vidas de intenso esforço. Nada tem então a Autocultura a oferecer de imediato e temos de fazer essa longa e árdua jornada meramente na esperança de nos tornarmos perfeitos e iluminados em alguma vida futura? Decididamente não. Aqueles que lerem este livro verão imediatamente que, mesmo um pequeno progresso nessa linha será de grande vantagem para o estudante, livrando-o das ansiedades e misérias da vida. Que o leitor imagine, por um momento, como seria sua vida se estivesse apto a adquirir controle sobre seu corpo físico, suas emoções e seus pensamentos, e estivesse apto a regular suas atividades de acordo com os ditames de sua razão e seu julgamento superior. Que o leitor se imagine sem liames físicos, sem distúrbios emocionais, sem preocupações e ansiedade de uma mente conturbada e atormentada, vivendo uma vida perfeitamente serena no meio das circunstâncias em que seu destino está imerso, dependendo de seus recursos interiores para aquela força e felicidade que gente comum procura em vão no mundo externo, e nessa vida calma e autocontrolada, trabalhando no sentido de seu objetivo, o atingimento da iluminação. Este estado, que vale o esforço de qualquer homem ou mulher, pode ser atingido nesta vida, desde que o problema de mudança da vida interior seja empreendido com seriedade e determinação. O tempo que um homem levará para atingir a meta final dependerá naturalmente dos esforços que tenha feito nesse sentido em suas vidas passadas, de seu estágio de evolução e de seu *Karma*, mas nada pode impedir-lhe de adquirir um estado de equilíbrio, calma e paz em sua vida, se ele for suficientemente zeloso.

Tem assim a Autocultura uma mensagem de esperança e encorajamento para todos. Ninguém que tenha começado com seriedade pode deixar de colher seus benefícios desde o princípio. Mesmo quando a morte chega, o homem tem a certeza de ter lançado as bases de uma vida iluminada e livre, de ter posto seus pés no caminho que vai ter à sua meta e de que retornará na próxima vida ao fascinante trabalho no ponto em que foi interrompido nesta.

PARTE 2

Autodisciplina e Autocultura

4

As Funções do Corpo Físico

Num dos capítulos anteriores foi dada uma perspectiva global do problema da Autocultura, sendo mostrado que o problema consiste, parcialmente, no aperfeiçoamento dos vários veículos da consciência, que o *Jīvātmā* usa nos diferentes planos. O mais externo e denso desses veículos é o corpo físico, o veículo com o qual mais estamos familiarizados e que nos concerne mais de perto, enquanto nossa vida estiver confinada ao Plano Físico. Este é o corpo que consideraremos primeiro. Do conhecido para o desconhecido é sempre o método natural e, por conseguinte, o método correto de abordar qualquer assunto. Este modo de proceder é também indicado pelo fato de que, no curso normal da evolução de nossos corpos, o físico é o primeiro a ser organizado e aperfeiçoado. A natureza geralmente começa da base e progride, passo a passo, até o topo.

Há na Índia uma confusão muito comum na mente do aspirante médio em relação ao funcionamento do corpo físico e o método apropriado de lidar com ele. Enquanto alguns aspirantes dão atenção indevida aos problemas ligados ao corpo físico e excedem-se no não essencial, outros o negligenciam totalmente, baseados na noção errônea de que a vida inferior, no Plano Físico, é *Māyā,* não importando assim como vivemos e como tratamos o corpo físico. A atitude apropriada, a ser adotada em relação ao corpo físico, é considerá-lo como um instrumento da alma para seu trabalho no Plano Físico, um instrumento vivo, com suas tendências próprias, e não essa máquina sem alma. Um instrumento que usamos para qualquer espécie de trabalho deve ser conservado em perfeito estado, bem tratado e desenvolvido de tal maneira que esteja apto a executar suas funções específicas com o mais alto grau de eficiência. Um músico que negligencia o seu violino e o tem desafinado é tão louco quanto aquele que se preocupa exageradamente com seu instrumento e perde tempo e energia em seu polimento.

Antes de considerarmos os métodos usados para controle e purificação do corpo físico, e fazer dele um instrumento sensitivo e resistente para o trabalho do *Jīvātmā,* devemos tentar compreender a natureza e as funções desse instrumento.

O que quer que desejemos controlar e adestrar para uma determinada finalidade, devemos compreender e conhecer da melhor maneira possível. Um amestrador de cavalos conhece cavalos de maneira a mais completa, conhecimento que o habilita a trazer facilmente estes animais sob controle, sob freio, para o trabalho comum. Um professor deve conhecer perfeitamente a natureza de uma criança, pois lhe compete guiar suas faculdades em botão para o caminho certo. Devemos assim conhecer e compreender bem nosso corpo físico, se desejamos ter para nosso uso um instrumento eficiente e inteiramente sob nosso controle.

O que primeiro é necessário para essa finalidade é ter-se uma ideia geral da constituição e anatomia interna do corpo físico. Qualquer tratado elementar de fisiologia irá dar-nos uma ideia adequada acerca de sua estrutura interna e removerá muitas concepções errôneas, que em geral se tem sobre seu funcionamento. Muita gente instruída e sensata não conhece fatos, mesmo os mais elementares, sobre seu corpo físico e à pergunta de que lado fica o fígado não saberá dar resposta segura. É gente que está apta a dar informação correta sobre a constituição do Sol, quais os elementos que nele estão presentes. Gente que tudo sabe sobre o motor de um automóvel, mas é completamente ignorante sobre seu corpo físico com o qual tem de trabalhar durante a vida nesta Terra. Este é um comentário triste sobre nosso sistema educacional, que entulha nossa cabeça com toda espécie de conhecimento inútil de matéria não essencial e ignora quase por completo as coisas que mais importam na vida.

O mais importante resultado do conhecimento da estrutura interna do corpo físico é habilitar-nos a objetivá-lo mais facilmente, isto é, vê-lo como algo diferente de nós mesmos, e compreender que ele é somente um instrumento e não nós mesmos. Se conhecemos apenas a aparência externa do corpo estamos mais aptos a identificar-nos com ele do que se o vemos como realmente é: uma complicada máquina viva mais elaborada em seu acabamento do que algumas das instalações da indústria moderna.

O que devemos fazer em seguida é compreender bem claramente as funções do corpo físico. Vemos ser ele um instrumento, mas qual a sua utilidade? É um instrumento por meio do qual o *Jīvātmā* entra em contato com o Plano Físico. Lentamente, através do longo processo da evolução, esse instrumento tem sido desenvolvido e aperfeiçoado por diferentes agentes divinos operando no Sistema Solar e isso possibilita ao *Jīvātmā,* por um lado, entrar em contato com os objetos e fenômenos desse plano e, por outro, influenciar estes objetos e fenômenos acarretando-lhes mudanças. Com o auxílio dos órgãos dos cinco sentidos – chamados *Jñānendriyas,* em sânscrito, lentamente desenvolvidos durante a evolução do corpo físico – a alma adquire conhecimento do Plano Físico e através dos órgãos de ação – chamados *Karmendriyas* – produz mudanças no mundo externo. Estes órgãos vieram se desenvolvendo, um a um, durante o curso da evolução do corpo físico.

Qualquer um pode verificar por uma experiência simples quão dependentes somos desses órgãos dos sentidos para o conhecimento do mundo físico. Se uma pessoa for fechando, tanto quanto possível, as vias de acesso aos cinco sentidos, uma após a outra, verificará que seu contato com o mundo físico vai se tornando cada vez mais limitado até que, quando as cinco vias estiverem fechadas, estará completamente cortada do mundo físico, de tudo, restando somente imagens evocadas pela imaginação ou a memória de suas experiências anteriores, obtidas através do contato com o mundo físico.

Visto sob essa luz, o corpo físico nada mais é que um instrumento portátil, combinando em si as funções de um aparelho transmissor e receptor sem fio. Do mundo físico ele capta as vibrações da luz, som, etc., através dos órgãos dos sentidos e as transmite para o interior, possibilitando assim ao *Jīvātmā* tomar conhecimento dos vários objetos do mundo físico. Do *Jīvātmā,* estabelecido no interior, o corpo físico recebe impulsos motores e pensamentos, transmitindo estes impulsos motores e pensamentos ao mundo externo. Conduzimos esse instrumento portátil sobre nossos dois pés e, na medida do necessário, colocamo-nos em contato com as diferentes partes do mundo físico. Entretanto, estamos tão arraigados em nosso hábito de nos identificarmos com o corpo físico que se disséssemos em vez de "Estou fazendo isso"; "Estou indo para lá", usássemos uma linguagem mais em harmonia com os fatos reais: "Estou fazendo com que meu corpo físico faça isso"; "Estou levando meu corpo físico para lá" – tal linguagem soaria estranha aos nossos ouvidos.

Chegamos agora a uma contribuição muito importante do Ocultismo para a compreensão da constituição do corpo físico. Nossos cientistas modernos, que empregaram dois séculos de contínuo trabalho na investigação do corpo físico, conseguiram obter informações bem detalhadas sobre seu mecanismo. Músculos, nervos e artérias foram minuciosamente examinados e catalogados; foi determinado como ocorrem os vários processos metabólicos, mas, apesar de toda essa enorme soma de trabalho, escapou-lhes inteiramente, devido à sua visão materialista ortodoxa, mais da metade do corpo físico – o Duplo Étérico como é chamado na literatura Oculta, ou *Prānamaya-kosha* na terminologia vedantina. O corpo físico denso ou *Annamaya-kosha,* que os cientistas investigaram e que podemos ver com os nossos olhos, é composto de matéria pertencente aos três subplanos inferiores do Plano Físico – matéria sólida, líquida e gasosa. Além destes três subplanos do Plano Físico, há quatro outros mais sutis, que os interpenetram e sobre os quais os cientistas, presentemente, nada sabem. A matéria pertencente a estes quatro graus, mais rarefeita, entra na composição da contraparte mais sutil do corpo físico – o duplo etérico, como é chamado. – É etérico porque esses quatro graus de matéria mais sutil são denominados éter, e duplo porque esse veículo mais sutil é a exata contraparte do corpo físico denso, ainda que se projete fora do corpo físico cerca de oito centímetros para todos os lados. O duplo etérico não deve ser considerado como um veículo separado da consciência, mas sim como um complemento do corpo denso.

A função do duplo etérico é servir de veículo do *Prāna,* a energia especializada que, em suas varias modalidades, conserva e regula as atividades do corpo físico. Esta energia é obtida do Sol, separada em seus componentes pelo *Chakra* situado próximo ao baço, de onde as diferentes correntes de *Prāna* são levadas às diferentes partes do corpo, através de canais bem definidos para seu trabalho especializado nessas partes. Essa vitalidade, que é obtida do Sol e especializada para uso pelo Duplo Étérico, é a fonte de todas as forças vitais necessárias à manutenção do corpo físico, e a ciência erra quando encara o alimento como essa fonte e, nesta suposição, cria uma ciência falha de nutrição e medicina. Alimento e bebida são necessários ao corpo físico para reparar os tecidos, produzir calor, etc. e algumas outras finalidades, mas não para suprir vitalidade. É necessário ter-se isso em mente porque nossas ideias errôneas sobre a função do alimento engendram temores e dúvidas não fundamentados, tornando difícil nos livrarmos do mau hábito da superalimentação, responsável por um grande número das doenças atuais. Não é necessário entrar aqui em mais detalhes sobre este interessante assunto, pois há, na literatura oculta, vários livros que dão todas as informações necessárias.

Enquanto estamos tratando da constituição do corpo físico, cumpre também mencionar as funções de certos órgãos e centros citados frequentemente na literatura oculta a respeito deste corpo. Esses órgãos tomam parte cada vez maior nos últimos estágios da evolução humana, quando a comunicação entre a consciência inferior e a superior torna-se cada vez mais evidente e o corpo físico vem a ser um mero instrumento do Eu Superior.

Tomemos em primeiro lugar dois órgãos muito conhecidos, a glândula pineal e o corpo pituitário, situados no interior do cérebro e cuja função os fisiologistas muito pouco conhecem. Esses órgãos, considerados rudimentares pelos biólogos, teriam tido sua função nos primitivos estágios da evolução e no presente têm o papel secundário de fornecer certas secreções para o crescimento e conservação do corpo físico. A função real desses órgãos, de grande importância nos futuros estágios da evolução humana, é conhecida somente dos ocultistas. O corpo pituitário é o órgão que serve como válvula para a transmissão de vibrações pertencentes aos Planos de *Buddhi* e Mental Superior, para o interior do cérebro físico, sendo sua vivificação parte do adestramento pelo qual tem de passar todo estudante do Ocultismo prático. A glândula pineal é o órgão de transferência de pensamento e sua vivificação de seu cérebro para o de outrem.

Podemos também tratar, muito sucintamente, da função dos *Chakras,* acerca dos quais tanto lemos na literatura sobre o *Yoga*. Se o Duplo Étérico é examinado pela visão clarividente são notados, em diferentes pontos, vórtices cuja matéria gira incessantemente e com grande rapidez. Os vórtices têm aparência brilhante e mostram-se em número variável de segmentos coloridos chamados pétalas. Esses vórtices, *Chakras,* na terminologia do *Yoga*, servem de ponto de contato entre os veículos físico e astral. Por esses pontos entram no corpo físico diversas espécies de forças provenientes do astral, e o peculiar movimento em vórtice é devido ao rápido influxo de forças jorradas de uma dimensão mais elevada. Os *Chakras* têm diversas funções, e uma das mais importantes é servir de ponto para a consciência; sua vivificação habilita-nos a estabelecer comunicação entre os Planos Astral e Físico. Quando os *Chakras* são vivificados e postos em atividade, desenvolve-se a clarividência astral, tornando possível trazer para o cérebro a memória clara e correta de todas as experiências obtidas no Plano Astral. Para a finalidade prática, os dois planos tornam-se um, como parte da consciência de vigília.

A vivificação dos *Chakras* é feita com o auxílio da *Kundalinī,* a força misteriosa localizada na base da espinha dorsal e que desempenha parte importante na prática do *Yoga*. Pelo uso da técnica de certas práticas de *Yoga*, que não devem ser tentadas, a menos que sob a orientação direta de um instrutor competente, esta força é despertada e posta em ascensão através de *Sushumnā,* como é chamada a passagem interna na espinha dorsal. À medida que a *Kundalinī* passa através dos *Chakras,* eles vão sendo vivificados, um a um, e o candidato fica apto a entrar em contato com o Plano Astral. Mas todas essas práticas são empreendidas nos últimos estágios do caminho do discipulado que leva à Iluminação. Nenhum noviço pode aventurar-se nessas coisas sem expor a grande perigo seu corpo físico.

5

Controle, Purificação e Sensibilização do Corpo Físico

Ao tratar, no capítulo anterior, da constituição e funções do corpo físico, foi mencionado o fato de que sua função principal era a de servir de instrumento da alma, no Plano Físico. Segue-se daí que se estamos trilhando o caminho que leva à perfeição, devemos adestrar e desenvolver esse corpo de tal maneira que ele esteja apto a preencher suas funções tão perfeitamente quanto possível. É verdade que há certas limitações inerentes à natureza do Plano Físico as quais não podem ser ignoradas, mas mesmo com essas limitações é possível trazer o corpo a um estágio mais elevado de eficiência e perfeição do que o atual como instrumento da alma. Dizem-nos que, em futuro distante, quando a matéria do Plano Físico for muito mais evoluída do que é atualmente, os corpos físicos desenvolvidos na época serão muito mais adequados para responder às vibrações vindas dos planos superiores, e o Homem Perfeito de então estará apto a trazer à sua consciência física muito mais de sua Divindade do que hoje pode fazê-lo. Isto, porém, não nos deve desencorajar. Dentro das limitações sob as quais operamos há ainda vastas possibilidades de progresso e avanço abertos para nós, e tudo o que pode ser esperado é que façamos o melhor uso possível do material disponível no presente.

Já foi dito, no início, que não estamos tratando neste livro do problema da Autocultura em geral, mas da procura da Autocultura com um propósito definido: a Autorrealização. Assim, tudo quanto for estudado será, tanto quanto possível, sob este ponto de vista, o que restringirá um tanto o assunto, mas provavelmente aumentará a eficiência da maneira de tratá-lo.

O problema inicial a ser resolvido, quando estudamos o corpo, é como trazê-lo sob nosso controle. Pois sem adquirir certo controle não é possível nem purificá-lo nem torná-lo suficientemente sensível às delicadas vibrações vindas do interior. Devemos lembrar-nos de que o corpo físico é um instrumento vivo, não um instrumento inanimado como o motor de um carro ou um violino, que obedecem somente às leis da Física e da Química. O corpo físico tem alguma coisa que pode ser chamada semiconsciência, tem também hábitos, idiossincrasias e algo que corresponde à vontade, de modo que ele pode resistir, e resiste, às nossas tentativas para mudar seus processos. Todos nós, provavelmente, temos experimentado essa resistência do corpo físico, se alguma vez tentamos mudar nossos hábitos físicos e o modo de viver. É verdade que a maior parte das dificuldades encontradas, quando fazemos um esforço para mudar nosso modo de viver, não podem ser atribuídas ao corpo físico, mas aos corpos mental e do desejo. Na maior parte dos casos, o corpo físico é apenas o instrumento através do qual os corpos mental e do desejo tentam adquirir aquilo que querem. Mas mesmo assim, postos à parte os fatores provenientes da natureza de nossa mente e de nossos desejos, alguma coisa resta que tem origem na parte física de nosso ser, e o corpo físico é algo que tem de ser levado em conta em nossas tentativas de ser senhores da natureza inferior.

O primeiro passo para trazer o corpo físico sob nosso controle é separarmo-nos dele em consciência, e compreendermos, da melhor maneira possível, que somos distintos e senhores desse corpo. Ao tratar da necessidade de adquirir conhecimento do corpo físico foi mencionado que um resultado da aquisição desse conhecimento é a habilidade de, até certo ponto, desligarmo-nos dele mentalmente – objetivá-lo, para empregar a fraseologia técnica. Este poder de objetivação e dissociação do corpo em relação a nós deve ser laboriosamente desenvolvido por um rápido curso de adestramento, até que nos tornemos completamente conscientes desse dualismo, e não nos identifiquemos com o corpo mais do que nos identificamos com o cavalo que montamos e que usamos para executar nosso trabalho. Alimentamos apropriadamente nosso cavalo, conservamo-lo adequadamente, podemos mesmo permitir-lhe seus impulsos inocentes desde que não interfira em nosso trabalho e sempre o levamos a fazer o que é necessário. Atitude semelhante devemos ter com o nosso corpo físico. Devemos reconhecê-lo como coisa viva, com suas fantasias e idiossincrasias, seu desejo natural de conforto e de evitar aquilo a que não está acostumado. Esta atitude não é adquirida apenas pensando neste sentido, mas resulta de persistente e rígida disciplina a que o corpo físico é submetido. Sem a disciplina não podemos desenvolver a faculdade de dissociar-nos do corpo e, ainda que não o percebamos, continuaremos seu escravo. Disciplina não significa torturar o corpo, submetendo-o a tensões desnecessárias, como fazem faquires mal-orientados e alguns religiosos. Esses métodos extremados são inteiramente errados. A *Bhagavad-Gitā* e, de fato, todos os grandes Instrutores, têm-nos advertido contra tal coisa. O corpo físico é trazido sobcontrole pela simples aplicação de uma pressão constante da vontade na mudança dos maus hábitos e no uso da paciência e senso comum em seu manejo. O propósito de *Tapas* ou austeridade de várias espécies, praticada inteligentemente, é a aquisição desta espécie de controle do corpo físico, tornando-o servo obediente da alma, a fim de que execute eficientemente e sem resistência o que quer que dele se requeira. Cada *Sadhaka* ou aspirante pode formular seus próprios métodos para a aquisição desse controle, pois as necessidades diferem com os indivíduos, o que é necessário num caso é inútil no outro.

Suponhamos que adquirimos o necessário controle sobre o corpo físico e podemos fazer com ele o que bem entendermos. O que faremos em seguida? Temos de purificá-lo. O que significa pureza? Pureza, não somente no que concerne ao físico, mas também aos veículos emocional e mental, significa a preponderância em nosso veículo dos componentes, das combinações de matéria, que podem responder facilmente às vibrações mais elevadas, e não responder às vibrações inferiores. Em todos os planos as combinações da matéria são definidas e especificamente relacionadas com certas forças vibratórias; assim, um determinado grau de matéria pode responder somente dentro de certos limites de vibrações e não fora deles. Estamos bastante familiarizados com esses fenômenos na Ciência e temos somente de aplicar o princípio, de maneira mais geral, à matéria presente em nossos vários veículos. Segue-se dessa correspondência que existe entre matéria e vibração, que a capacidade vibratória de nosso corpo como um conjunto – presentemente nos limitaremos ao corpo físico – é determinada e limitada pela qualidade e proporção dos vários graus de matéria nele presentes. Um corpo composto preponderantemente de combinações mais refinadas, estará apto a responder facilmente às vibrações mais elevadas e será mais ou menos impermeável às inferiores, enquanto um corpo composto predominantemente de combinações mais grosseiras responderá, fácil e instantaneamente, aos pensamentos e às emoções inferiores e estará inapto a captar os que pertencem aos graus mais refinados.

Purificação nada mais significa do que aumentar a proporção, no corpo, dos componentes mais refinados de matéria, com a eliminação gradual, ou diminuição em qualquer caso, dos mais grosseiros. É bom lembrar que é através do sistema nervoso que a alma opera quando usa o corpo físico. De certa maneira, todo o corpo físico é seu instrumento, mas o sistema nervoso é o principal, e através dele as emoções, os pensamentos e outras energias superiores da alma encontram expressão no Plano Físico e aparecem na consciência física. O corpo todo, com seu mecanismo complicado, alimenta e mantém em ordem o sistema nervoso e nada estorva mais o funcionamento da alma no corpo do que qualquer distúrbio no sistema nervoso. Um coágulo no cérebro pode paralisar o corpo e parar todo o trabalho da alma através do corpo. O sistema nervoso, cujas vibrações de partículas produzem todos os fenômenos da consciência depende do conjunto do corpo para sua nutrição. Assim, da qualidade do corpo físico depende a qualidade do sistema nervoso e, consequentemente, sua capacidade de responder às diferentes espécies de vibrações.

A construção do corpo físico resulta do alimento e da bebida que tomamos e naturalmente a qualidade de seus elementos constituintes dependerá, em grande parte, da espécie do alimento. O conhecimento da natureza das diferentes espécies de alimentos e a experiência possibilitaram aos ocultistas classificar os alimentos em diferentes categorias, de acordo com a influência que tenham na capacidade vibratória do corpo como um todo. A classificação mais familiar é a divisão em três grupos: *Tamásico, Rajásico* e *Sáttvico.* Alimentos *Tamásicos* são aqueles que estimulam a inércia, *Rajásicos* aqueles que produzem a atividade e *Sáttvicos* aqueles que produzem harmonia e ritmo. É no último grupo que o aspirante espiritual tem que fazer, tanto quanto possível, a sua seleção.

É necessário dizer-se aqui, como advertência, que este princípio da seleção de nossos alimentos pode levar à morte e pode ser aplicado de forma pouco inteligente, limitando-se apenas ao hábito. Alguns hindus fazem deste princípio um fetiche, e é patético ver essa gente confinar à esfera da cozinha todos os seus esforços para espiritualização da sua vida. A pureza de vida é somente um meio para uma finalidade; a pureza do corpo, sozinha, não leva à espiritualidade, assim como um violino não pode produzir boa música por si mesmo. A menos que seja combinada com outras condições, que levem à vida espiritual, a pureza é quase sem significado.

Após a purificação, a saúde é o requisito mais importante. Verdadeira saúde significa funcionamento harmônico de todos os órgãos vitais do corpo físico. Isto produz não somente um sentimento de bem-estar, mas dá também a capacidade de empreendimento prolongado em atividade física ou mental, sem fadiga. Uma pessoa que tem realmente boa saúde dificilmente fica consciente de seu corpo físico, mas uma pessoa que sofre de doença crônica tem sua atenção sempre em alguma parte do corpo. Uma doença, causa de constante distração da mente, é considerada um obstáculo no caminho do *Yoga*, tendo assim de ser superada sistematicamente por aqueles que se preparam para trilhar esse caminho. Em muitos casos é o resultado de desarmonia e falta de autocontrole, desaparecendo quando as causas são removidas. Mas quando estão envolvidas causas *kármicas* a pessoa continua a sofrer de má saúde, apesar de vigorosa autodisciplina e vida morigerada. Em tal caso o aspirante deve atravessar esta fase com bom humor, mas mantendo resolutamente atitude correta e estrita ordem em sua vida física. A fase de má saúde deve acabar, cedo ou tarde e, quando isto suceder, ele terá lançado a base correta para uma vida física saudável no futuro.

Chegamos agora a outro fator que nos cumpre considerar, ao tratar do problema de fazer do corpo físico um instrumento adequado ao serviço da alma e habilitá-lo a trazer à consciência física, embora limitadamente, a vida que a alma vive em seus próprios planos. Vimos que a pureza do corpo físico é necessária, mas mera pureza não é suficiente. É necessário algo mais para habilitar o corpo, especialmente o sistema nervoso, a responder às energias e vibrações mais elevadas. Esta qualidade pode ter expressão melhor na palavra sensibilidade. Pureza tem relação com a natureza do material, enquanto sensibilidade tem mais a ver com a capacidade vibratória. Podemos melhor explicar a diferença por meio de uma analogia da esfera musical. A nota musical que podemos tirar de uma corda depende primeiro da quantidade do material, e segundo, da tensão aplicada à corda. Pela seleção das diferentes espécies de materiais – ferro, cobre, platina, etc. – podemos obter diferentes sons, as diferentes espécies de cordas dando diferentes timbres, para usar a terminologia técnica. Mas as notas, que podem ser obtidas das cordas, dependem também da tensão a que são submetidas: quanto mais elevada a tensão mais finas as vibrações produzidas. Assim, apenas a pureza, a boa qualidade do material do sistema nervoso, não irão habilitar-nos a entrar em contato com a vida mais elevada; o sistema nervoso tem de ser sensibilizado, se assim podemos dizer, para habilitar-se a responder às vibrações mais sutis. Se apenas pureza bastasse, qualquer criança, nascida de pais dotados de corpos puros e sensíveis e nutrida com alimentos puros desde o nascimento, estaria apta a contatar mais facilmente a vida superior, mas na verdade isso não acontece. Seu sistema nervoso não foi submetido ao processo especial que o torna sensível e responsivo às vibrações mais sutis.

A sensibilização do sistema nervoso é realizada pela meditação, essa intensa concentração da mente, combinada com uma ardente aspiração da alma, que polariza todas as energias em ação nos veículos inferiores na direção do Eu Superior, possibilitando assim os influxos mais sutis no cérebro físico. Estas práticas preliminares, incluídas na concentração e meditação comuns conhecidas como *Yoga*, levam gradualmente à disciplina e ao controle intensos da mente e culminam na fusão da consciência inferior com a superior.

As verdadeiras mudanças que se operam na constituição do corpo físico, como resultado da meditação prolongada, não foram enunciadas detalhadamente, nem é necessário ter-se esse conhecimento a fim de tornar o corpo físico sensível às vibrações mais sutis. Mas o que se sabe sobre isto é que parte do processo consiste em ativar os órgãos e centros já referidos no capítulo anterior, e parte em mudar um tanto as forças que fluem nos átomos que compõem o sistema nervoso. Não é necessário que essas coisas sejam detalhadas, primeiro, porque o problema é muito complexo e segundo, porque não é necessário conhecer o *modus operandi* a fim de sensibilizar o veículo.

Vemos assim que não é fácil tornar o corpo físico um instrumento sensível através do qual a alma possa operar, sem obstáculo, no Plano Físico. Isto implica em mudanças de grande profundidade, na constituição da matéria componente do corpo. Eis a razão de ser necessário um adestramento rigoroso e prolongado para a formação de um verdadeiro ocultista, e de somente aqueles que têm paciência e perseverança excepcionais poderem, com sucesso, completar tão difícil tarefa. É verdade que no caso de algumas pessoas, parece fácil efetuar essas mudanças, mas é por já terem trabalhado nesse sentido em vidas anteriores, e o que agora é desenvolvido tão facilmente é, na verdade, uma recapitulação de progresso já feito em vidas passadas. Todos têm o que merecem e aquilo que se esforçaram para obter. A Natureza não tem favoritos.

6

As Funções do Corpo Astral

Neste capítulo, trataremos das funções do corpo astral, o componente seguinte de nossa constituição. Como foi mostrado no segundo capítulo, este corpo vem logo após o físico, quando da periferia penetramos no centro de nosso ser. É composto de matéria pertencente ao Plano Astral, e matéria de todos os sete subplanos desse plano entram em sua composição. Quando desenvolvemos faculdades clarividentes pela vivificação dos *Chakras* no Duplo Étérico, ficamos aptos a entrar em contato com o Plano Astral e a examinar seus fenômenos com o auxílio dos sentidos pertencentes ao corpo astral, exatamente como fazemos, no caso do mundo físico, com os nossos sentidos físicos.

Visto estarmos considerando o assunto sob o especial ponto de vista da Autocultura, não é necessário descrever aqui a aparência e constituição do corpo astral, o que pode ser encontrado em qualquer livro elementar de Teosofia. Um conhecimento detalhado e exato da constituição e do trabalho do corpo astral só se torna necessário quando desenvolvemos nossos poderes clarividentes pelos métodos apropriados e necessitamos usar este corpo no Plano Astral como um veículo independente da consciência. É mister tratar aqui somente de fatos e dados que serão necessários à compreensão de nossa natureza de desejo e emoções, e assim ajudar-nos a purificar e controlar o corpo astral. Pois o controle dos desejos é uma das tarefas mais difíceis e necessárias que o candidato à iluminação tem de empreender desde o começo e que é completada somente quando ele está quase no limiar do *Nirvāna*. Nossos sofrimentos e provações mais severos originam-se de nossa luta com nossa natureza de desejos, e aquele que obtiver o domínio de seus desejos já muito terá avançado no caminho da Liberação.

A fim de compreendermos a parte representada pelo desejo em nossa vida, examinemos preliminarmente algumas funções elementares do corpo astral. A mais simples de suas funções, geralmente não reconhecida, é a conversão das vibrações do Plano Físico, através dos cinco sentidos, em sensações. De acordo com a Ciência moderna, as vibrações captadas pelos órgãos dos sentidos são conduzidas, ao longo dos nervos, aos centros correspondentes no cérebro e aí ocorre a misteriosa transformação que faz estas vibrações aparecerem como sensações na consciência. Os ensinamentos do Ocultismo são, neste ponto, um tanto diferentes, porque o ocultista, devido à sua visão mais ampla, está apto a pesquisar essas vibrações bem mais longe do que o cérebro físico. O ocultista concorda com o fisiologista quanto à transmissão das vibrações desde os órgãos dos sentidos até os correspondentes centros cerebrais, mas ele afirma, baseado em suas investigações, que as vibrações são refletidas do cérebro denso no cérebro etérico e, dos centros etéricos no cérebro, são novamente refletidas nos centros astrais correspondentes, e é somente quando atingem os centros astrais que elas aparecem como sensações. Todos os órgãos de sensação estão situados no corpo astral, e a conversão das vibrações físicas em sensações é, por conseguinte, uma das funções importantes e primordiais do corpo astral. Os centros do corpo astral que ocasionam a transformação não devem ser confundidos com os órgãos dos sentidos do corpo astral, pelos quais as impressões são recebidas do Plano Astral no exercício dos poderes de clarividência e clariaudiência. Esses centros, ligados aos órgãos físicos dos sentidos e que convertem vibrações físicas em sensações, formam um conjunto separado e independente, tendo vindo à existência muito mais cedo, no decorrer da evolução, junto com o sistema nervoso simpático.

Chegamos então a um outro estágio na série de transformações pelas quais as vibrações puramente físicas atingem a consciência que está no interior. Algumas dessas sensações permanecem como meras sensações e se refletem mais uma vez no interior, no corpo mental, onde aparecem na mente como percepções comuns. Mas no caso de outras sensações, a qualidade peculiar indicada pelas palavras "agradável" e "desagradável" aparece com as sensações e é percebida pela mente como sensação agradável ou desagradável. Tais sensações são chamadas sentimentos. Mas mesmo até esse estágio, isto é, o aparecimento de prazer ou dor, a sensação é ainda uma sensação, embora chamada por nome diferente. Vemos assim que a segunda função do corpo astral é adicionar a qualidade "agradável" ou "desagradável" a certas sensações e convertê-las em sentimentos que são prazer ou dor.

Nesse ponto uma transformação fundamental, primordial, pode ocorrer na consciência. Junto com a sensação de prazer ou dor pode vir um desejo de experimentar esse prazer novamente ou de evitar a dor. Esse é o desejo em sua forma mais simples, mais elementar. Cumpre notar que a transformação que envolve atração ou repulsão é ligada tanto ao corpo astral quanto ao mental. O elemento mental, mesmo sob a forma primária de desejo, é devido à presença da memória ou antecipação, sem a qual o desejo não poderia nascer. À medida que mais e mais fatores mentais entram na interação entre sentimentos e pensamentos durante o curso de nossa evolução, os desejos tornam-se mais e mais complexos e representam um papel progressivamente mais predominante em nossa vida. Seria um estudo psicológico muito interessante pesquisar o desenvolvimento de todas as espécies de desejos e analisá-los em seus componentes mais simples, mas como isto não tem importância para o assunto em pauta, não necessitamos entrar nesta questão.

A razão de termos entrado nesta questão um tanto sutil e tentado pesquisar a gênese do desejo é que podemos nos habilitar a compreender a natureza do desejo bem como saber claramente onde aplicar o freio na série de transformações em nossa consciência quando desejamos controlar o desejo.

Tomemos alguns exemplos concretos para explicar o que queremos dizer. Suponhamos que eu me sente para uma refeição. Um determinado item em meu alimento entra em contato com meu paladar, afeta as papilas do gosto, principia vibrações físicas que vêm a aparecer como uma determinada sensação no corpo astral. Se o prato é saboroso, a sensação causada naturalmente será agradável. Quando acabo o prato, a sensação desaparece, mas a memória, à vista do mesmo prato ou por associação de ideias, pode no futuro despertar o desejo de experimentar essa sensação novamente, desejando ter o gosto dessa iguaria. Outro exemplo. Saio para um passeio e, ao passar por um jardim, noto um determinado odor que agrada ao meu sentido do olfato. Desvio-me e encontro a flor da qual emana o cheiro. Desejo então possuir em meu jardim essa árvore de modo que eu possa ter outra vez a sensação agradável do cheiro. Tais exemplos podem ser multiplicados, mas estes dois servem para ilustrar o ponto em questão e possibilitar-nos a entender o princípio fundamental do controle dos desejos.

Ver-se-á que em tais casos é atingido um ponto em que a sensação agradável ou desagradável aparece na consciência, e esse ponto é atingido inevitavelmente por todos os que passam pela experiência, porque não podemos andar com vias sensoriais fechadas. A mudança na consciência contra a qual aqueles que desejam ser sem desejo devem estar em guarda e, se possível, prevenidos, é a atração e a repulsão – o aparecimento do desejo de experimentar a sensação se for agradável e evitá-la se for desagradável. Quando andamos pelo mundo e atravessamos toda espécie de experiências, as vibrações que elas nos impõem de todos os lados devem produzir as sensações que lhes correspondem e algumas destas serão sentidas como agradáveis ou desagradáveis. Digo "algumas", porque essa qualidade de prazer ou dor não caracteriza todas as sensações. A maior parte de nossas sensações visuais ou auditivas não são nem agradáveis nem desagradáveis, são apenas o que se chama percepções neutras na mente. O homem que não compreende a natureza do desejo, ou não está resolvido a controlá-la se vê constantemente envolvido nas atrações e repulsões, cadeias que o prendem aos mundos inferiores, à roda de nascimento e morte; enquanto o sábio, tendo-se tornado sem desejos, anda pelo mundo, entre as mesmas atrações, passa pelas mesmas experiências e, no entanto, por não permitir que sua mente estabeleça qualquer conexão com os objetos do desejo, permanece livre. É necessário compreender que não há mal em sentirmos prazer quando temos certas experiências; o prazer é o resultado natural dos contatos entre o corpo e os objetos que causam o prazer. A dificuldade aparece quando permitimos nossa escravidão a um objeto pelos laços de atração ou repulsão.

Do que foi dito acima, se deduz que o homem bastante forte para não ser afetado por prazer ou dor, enquanto vive entre os objetos que dão prazer ou dor, é o verdadeiro *Vairagi,* não aquele que teme ser apanhado na rede do desejo e se conserva afastado. Esse homem terá, cedo ou tarde, que se pôr em campo aberto, entre as tentações, para aprender a colocar-se acima delas. Se esse é o procedimento apropriado para aqueles que já têm força suficiente e estão acostumados a controlar o desejo, o principiante pode achar mais fácil, para combater um determinado desejo, afastar-se do ambiente cheio de tentações, até que esteja bastante forte para resistir-lhe. Um ébrio que fica na companhia daqueles que são viciados na bebida achará muito mais difícil abandonar o mau hábito e faria bem em se colocar em princípio numa atmosfera pura e sóbria. Mas ele realmente não terá vencido seu desejo enquanto não puder frequentar incólume a companhia de ébrios, no meio de todas as tentações de um bar moderno.

Trataremos agora da relação desejo e vontade, o que pode parecer ao leitor assunto de interesse puramente teórico e, portanto, irrelevante para o problema da compreensão da Autocultura, mas tal não acontece. O conhecimento que nos habilita a enxergar melhor a natureza do desejo é essencial para uma tentativa de efeitos práticos de seu domínio, e uma pessoa que tenta ter sob controle seus desejos sem tal conhecimento é tão louca e terá tão pouca probabilidade de sucesso em seu empreendimento, quanto o general de um exército que penetre em território inimigo sem qualquer noção do terreno, da disposição das tropas adversárias e dos seus pontos fortes e fracos.

Vimos nos parágrafos anteriores que a natureza essencial do desejo é a atração de uma pessoa para os objetos que lhe dão prazer e repulsa para os que lhe causam dor. Esta atração ou repulsão mostra a presença de uma força que se verificou ser em essência a mesma que a força da vontade. Não há, portanto, diferença essencial entre desejo e vontade. O desejo, de certo modo, é o reflexo da vontade no Plano Astral. A diferença que vemos está no fato de que, no caso do desejo, a força do eu é atraída por objetos externos e depende de atrações e repulsões, enquanto que no da vontade a força expande-se independentemente de qualquer estímulo externo, é autodeterminada.

A identidade essencial da natureza no caso do desejo e da vontade é mostrada por dois fatos importantes, que qualquer um pode observar por si mesmo. Primeiro, o fato de que ambos trazem consigo o poder de realizar. O que quer desejemos podemos obter, embora nem sempre imediatamente. No momento em que colocamos ante nós qualquer objeto e começamos a desejá--lo, ele começa a ser atraído para nós, sendo a atração proporcional à intensidade do desejo. Se o desejo é suficientemente forte e favoráveis as circunstâncias, podemos ter o objeto imediatamente. Se, por outro lado, as circunstâncias são desfavoráveis ou se o objeto é de tal natureza que ele só possa ser obtido por esforços continuados, mesmo assim, a atração nasce no momento em que começamos a desejá-lo, sendo apenas uma questão de tempo a satisfação de nosso desejo. Tomemos alguns exemplos que ilustrem este ponto. Suponhamos que desejo ouvir um pouco de boa música. Basta-me sintonizar o rádio e meu desejo é satisfeito. Mas suponhamos que eu deseje ficar rico. Terei então que trabalhar, sacrificar meu conforto e minha diversão, economizar cuidadosamente meus recursos e, se tiver uma certa capacidade nesse sentido, poderei ir lentamente juntando uma fortuna e realizar minha ambição nesta vida. Se morro, ou de outra maneira qualquer não consigo realizar minha ambição nesta vida e meu desejo continuar, nascerei em minha próxima vida com maior capacidade nessa direção e em melhores circunstâncias, chegando então ao meu alvo tão desejado. Mas suponhamos que, em vez de desejar esses objetos transitórios, eu deseje a Iluminação, obviamente não é um desejo que possa ser satisfeito imediatamente. Terei que trabalhar muitas vidas, terei de, aos poucos, edificar um caráter puro e forte, submeter minha natureza inferior, desenvolver lentamente todas as minhas possibilidades divinas, vida após vida, e se tenho a necessária intensidade de desejo e perseverança, um dia me encontrarei no topo da montanha – iluminado e livre. Vemos assim no desejo a mesma força irresistível de realização que associamos à vontade humana.

O segundo fato que serve para mostrar a identidade essencial do desejo e da vontade é a absorção do desejo na vontade à medida que se purifica e livra-se da contaminação do eu pessoal. Como já foi dito anteriormente, quando a energia do eu é atraída para objetos externos, é desejo, e quando é impessoal e empregada para a realização do propósito divino, é pura Vontade Espiritual. Assim, à medida que essa energia vai se desfazendo do elemento pessoal aproxima-se da condição de vontade pura, sem mistura. É a impureza do eu pessoal que degrada a vontade em desejo e, quando essa impureza é queimada, permanece o ouro puro da vontade.

A fim de esclarecer essa relação, certos desejos com os quais estamos familiarizados estão abaixo, arranjados em série, e o leitor verá imediatamente como a purificação gradual do desejo aproxima-o cada vez mais de nossa concepção de Vontade Espiritual, até que os dois se tornem indistinguíveis. Tomemos os seguintes desejos:

(1) Desejo de satisfação sensual;
(2) Desejo de ajudar a própria família a viver confortável e decentemente;
(3) Desejo de servir à pátria;
(4) Desejo de servir à humanidade;
(5) Desejo de reunir a vontade pessoal à Vontade do Supremo.

À medida que descemos nesta série vemos facilmente que o desejo vai se fundindo com a vontade, e em sua forma mais elevada, é somente uma questão de usar palavras diferentes para designar a energia quer seja desejo, quer seja vontade. A razão de ser permissível o uso da palavra desejo na descrição do último estágio é que um certo elemento emocional pode star presente, enquanto a consciência estiver confinada na personalidade e o problema for olhado, por assim dizer, de baixo.

Uma importante inferência que pode ser tirada dessa identidade essencial de desejo e vontade é que a posse de uma forte natureza de desejos não é necessariamente uma desvantagem ou alguma coisa que deva preocupar. A forte corrente de desejos oculta, sob sua cobertura de egoísmo, as puras águas da Vontade Espiritual, e tudo o que se tem de fazer é destruir esta cobertura e tomar o comando do enorme poder da Vontade Espiritual.

Gente dotada de fortes desejos é, portanto, do ponto de vista superior, mais promissora do que aquele cujos desejos são fracos, que é demasiado preguiçoso para esforçar-se com energia a fim de obter alguma coisa, e cuja reação geral a seu ambiente ou aos seus ideais é sem qualquer vigor. É esta a verdade em que se baseia o conhecido provérbio "quanto maior o pecador, maior o santo".

Desse relacionamento entre desejo e vontade vemos também como a eliminação gradual dos elementos pessoais da vida de um indivíduo tende a tornar suas ações cada vez mais puras. Nos primeiros estágios da evolução, enquanto os desejos dirigem sua vida, a força motora da ação é o desejo. Quando surge o desejo por qualquer objeto, imediatamente a mente pensa em meios e modos de satisfazê-lo e, se o desejo é suficientemente forte e persistente, segue-se, mais cedo ou mais tarde, a ação. Nessa procura de toda espécie de objetos desejáveis, o indivíduo fica constantemente ocupado, ganha experiência e desenvolve os vários poderes da mente. Nos estágios mais avançados da evolução, com o despertar do discernimento ou *Viveka* e a progressiva eliminação dos desejos pessoais, a vontade gradualmente ganha ascendência e vem a ser a força motora da ação. E a ação, assim purificada, torna-se cada vez mais impessoal e um reflexo da Vontade Divina. Nessa condição não prende o indivíduo porque não é executada em seu benefício, mas como oferenda ao Supremo. Na realidade, nos mais avançados estágios de purificação seria mais correto dizer-se que a ação é feita através do indivíduo em vez de pelo indivíduo.

Chegamos agora a um outro grupo de fenômenos de consciência que, embora derivado do desejo, forma uma classe separada, a das chamadas emoções. As emoções resultam parcialmente da atividade do corpo astral e parcialmente da atividade do corpo mental. Vimos que o desejo, em seu aspecto elementar, é caracterizado pela atração e repulsão por objetos, e ativação dos poderes da mente no sentido de obter ou repelir esses objetos. Um resultado dessa associação constante e íntima é o nascimento das diferentes espécies de emoções. A emoção é, portanto, um estado complexo de consciência em cuja constituição entram desejo e pensamento. Isto pode não parecer bastante óbvio no caso de algumas emoções, mas uma análise cuidadosa dessas emoções revelará sempre a presença dos três elementos essenciais: sentimento, atração ou repulsão e pensamento em diferentes proporções e intensidades. Assim, quando admiramos um belo pôr do sol a emoção pode parecer superficialmente destituída do elemento atração ou repulsão, mas uma análise cuidadosa do estado da mente mostrará que o elemento de prazer e consequente atração ou desejo aí está. O próprio fato de que gostamos de ver o pôr do sol mostra o elemento de prazer e atração. Quando vemos uma cena de horror, imediatamente nos afastamos. Não necessitamos entrar em maiores detalhes sobre este assunto, mas podemos abordar agora a questão mais importante da mútua relação das diferentes emoções e seu lugar em nossa vida.

Vista superficialmente, a grande variedade de emoções que experimentamos em diferentes épocas e ocasiões parece simplesmente formar um cipoal, não havendo qualquer base devida para classificá-las. Mesmo a Psicologia moderna, com suas amplas pesquisas e amor pela classificação, não tentou esta difícil tarefa de pôr certa ordem na esfera aparentemente caótica da mente. Mas a confusão e a ausência de um princípio na classificação das emoções é somente aparência. A maior parte das emoções se inter-relacionam, e essa relação foi muito cuidadosamente estudada por Dr. Bhagavan Das em seu conhecido livro, *The Science of the Emotions*. Ele procura demonstrar que a maior parte das emoções originam-se de duas emoções primárias: amor e ódio, baseadas na atração ou repulsão. Como essas emoções de amor e ódio podem ser dirigidas a um superior, a um inferior ou a um igual, tomam diferentes aspectos, e as permutações e combinações das seis emoções secundárias – três derivadas do amor e três do ódio – combinadas com outros fatores mentais podem ser responsáveis pela grande maioria das emoções conhecidas dos psicólogos. Não necessitamos entrar em maiores detalhes a este respeito, mas podemos chegar de imediato à influência dessa ideia fundamental em nossa vida e como pode ela ser utilizada sistematicamente na construção do caráter.

Posto que toda a vida, manifestando-se em diferentes formas, em todos os planos, é *una* em essência e uma expressão da Vida Divina, encontramo-nos ligados por laços de unidade espiritual que possivelmente não estamos aptos a ver nos mundos inferiores de ilusão e separatividade. O que quer que esteja em harmonia com esta verdade fundamental da existência, esta lei da unidade, deve trazer felicidade. O que quer que esteja em conflito com esta lei deve ser eliminado, pois causa infelicidade. Eis porque o amor que cumpre a lei da Vida Una invariavelmente traz felicidade, e o ódio que a despreza é fonte de miséria sem fim. A lei da vida não é uma doutrina religiosa hipotética na qual temos de ter fé, mas uma lei que podemos verificar facilmente experimentando durante alguns meses. Alguém que deseje experimentar, observe cuidadosamente e anote de maneira sistemática, num caderno, as condições de sua mente sobre a felicidade ou infelicidade, quando está abrigando as diferentes espécies de emoções baseadas no amor ou no ódio. Para sua surpresa verificará que amor e felicidade vão juntos, bem como ódio e infelicidade. O que instrutores religiosos ensinaram sobre a felicidade de cultivar o amor é verdadeiro e baseado na experiência. Pode parecer estranho ao homem comum que todos os seres humanos, ligados como são por laços invisíveis de unidade espiritual, combatam entre si, tentem destruir-se mutuamente e haja tanto conflito no mundo. Mas isto deve-se ao fato de a mente inferior cobrir e obscurecer a consciência de unidade e fazer cada centro de consciência sentir-se como se fosse uma unidade isolada e independente. Quando o obscurecimento é removido, a unidade espiritual é revelada e é então impossível para o indivíduo odiar ou ferir qualquer pessoa.

Segue-se do que foi dito acima que, se desejamos ser sempre felizes, devemos eliminar completamente de nossa vida emocional todas as emoções baseadas no ódio, e cultivar, tanto quanto possível, as que têm raízes no amor. Mas somos governados no mundo emocional, bem como no mundo físico e mental, pela lei do hábito. Temos a tendência de nos deixar levar por emoções que nos habituamos a acolher e a encontrar dificuldade em despertar emoções que não expressamos com frequência. Assim, o problema resolve-se pelo cultivo sistemático dos hábitos emocionais corretos, implantando e nutrindo aqueles que são baseados no amor e erradicando os derivados do ódio. A classificação das emoções, referida no parágrafo precedente, irá dar-nos a diretriz para distinguir entre as duas espécies de emoções e para construir uma vida emocional saudável.

Quando começarmos a reconstruir nossa natureza emocional dessa maneira, verificaremos que realmente estamos cultivando virtudes e livrando-nos de vícios, pois virtudes e vícios, na maioria dos casos, nada mais são do que hábitos emocionais baseados em amor e ódio respectivamente. Veremos assim que levar uma vida virtuosa não consiste apenas em desejar ou aspirar, mas também em formar hábitos emocionais corretos. Este trabalho pode ser empreendido de maneira sistemática e executado com o auxílio das leis que operam nesse reino.

A relação das emoções com as virtudes e os vícios mostra também o lugar de uma vida virtuosa na grande questão da Autorrealização. O cultivo das virtudes apenas assegura uma vida emocional correta e saudável, representando, portanto, um papel secundário, ainda que essencial, na Autorrealização. Uma vida virtuosa é necessária como fundamento para uma vida mais elevada do Espírito, mas não pode substituí-la. O objetivo do esforço humano é algo muito maior do que meramente se levar uma vida virtuosa, e esta é a Autor-realização, *Jñāna*. Somente quando um indivíduo encontra a Verdade da Existência e vive à luz dessa Realização é que pode ter paz permanente e ficar acima dos tumultos, das ilusões e dos sofrimentos da vida inferior.

7

Controle, Purificação e Cultura das Emoções

Depois de tratar das funções do corpo astral, estamos em condições de considerar a questão do controle, desenvolvimento e purificação deste veículo da consciência. Ao ocupar-nos do corpo astral, é necessário primeiro adquirirmos um certo grau de controle sobre ele, pois antes disso não é possível empreendermos a difícil tarefa de seu desenvolvimento e purificação. Como vimos no caso do corpo físico, não podemos controlar devidamente qualquer veículo da consciência se nos identificarmos com suas atividades. Enquanto sentimos que somos nossos desejos, que somos as sensações que nos dão prazer ou dor, ou as emoções que surgem em nosso interior, não estaremos aptos a trazer esses movimentos do corpo astral sob nosso controle. Assim, o primeiro passo para a aquisição desse controle é pois nossa separação, na própria consciência,[4] das várias manifestações que têm sua origem no corpo astral. Cumpre objetivar essas manifestações, como dizemos em Psicologia. Devemos, por assim dizer, colocá-las na mesa de dissecação, observá-las e analisá-las, até que as sintamos o que são, meros fenômenos que têm lugar em nosso interior e não a parte verdadeira de nós mesmos. Quando um desejo brota em nosso coração, devemos compreender que não passa de uma vibração em nosso corpo astral a qual podemos mudar se desejarmos. Quando sentimos qualquer prazer, devemos estar aptos a pesquisar as séries de mudanças que acabam por surgir em nossa consciência sob a forma desse prazer. Estas mudanças já foram discutidas no capítulo anterior e não é necessário examinar a questão outra vez. O ponto a notar aqui é que temos de aprender a nos dissociar de nossos desejos, nossas emoções e sensações, erguer-nos acima deles,

[4] No original em inglês: *in consciousness*. (N. ed. bras.)

antes de podermos aspirar ao verdadeiro controle deles. Quanto mais perfeita for essa preparação preliminar, mais permanente e rápido será nosso domínio sobre as atividades do corpo astral.

O desenvolvimento da faculdade de dissociação requer primeiro constante recolhimento, e depois observação e reflexão. Estamos acostumados a deixar que nossos desejos e emoções tenham livre curso em nossas vidas e só raramente, quando ficamos extraordinariamente agitados, é que nos tornamos conscientes de seu domínio sobre nós e de nossa incapacidade de controlá-los. Recolhimento[5] significa colocarmos sob observação nossos corpos astrais com seus sempre mutáveis desejos e emoções, constantemente vigiando suas operações. Por exemplo, sempre que estejamos zangados ou irritados ou sob a influência de qualquer outra emoção, boa ou má, devemos estar atentos aos movimentos desse corpo, por mais fracos que sejam. No começo acharemos muitas e muitas vezes que nos estamos permitindo ficar agitados sem mesmo estarmos atentos para o fato, mas com a prática e constante estado de alerta, aos poucos se desenvolve uma consciência no fundo de nossa mente, que parece estar atenta a todos os movimentos que têm lugar em nossa natureza emocional. Consciência esta que, como se fora um espectador silencioso, anota cada movimento, embora não esteja ainda apta a controlá-lo.

O esforço para estar constantemente alerta deve ser acompanhado de observação e reflexão. Devemos estar sempre tentando vigiar o desenvolvimento e trabalho de todos os desejos e emoções que aparecem em nossa mente, examinando-os impessoalmente, pesquisando-os até suas respectivas fontes e julgando seu valor de maneira crítica.

A observação e a reflexão não são tão eficientes quando empreendidas em retrospecto, como quando são feitas sob a influência das emoções. Devemos aprender a observar as emoções quando em ação e dissociar-nos delas quando ainda sob seu domínio. Isso não requer necessariamente interferência em nosso trabalho ou nossa rotina normal de vida, pois somente uma parte de nossa mente estará ocupada com essa atividade subsidiária, como no caso de uma senhora que pode continuar conversando enquanto tricota.

Quando tiver sido atingido um certo grau de sucesso na objetivação de nossas emoções e desejos, poderemos então começar a exercer um controle mais direto sobre eles. A observação e a reflexão já devem ter desenvolvido a capacidade de discernimento entre as diferentes espécies de desejos e emoções. O que temos de fazer agora é evitar a expressão de desejos e

---

[5] No original em inglês: *recollectedness.* (N. ed. bras.)

emoções que não estão em harmonia com nossos ideais e permitir somente aqueles que nos ajudam no caminho que estamos trilhando. O simples esforço de observar os movimentos no corpo astral terá o efeito de eliminar algumas emoções e alguns desejos mais grosseiros e reduzir outros. Mas o discernimento e o controle devem ser praticados intensa e persistentemente até que nos tornemos senhores absolutos de nossa vida emocional, e que somente os desejos e as emoções que aprovemos e bem deliberadamente permitamos, encontrem expressão através de nosso corpo astral. É uma disciplina longa e difícil, e o grau de sucesso a atingirmos depende de nosso estágio de evolução, da intensidade do esforço e do zelo com que atacamos o problema. Aqueles em quem os princípios superiores de *Buddhi* e *Ātmā* estão desenvolvidos em grau adequado, encontrarão a paciência e o poder necessários dentro de si mesmos para completar o trabalho, enquanto outros menos desenvolvidos cedo ficarão cansados da tarefa tediosa e desistirão dela, considerando-a um ideal inatingível. Devemos lembrar, porém, que a única maneira pela qual podemos adquirir controle sobre nossas emoções é pelo método longo e tedioso de esforço e prática constantes. Não há fórmula mágica que possa dar-nos domínio, de um dia para outro, sobre nossa natureza inferior. Mas há este pensamento para encorajar-nos: tão logo este domínio tenha sido atingido, cessa a necessidade de exercer constante esforço nessa direção e nossos desejos e nossas emoções automaticamente se alinham com os ideais e requisitos da vida espiritual.

Na aquisição de controle sobre nosso corpo astral, seremos grandemente ajudados se compreendermos alguns pontos de importância prática. O primeiro ponto a ser notado é que o controle sobre nossa natureza emocional pode ser adquirido somente em circunstâncias das quais procuramos, geralmente, fugir. É somente em condição de pressão e tensão que podemos adquirir o domínio consciente sobre nossa natureza inferior, o que é um pré-requisito para nosso desenvolvimento espiritual. É somente quando vivemos cercados por objetos atraentes, que podemos desenvolver *Vairāgya*. É somente quando temos de lidar com pessoas que antipatizam conosco, nos contrariam, ou mesmo nos odeiam, que podemos desenvolver paciência e serenidade sublimes, que são a marca do domínio sobre o eu inferior. É fácil ficar calmo e imperturbável quando estamos em circunstâncias tais em que nossa paciência não é posta à prova. É fácil ser virtuoso quando não há tentações. Mas somente aquele que permanece calmo e puro em circunstâncias difíceis deve-se considerar senhor de sua natureza inferior.

Deve ser assim completamente óbvio que, se levamos a sério a difícil tarefa de subjugar nossa natureza inferior, devemos recusar fugir de circunstâncias difíceis ou mesmo penosas em que frequentemente nos vemos envolvidos; por outro lado, devemos deliberadamente usá-las para desenvolver as qualidades características que nos possam trazer. Podemos mesmo fazer um desvio e nos colocar, às vezes, em circunstâncias difíceis para experimentar e desenvolver as qualidades que desejamos, ainda que isto geralmente não seja necessário. Os Senhores do *Karma* nos enviam *Karma* de natureza conveniente ao nosso próximo estágio de desenvolvimento e, quanto mais fortes nos tornarmos, mais severas serão as provações a que seremos submetidos. Estamos vivendo num Cosmos, e as circunstâncias em que um indivíduo é colocado não são somente as que ele merece, mas também as que lhe são convenientes para seu desenvolvimento no estágio em que se encontra. Nossa vida diária ira fornecer-nos, portanto, muitas oportunidades de adquirir controle sobre nosso corpo astral, desde que nos dediquemos a essa tarefa com seriedade.

Pode surgir a seguinte questão na mente de algumas pessoas: "O que restará para viver, se dissecarmos e analisarmos nossas naturezas de desejo e emoção dessa maneira inclemente?" O gosto pela vida depende não somente dos desejos e das emoções, mas também de nos identificarmos com eles, imaginando que sentimos esses desejos e essas emoções. Eis uma questão pertinente e, na verdade, aqueles que tentam subjugar seus desejos passam pela experiência amarga de verificar que sua vida tornou-se um vazio e, segundo as aparências, não merece ser vivida. Muitos aspirantes não podem enfrentar essa provação, perdem a coragem, caem outra vez na antiga vida com todo o prazer proveniente da identificação com sua natureza de desejo.

Mas, de acordo com aqueles que adotaram essa classe de disciplina, essa é uma fase passageira, embora frequentemente penosa e ante a qual o aspirante do conhecimento espiritual não deve recuar. À medida que nossa natureza inferior vai sendo subjugada e o corpo astral torna-se tranquilo e livre de impurezas, a luz de *Buddhi* vai tornando-se cada vez mais capaz de brilhar através da mente e começa a dar-nos "a paz que ultrapassa o entendimento". Quando *Buddhi* ilumina a mente desta maneira, não somente nos permite ver os problemas da vida na perspectiva apropriada e sem ilusão, mas também nos dá o prazer desta bem-aventurança, *Ānanda,* que é nossa natureza essencial. As alegrias e os prazeres de nossa natureza inferior empalidecem sob a luz dessa bem-aventurança, tal qual as luzes artificiais e mesmo a luz das estrelas e da Lua desaparecem quando o Sol nasce. A fim de ganhar essa paz permanente, essa bem-aventurança, temos de ser pacientes, resolutos, destemerosos e prontos a abandonar os prazeres temporários e as alegrias da vida inferior. Não devemos perder a coragem quando a vida parece triste e desolada, pois é somente quando ela parece ter entrado em declínio que estamos próximos de seu preenchimento. Temos, por outro lado, que trabalhar com grande zelo e intensidade na purificação de nossa natureza inferior e no adelgaçamento do véu que oculta a luz da consciência superior.

Tratando dos princípios gerais de controle atinentes ao corpo astral, é necessário mencionar os perigos da repressão. Pesquisas recentes em psicanálise mostraram os efeitos prejudiciais do represamento de emoções e desejos, e aqueles que tencionam tê-los sob controle fariam bem em se familiarizar bastante com os principais resultados obtidos nessas pesquisas. Não é preciso entrar em pormenores sobre essa questão, mas a ideia básica que fundamenta os perigos das emoções e dos desejos reprimidos pode ser resumidamente indicada.

De acordo com os resultados obtidos pelos investigadores nesse campo, qualquer desejo ou emoção reprimido forçosamente passa às regiões subconscientes da mente e aí provoca e mantém certos sintomas patológicos que externamente não aparentam relação com a emoção reprimida. Tais sintomas ou grupo de sintomas são tecnicamente conhecidos como "complexos". Esses complexos foram um fator importante nas vidas emocional, mental ou mesmo física de uma pessoa e, ainda que ela não saiba, influenciam poderosamente seu comportamento. Os psicanalistas elaboraram uma técnica para resolver estes complexos e, pela remoção da tensão antinatural na psique, fazem que ela retome sua condição normal e saudável.

Podemos ou não concordar com as teorias da psicanálise, mas o ponto a ser notado é que nossas emoções e nossos desejos representam energia psíquica. De acordo com a lei de conservação de energia, esta não pode ser aniquilada, mas mudada de uma forma para outra. Não podemos destruir a energia, uma vez que a geramos, mas nos é dado determinar a forma que tomará. Reprimindo um desejo ou uma emoção, conservamos a fonte fornecedora da energia intacta e somente desviamos a corrente de energia para a mente subconsciente onde pode tomar toda espécie de formas indesejáveis que acabam sendo ejetadas para a superfície. Se temos um cano d'água sem um registro e desejamos cessar a circulação da água, de nenhuma utilidade será enterrar a extremidade do cano no subsolo. A água continuará a fluir e, cedo ou tarde, virá à superfície de maneira caótica, com lama e detritos.

Podemos, em vez disso, tampar o cano e, assim, parar a água ou utilizá-la de maneira mais conveniente como, por exemplo, derivá-la para o jardim, estimulando assim o crescimento das plantas.

Da mesma maneira, se não queremos um desejo, devemos parar de gerar a energia ou mudá-la para alguma outra forma desejável ou utilizável para nosso progresso. Cessamos de gerar a energia quando compreendemos o desejo de maneira tão completa que simplesmente nos colocamos acima dele. Tornamo-nos tão intensamente conscientes de nossa verdadeira natureza que o desejo não mais nos afeta, simplesmente morre porque, em tal caso, é desligada a energia motora que o mantém vivo. Podemos, por outro lado, mudar a forma de energia, sublimá-la, como usualmente dizemos. A nova forma de energia deve ser tal que nos ajude a progredir em direção ao nosso ideal, em vez de constituir um obstáculo. O problema da sublimação de nossos desejos e emoções é muito interessante e importante, mas não nos ocupamos aqui de seus aspectos práticos.

Chegamos agora à questão da purificação e do desenvolvimento do corpo astral. A fim de entender o problema claramente, devemos ter uma ideia de como o corpo astral é construído e conservado. Ele não é construído e conservado, como no caso do corpo físico, pela ingestão e assimilação de alimentos e, por conseguinte, o problema de sua purificação e desenvolvimento é mais complexo e difícil.

Vimos que nossos desejos, sentimentos e nossas emoções são resultados, que aparecem em nossa consciência, da vibração do corpo astral, ou em resposta a impactos externos, ou de atividades iniciadas no interior. Tomando as emoções como representativas de todas as diferentes espécies de atividades no corpo astral, podemos dizer que, correspondendo a cada espécie de emoção, há um certo grau de vibração e uma certa densidade do material componente do corpo astral. No Plano Astral, uma determinada cor está ligada a um determinado grau de vibração. Por exemplo, se alguém, num dado momento, está sentindo forte emoção de amor, então, dentre as inúmeras combinações da matéria que compõem esse corpo, alguns tipos distintos de combinações são postos a vibrar, o grau ou comprimento de onda de vibração corresponderá matematicamente à densidade do material que é assim afetado. Ao mesmo tempo aparece uma determinada cor no corpo astral, cor esta que é matematicamente relacionada com o grau de vibrações da emoção.

Temos no corpo físico uma analogia deste fenômeno nas bem conhecidas cores que vemos numa exibição de fogos de artifício. Quando um metal como o bário é um constituinte da pólvora, na ignição da pólvora o bário é fortemente aquecido e suas partículas começam a vibrar num certo grau, e essa vibração luminosa nos dá a luz verde observada nos fogos de artifício. Quando na pólvora substituímos o bário pelo estrôncio, os átomos do estrôncio, na vibração, produzem uma cor escarlate, e assim por diante. Desse modo, correspondendo a cada material, temos um grau específico de vibração e uma cor específica do espectro, em ambos os Planos: Físico e Astral.

A investigação oculta mostra também que, ao começar a vibração do corpo astral num determinado grau, ante a presença de alguma emoção específica, a violenta agitação produzida tem o efeito de expulsar algum material que não está em consciência com a vibração, e de tomar da atmosfera astral circundante uma certa quantidade de matéria que pode vibrar no mesmo grau. Daí resulta que cada vibração, produzida no corpo astral por uma emoção, aumenta proporcionalmente os componentes que vibram nesse determinado grau e, correspondentemente, reduzem outras que não podem vibrar harmoniosamente; de modo que a tendência para uma certa classe de emoção aumenta à medida que vai sendo permitida a repetição de sua expressão através do corpo astral. Por outro lado, quanto menos uma determinada classe de emoção encontrar expressão através do corpo astral, mais fraca será sua resposta a essa vibração, quer por impacto externo quer interno.

Segue-se do que foi dito acima que um corpo astral muda sua constituição e poderes vibratórios, como um conjunto, a cada desejo e emoção que encontre expressão através dele. Não há a mais leve agitação de emoção ou desejo que não mude um tanto sua tendência de vibrar de maneira semelhante no futuro. Portanto, se damos constantemente expressão a emoções elevadas e desejos nobres, o corpo astral vai-se tornando progressivamente refinado e apto a reproduzir vibrações mais delicadas, enquanto que desejos e emoções de um tipo inferior vão tornando-o cada vez mais grosseiro e sua expressão das emoções mais elevadas será cada vez mais difícil.

A compreensão correta dessas leis e sua aplicação à nossa vida constituem a base dos métodos adotados na purificação e cultura de nossas emoções. Tomemos primeiro a questão específica da purificação. Ao tratar da purificação do corpo físico, foi mencionado que a pureza de qualquer corpo significa essencialmente a presença dos componentes que o harmonizam com o Eu Superior, favorecem Sua expressão e ajudam a afastar os componentes que, por estarem em desarmonia com Ele, perturbam ou impedem Sua expressão. Assim, as energias mais sutis, que têm sua origem na parte espiritual de nossa natureza, podem encontrar uma expressão no Plano

Astral somente se há preponderância no corpo astral dos constituintes que podem responder às vibrações mais sutis. Quanto mais aperfeiçoado o corpo astral, mais facilmente pode vibrar em resposta aos impactos da consciência superior e menos responsivo será às vibrações grosseiras associadas com a vida mundana comum.

O refinamento ou purificação do corpo astral realiza-se, como vimos anteriormente, pelo exercício do estrito controle sobre nossas emoções e nossos desejos, permitindo que encontrem expressão através dele apenas emoções e desejos que estejam em harmonia com nossos ideais espirituais. Quanto mais desenvolvemos amor, reverência, simpatia, devoção, compaixão, desejo de servir ao próximo e aos grandes Mestres de Sabedoria, mais refinado e puro será nosso corpo astral. Então, o mais leve impulso vindo do nosso Eu Superior lançará por todo o corpo astral vibrações harmoniosas e delicadas, de natural beleza, enquanto os impulsos pesados e violentos dos planos inferiores absolutamente não o afetarão. O simples pensamento do *Ishta-Devatā,* ou objeto da devoção, causa no coração do devoto o surgimento do mais profundo e delicado amor. Se a compaixão foi desenvolvida em um alto grau em uma pessoa, a simples visão do sofrimento provoca imediatamente uma resposta de profunda solidariedade e o desejo de ajudar a aliviar o sofrimento. Quando esse estágio é atingido, então o corpo astral torna-se realmente um instrumento adequado e eficiente da alma – um instrumento vibrante, sensível, delicado e apto a refletir a consciência superior na inferior.

Com relação ao desenvolvimento das emoções superiores, é necessário lembrar que o início de uma vibração no corpo astral requer algum estímulo. Nossa natureza emocional parece ser como uma harpa; somente quando tocamos uma determinada corda é que soa a nota correspondente. O segredo da capacidade de despertar uma determinada emoção que desejamos está em desenvolvermos a habilidade de tanger a corda exata de nossa natureza emocional. As espécies inferiores de emoções são facilmente despertadas pelos estímulos vindos do mundo externo, visto o corpo astral estar especialmente acostumado a responder a tais estímulos. Ao passo que, para despertar as espécies mais elevadas de emoções, o estudante tem que ir às regiões mais internas de seu ser para obter o necessário estímulo. Pensamentos de natureza sublime darão tais estímulos; em outras ocasiões, uma oração sincera ajudará a liberar energias da alma, que encontram expressão em belas emoções no Plano Astral. De qualquer maneira, é uma tarefa difícil. Somente com paciência e persistência podemos construir uma natureza emocional bela e delicada. Nesse difícil empreendimento, o estudante da Autocultura será muito ajudado pela prática regular da meditação. Esta abre e, aos poucos, alarga o canal entre o corpo astral e o veículo *Búddhico,* tornando possível a descida das energias que, por sua atuação no corpo astral, despertam as emoções sublimes e nobres associadas ao desenvolvimento espiritual.

Cumpre lembrar que as emoções mais delicadas são expressões nos planos inferiores da consciência superior e apenas representam um estágio em nossa evolução. Estas emoções vão-se tornando desnecessárias e cada vez menos preponderantes, à medida que suas contrapartes dos valores espirituais se desenvolvem. Assim, por exemplo, quando *Para-bhakti* ou devoção superior está bastante desenvolvida, o *Bhakta* torna-se calmo, sereno e autossuficiente, não mostra mais emoções veementes, contraditórias, e constantemente mutáveis, de amor apaixonado, apatia, felicidade, miséria, etc, que caracterizam os estágios inferiores da devoção. Santos, sábios e Adeptos geralmente não exteriorizam emoções de compaixão, amor, etc. Isso não significa que eles tenham ficado endurecidos ou indiferentes. Estando eles diretamente cientes da unidade da vida e da unidade deles com ela, sua resposta a essa vida ou expressão dela nos planos inferiores está, portanto, num plano muito mais elevado, muito acima do Plano Astral.

Do que foi dito acima, deve ficar claro que o desenvolvimento das emoções mais sutis não consiste tanto em construir ou criar alguma coisa, como em deixar que o esplendor interior irrompa através de nossa mente. É realmente uma questão de purificar a mente, desenvolver nossa natureza espiritual e abrir uma passagem entre as partes inferior e superior de nossa natureza. Quando, por exemplo, a devoção pelo *Ishta-devatā* de alguém se desenvolveu a um alto grau e o corpo astral está inundado de amor descido do Plano *Búddhico,* todas as impurezas de nossa natureza inferior são varridas, por assim dizer, e rapidamente são eliminadas as emoções de qualidade inferior. Uma explosão de intenso amor, como essa, faz mais pela purificação da mente e abertura do canal entre os Planos *Búddhico* e Astral do que meses de meditação comum e disciplina mental.

O segredo da Autocultura para o desenvolvimento de nossa natureza espiritual está na purificação da mente, na remoção do processo mental que obscurece nossa natureza divina, na subordinação do eu inferior ao superior e na final anulação do eu inferior.

8

As Funções do Corpo Mental Inferior

Consideraremos neste capítulo as funções do corpo mental inferior, o veículo dos pensamentos concretos. Como no caso do corpo astral, o assunto será tratado sob o ponto de vista particular de alguém que promove sua Autocultura, limitando-nos à consideração de fatos e métodos que irão possibilitar-lhe a compreensão e o uso desse corpo, eficientemente, em seu trabalho.

A mente humana não é somente o mais admirável objeto da criação, mas também o maior problema do homem que está tentando trilhar o caminho que leva à perfeição e Iluminação. É o princípio separativo no homem que lhe faz ver os muitos quando só há um. É o centro do egoísmo que nos faz sentir que somos um indivíduo com interesses em conflito com os dos outros. É o criador de ilusão que produz em nossa consciência uma visão distorcida da realidade. Aquele que deseja conhecer a realidade, fundamento deste Universo fenomenal, tem que primeiro controlar a mente e depois transcendê-la.

Ao considerar as funções do corpo mental inferior, cumpre-nos notar que a moderna Psicologia usa a palavra "mente" de maneira muito geral por ignorar as verdadeiras constituição, natureza e funções da mente. A Psicologia acumula na mesma massa fenômenos que têm suas origens em partes completamente distintas de nosso ser interior, e coloca-os sob um termo geral e um tanto vago chamado "mente". Nossas emoções, nossos pensamentos concretos, pensamentos abstratos e nossas intuições são todos misturados de maneira um tanto confusa, e a relação entre eles é imperfeitissimamente compreendida mesmo por aqueles que fizeram um estudo especializado do assunto.

A principal causa do caos encontrado no campo da Psicologia é o uso de métodos errados na investigação dos fenômenos da mente devido à visão materialista da atual era científica. A Psicologia estuda a mente como opera através de seu instrumento físico, o cérebro, e não tem meios à sua disposição para colocar-se atrás do cérebro, por assim dizer, para ver ou examinar as forças e atividades que causam as variadas manifestações da consciência que surgem no cérebro e através dele. Até muito recentemente o cérebro era considerado a origem, a fonte de todos os fenômenos mentais, como expresso no famoso dito de Lombroso: "O cérebro produz pensamento como o fígado segrega bílis." Mas ulteriores investigações dos fenômenos psíquicos mostraram que esta posição era insustentável, e a Psicologia moderna teve de aceitar, embora com relutância, o ponto de vista de que a mente é algo independente do cérebro físico, ainda que dependa dele para suas manifestações no Plano Físico.

Uma das maiores contribuições do Ocultismo no campo da Psicologia foi a de esclarecer todos os fenômenos mentais, traçar-lhes o trajeto até as respectivas fontes, classificá-los segundo sua natureza e diferentes fontes e assim nos possibilitar compreendermos a mente humana como nunca antes fora compreendida. Foi possível criar-se ordem e clareza nesse campo como resultado das investigações feitas por ocultistas nos reinos superfísicos da Natureza. Pelo desenvolvimento de seus sentidos superfísicos os investigadores puderam examinar a constituição superfísica do homem, separar entre si os diferentes componentes dessa constituição e verificar as respectivas origens nos planos superfísicos das diferentes classes de fenômenos que têm lugar no Plano Físico.

O primeiro fato importante e genérico que foi descoberto é que nossos sentimentos, pensamentos concretos e pensamentos abstratos são derivados de três fontes distintas. Resultam, de fato, da consciência operando através de três diferentes veículos mais sutis; o cérebro e o sistema nervoso apenas conduzem à consciência física os vários princípios agindo nos planos mais elevados.

Já tratamos de um grupo de fenômenos que se processam através do corpo astral produzindo nossas sensações, sentimentos, desejos e emoções. Trataremos agora do órgão dos pensamentos, o instrumento que a alma usa para sua expressão no Plano Mental, o terceiro plano do Sistema Solar.

O primeiro ponto a ser notado a esse respeito é que, diferente do corpo astral, um conjunto indivisível contendo matéria pertencente a todos os sete subplanos do Plano Astral, o corpo mental, órgão do pensamento operando no Plano Mental, é composto de dois veículos separados, de consciência. O corpo mental inferior, composto de matéria dos quatro subplanos inferiores, serve de órgão dos pensamentos concretos, e o corpo mental superior, ou corpo causal, como é chamado, composto de matéria dos restantes três subplanos superiores, serve de órgão dos pensamentos abstratos. Estes dois corpos são completamente separados entre si, têm funções distintas e são parte de dois diferentes componentes de nossa constituição total. O corpo mental inferior é parte da personalidade transitória, que é formada de novo em cada encarnação. O corpo causal é o veículo mais baixo da individualidade, o *Jīvātmā,* que passa de uma vida para outra e se expressa parcialmente nas sucessivas personalidades. Pode-se ver, portanto, que nossa mente ou intelecto é o ponto de encontro de nossos egos inferior e Superior, da personalidade temporária com todas suas limitações e ilusões e o Ego permanente que se expressa através de *Ātmā-Buddhi-Manas* e constitui nossa alma espiritual. Como os dois corpos que operam no Plano Mental têm funções inteiramente distintas, neste capítulo nos limitaremos às funções do corpo mental inferior, o órgão dos pensamentos concretos. Trataremos das funções do corpo mental superior em capítulo subsequente.

Antes de estudar as funções do corpo mental inferior seria talvez desejável desbravar o terreno demorando-nos um pouco na estreita relação existente entre este corpo e o astral. Ainda que esses dois veículos de consciência sejam inteiramente distintos e pertençam a dois diferentes planos, eles são intimamente relacionados e trabalham em combinação na vida real. De fato, tão íntimo é seu relacionamento e muitas vezes tão indistinguíveis seus modos de operar, que são frequentemente tratados, para todas as finalidades práticas, como um só veículo. Assim, na primitiva literatura teosófica, *Kama-Manas* era tomado como um único princípio e na terminologia Vedanta, *Manomaya-kosha* designa ambos os veículos.

Este estreito relacionamento entre *Kama* e *Manas* tem sua origem na evolução conjunta dos dois corpos e será melhor entendido ao se considerar como o desejo e o pensamento agem e reagem mutuamente, desde o começo de seu desenvolvimento. Vimos, traçando a gênese do desejo, como o elemento memória e antecipação dos prazeres e das dores, experimentados em conexão a objetos externos, fazem surgir atrações e repulsões por esses objetos e também estimulam desejos de várias espécies. Ação e reação às sensações de prazer e dor – atributos do corpo astral – e memória e antecipação – atributos do corpo mental inferior – formam o começo da união e do íntimo relacionamento entre desejo e pensamento que sobreviveram até o presente estágio da evolução. Mais tarde, à medida que o desejo desenvolve-se, ele usa a mente inferior constantemente para atingir suas finalidades, para inventar meios de satisfação, e assim a mente inferior, por muito tempo, nada mais é do que servidora, escrava do desejo, servindo às suas necessidades. Mas à medida que a mente se desenvolve e ganha força, começa a exercer crescente controle sobre o desejo e termina por dominá-lo. Com este trabalho de submeter o desejo, lhe é adicionada força proveniente de fontes espirituais internas, à medida que estas fontes vão se tornando cada vez mais acessíveis nos estágios mais avançados da evolução.

Esse trabalho conjunto dos corpos astral e mental inferior aparece também em nossa vida emocional. Como já foi demonstrado, as emoções derivam da interação de desejo e pensamento. Assim, sempre que sentimos uma emoção fazemos vibrar simultaneamente dois corpos. Quão intimamente associados em seu trabalho estão os dois corpos, será evidente ao compreendermos o importante papel que as emoções representam na vida do indivíduo médio.

Após essas considerações preliminares, vejamos agora as funções do corpo mental inferior. Ao considerar as funções do corpo astral vimos que sua primeira função é converter as primeiras vibrações recebidas pelos órgãos dos sentidos do corpo físico em sensações. As vibrações impostas aos órgãos dos sentidos são levadas pelos nervos aos centros correspondentes do cérebro físico, daí refletidas no corpo astral e convertidas pelos centros do corpo astral em sensações. Este processo de reflexos não termina aí, mas, mediante outro reflexo, as vibrações atingem a mente inferior onde são convertidas em percepções. Assim como ondas de luz passando pela lente de uma câmera produzem uma imagem da paisagem circundante na chapa de vidro fosco, assim as várias vibrações, recebidas pelas vias dos órgãos sensoriais, produzem diferentes espécies de imagens na tela da mente. Essas imagens são formadas num meio chamado *Chidakasha,* em sânscrito, expressão derivada de *Chitta,* o aspecto produtor de imagem da mente inferior. Pode parecer um tanto estranho estender-se o uso da palavra "imagem" para as impressões produzidas na mente, vindas através dos cinco órgãos dos sentidos, mas a extensão do significado da palavra é agora reconhecida na Psicologia. Assim, quando ouvimos uma nota soada num instrumento musical chamamos à imagem produzida na mente uma imagem auditiva, assim como a impressão produzida pela forma de um objeto é chamada uma imagem visual. Vemos assim que a primeira e primordial função do corpo mental inferior é converter as sensações astrais em percepções mentais de cor, forma, som, gosto, cheiro e tato.

Sua segunda função importante é combinar as percepções mentais, ou imagens, derivadas dos diferentes órgãos dos sentidos, em uma imagem composta. Tomemos um exemplo concreto para explicar o que isso quer dizer. Suponhamos que tenho em minha frente uma laranja. A impressão recebida pela vista dá-me uma ideia da forma e cor da laranja. A impressão recebida pelo nariz dá-me uma ideia do odor. Se tomo na mão a laranja verifico como se faz sentir ao tato. Se a ponho em contato com a minha língua tenho uma ideia de seu paladar. Uma ideia completa da laranja é composta de todos estes quatro elementos, e a função do corpo mental inferior é combinar estes quatro elementos compondo uma imagem que nos dá um quadro completo do objeto.

A mente não apenas combina os cinco elementos numa imagem composta, mas também fornece, tirando de seu depósito de memória, os elementos que possivelmente não estão presentes. Quando vemos de uma certa distância uma laranja, a única imagem que na verdade atinge nossa mente é a visual, forma e cor; mas mentalmente vemos muito mais na imagem visual da laranja do que o mostrado pelo relato parcial dos sentidos. O que acontece é que a mente, tendo acumulado várias impressões de um exame de laranjas em ocasiões anteriores, guardou essas impressões na memória, supriu alguns elementos faltantes tirando-os de seu estoque e assim nos deu uma ideia mais completa da laranja do que, de outra maneira, a teríamos. Este mundo externo, que percebemos pelos sentidos, pareceria muito pobre e desinteressante se a mente não fizesse o trabalho de armazenar e fornecer os elementos ausentes e se tivéssemos de ver com nossa visão mental somente o que os sentidos lhe apresentassem.

Intimamente ligado à função de combinar imagens vindas através dos *Jñānendriyas,* ou órgãos dos sentidos, é a função inversa de separar em seus componentes qualquer impulso mental que possa encontrar expressão através de um número de órgãos motores, ou *Karmendriyas.* O corpo mental inferior é o fator coordenador de todos os movimentos que fazemos em nossa vida para enfrentar todas as situações no mundo externo. Assim, quando vemos se aproximar de nós um objeto que ameaça ferir o corpo físico, nossas pernas, mãos e todos os músculos adotam instantânea e automaticamente a posição mais conveniente para escapar ao ferimento, mas todos esses movimentos complicados e eficientes são possíveis como resultado da coordenação e do controle exercidos pelo corpo mental inferior, ainda que isto seja demasiado rápido para ser notado. À medida que as experiências multiplicam-se na vida de um indivíduo, o número dessas imagens, existentes no depósito da memória, vai aumentando e aos poucos a mente começa a trabalhar essas imagens de diferentes modos, arrumando-as e rearrumando-as, classificando-as e comparando-as, e assim vão evoluindo, uma após outra, nossas diversas faculdades mentais de raciocínio, julgamento, etc. Aos poucos aprendemos a pensar.

É necessário compreender-se claramente que o pensamento nada mais é que o estabelecimento de relações entre as imagens presentes em nossa mente e, portanto, a qualidade de nosso pensamento dependerá, em grande parte, da natureza e do número dessas imagens. A mente cheia de imagens claras e corretas em relação a um objeto está em posição muito melhor para pensar sobre esse objeto do que outra com pequeno suprimento de tais imagens. Frequentemente parece que o pensamento é formado sem essas imagens, mas, se nos aprofundarmos no assunto, verificaremos que estamos, em tais casos, meramente usando símbolos para essas imagens ou grupos de imagens, e que a base de nosso processo de pensar é realmente formada por imagens que adquirimos por observação, leitura ou algum outro meio. Quando entramos num banco, vemos muito pouco dinheiro. As transações, em sua maioria, são feitas por cheques e ordens de pagamento, mas sabemos que estes são apenas símbolos para o dinheiro que é a base real de todas as transações.

Mas ainda que essas imagens sejam essenciais, a simples presença de um grande número de imagens bem delineadas não basta para o bom pensamento. Deve haver o artista que arranje essas imagens de tal maneira que possa ser dada uma bela forma ao pensamento. Se pusermos nas mãos de um homem comum uma caixa de pedras preciosas, ele nada poderá fazer com elas, mas entregando-as a um bom joalheiro, ele poderá transformá-las em joalheria de diferentes desenhos, de requintada beleza. Assim, o mero aumento de nosso conhecimento pela leitura e observação e a consequente multiplicação de nossas imagens mentais não é suficiente. Devemos pensar com firmeza e persistência até que aprendamos a produzir, usando o material que acumulamos, pensamentos de belas formas ou pensamentos que possam ser de utilidade em nossa vida.

Ao tratar das funções da mente inferior é necessário que se faça uma referência, ainda que breve, à ilusão inerente ao conhecimento de alguma coisa através de um meio refrativo. O simples fato de que, enquanto estamos na região da mente inferior, somos confinados a nomes e formas – para nossas imagens mentais – significa que nunca podemos conhecer as coisas como elas realmente são. Uma imagem é algo relativo, algo que nunca nos pode dar a percepção do conjunto, mas somente uma seção transversal, por assim dizer, da realidade, ainda que possamos, falsamente, imaginar que sabemos como o objeto é quando o colocamos em contato com a nossa mente. Mesmo no caso de percepções sensoriais, podemos ter milhares de impressões sensoriais de um simples objeto, olhando-o de diferentes lados e distâncias, mas nenhuma destas impressões representa o objeto completo. No caso de percepções não sensoriais as dificuldades de obter-se uma verdadeira ideia do objeto são muito maiores. Isto deveria nos pôr em guarda contra tomarmos nossos conceitos e nossas ideias, baseados como são no trabalho do intelecto, por realidades da vida das quais nossos conceitos e nossas ideias são representações parciais, ou mesmo distorcidas. Isso nos mostra também a futilidade de tentarmos compreender ou saber como as coisas são, tendo como instrumento o intelecto. Não podemos conhecê-las no verdadeiro sentido do termo a menos que transcendamos o intelecto e as vejamos à luz da realidade na qual existem, da mesma maneira que uma entidade que viva nas luzes coloridas de um espectro não pode saber o que a luz branca é, a menos que atravesse o prisma e veja a luz que produz o espectro.

Há dois outros pontos que devem ser notados pelo estudante sobre as funções da mente inferior. O primeiro é que a imagem sensorial do objeto, que percebemos através de nossos órgãos dos sentidos, existe somente em nossa mente e não representa verdadeiramente o objeto pela qual é formada. Comumente os objetos físicos que percebemos fora de nós são meros aglomerados de moléculas e átomos vibrantes. Forma, tamanho, cor, etc., que neles vemos, não existem senão em nossa mente. O objeto é apenas uma causa instrumental desconhecida para excitar a imagem mental que é formada em nossa mente. Vivemos assim realmente num mundo de imagens mentais formadas em nossa mente, e projetamos esse mundo para o exterior por um processo chamado *Vikshepa* em sânscrito. Esse processo de projetar nosso mundo mental para fora de nós, que deveria ser bastante óbvio para quem quer que se dê ao trabalho de pensar sobre a natureza da percepção sensorial, deve convencer-nos de duas coisas. Uma é que o mundo em que vivemos está realmente dentro de nós, em nossa mente, e a outra é que na verdade estamos vivendo no meio de ilusões as mais grosseiras, sem mesmo atentarmos para este fato.

O segundo ponto que podemos notar em relação ao funcionamento do corpo mental inferior é que corpo mental e mente concreta são duas coisas diferentes. O corpo mental é um veículo feito de matéria sutil, e é meramente um instrumento não sensitivo, enraizado em *Prakriti.* Mente ou *Manas* inferior é uma modificação da consciência operando sob as limitações dos planos inferiores e usando o corpo mental inferior para sua expressão. A mente é sensitiva, é da natureza da consciência, enraizada em *Purusha.* Essa tendência de confundir o corpo mental com *Manas* é muito comum, e a falha em discernir entre eles é a causa da confusão que algumas vezes se passa na mente de alguns estudantes em relação aos fenômenos dos planos superfísicos.

9

Controle, Purificação e Cultura da Mente Inferior

Como no caso do corpo astral, trataremos do problema do controle do corpo mental inferior, porque tanto a purificação quanto a cultura requerem certo grau de controle sobre suas atividades. Como será verificado, há uma grande semelhança nos métodos usados no tratamento do corpo astral e do corpo mental inferior, considerando-se principalmente a semelhança de sua constituição e seu estreito relacionamento. Por conseguinte, muito do que foi dito sobre o tratamento do corpo astral verificar-se-á ser também aplicável ao corpo mental inferior.

No controle da mente inferior, o primeiro passo a ser dado é objetivá-lo e portanto separá-la de nossa consciência. A grande maioria das pessoas cultas realmente já ultrapassaram o estágio de completa identificação com seus corpos físicos, o que ainda encontramos entre os povos selvagens e semicivilizados. Alguns deles podem também se separar parcialmente de seus desejos e suas emoções e são vagamente conscientes do fato de que não são as ondas de desejos e emoções que constantemente os dominam. Mas há muito pouca gente que pode separar-se de sua mente. A mente parece parte e parcela de seu próprio ser e quando faz um esforço para separá-la da consciência é como se nada restasse, de tal forma a consciência identifica-se com seu veículo. Entretanto, para alguém que queira controlar a mente essa objetivação é absolutamente necessária. O esforço de controlar a mente e torná-la pura e forte, submetendo-a a uma disciplina sistemática, irá tornando o estudante cada vez mais consciente do dualismo entre controlador e controlado, mas no começo é necessário que se concentre, por algum tempo, na observação dos movimentos da mente a fim de adquirir certa capacidade para observá-la. Somente então irá familiarizar-se com as tendências e características da mente e aprenderá a separar-se delas.

Quando o estudante já tiver adquirido alguma habilidade nesse sentido, deve começar a exercitar o controle geral sobre as atividades do corpo mental inferior. O primeiro passo é criar o hábito de fazer tudo o que tem de ser feito durante o dia, sem distração. A maior parte das pessoas que começam as práticas de concentração e meditação não sabem que os resultados obtidos no curto período de seus exercícios mentais dependem, em grande parte, de como controlam e usam a mente no decorrer do dia. Uma pessoa que permite que sua mente divague ao fazer seu trabalho diário de rotina nunca consegue concentrá-la no período de sua meditação, pois a divagação da mente, pelo dia afora, estabelece uma tendência para a distração e esta tendência não pode ser dominada subitamente durante o curto período empregado nos exercícios de concentração e meditação. Temos assim de formar o hábito de tomar cada peça de trabalho conforme chega e concentrar nossa mente inteiramente em fazê-la, em vez de dar-lhe somente parte de nossa atenção. Se o trabalho é importante ou não é irrelevante em relação à tendência à distração. Assim, mesmo ao escrever uma carta, ler um livro ou conversar com alguém, a mente deve ser unidirecional. O total de nossa mente deve estar em todas as ações que tenhamos de praticar no curso normal de nossa vida. Tal prática não só aumentará enormemente a qualidade de nosso trabalho, mas também estabelecerá os fundamentos do domínio de nossa mente, que é um dos objetivos principais que todo estudante prático da Autocultura deve colocar à sua frente.

A maior parte das pessoas, acostumadas a deixar que sua mente vagueie, imaginam que a vida irá tornar-se extremamente tediosa e fatigante se tiverem que concentrar toda a atenção no que quer que façam. Concepção errada. Ainda que essa prática requeira um certo grau de vigilância e, no começo, produza uma sensação de tensão, o hábito de concentração aos poucos vai se formando, e a mente automaticamente se torna unidirecional ao fazer seja lá o que for, sem sentir qualquer tensão. A mente é produto do hábito e é fácil concentrá-la uma vez que o hábito esteja definitivamente estabelecido.

Juntamente com essa prática deve ser feita uma outra. Esta última consiste na constante seleção dos pensamentos que procuram ser admitidos na mente. Quando não estamos empenhados em uma determinada atividade mental, todas as classes de pensamentos que estejam flutuando na atmosfera mental chegam e se introduzem em nosso corpo mental, tendendo a produzir nele vibrações responsivas. As pesquisas clarividentes mostraram claramente que os pensamentos não são as coisas vagas de que nos tornamos conscientes no Plano Físico, mas coisas definidas no Plano Mental, com formas características e poderes vibratórios. Quando alguma dessas formas-pensamento atinge nossos corpos mentais ou quando as forças mentais emanadas das formas-pensamento imiscuem-se em nosso corpo mental, tendem a produzir vibrações simpáticas e, como resultado, conscientizamo-nos do pensamento correspondente. É claro que nem todos os nossos pensamentos, que aparecem assim em nossa mente, são de origem externa; alguns deles são devidos a atividades de iniciativa do próprio corpo mental, mas na maioria dos casos é difícil distinguir entre as duas classes de pensamentos.

Quer os pensamentos venham do exterior ou sejam de iniciativa do próprio corpo mental, este deve ser adestrado para exercer constante discernimento em relação a esses pensamentos, não permitindo que permaneçam os de natureza indesejável. Há uma multidão de pensamentos de sensualidade, ódio, vingança, ciúme, orgulho que nos rodeiam e os poucos pensamentos gerados por almas nobres e puras praticamente se perdem na grande massa de pensamentos de baixa classe. Assim, se desejamos preservar nossa saúde mental é absolutamente necessário aprendermos a ser positivos em relação a toda espécie de maus pensamentos.

A melhor maneira de enfrentar um pensamento mau que tenta introduzir-se em nossa mente é dirigi-la instantaneamente para algum outro pensamento de preferência caracteristicamente elevado e nobre. A mente pode pensar uma só coisa de cada vez e a simples colocação da atenção em alguma outra coisa elimina naturalmente o primeiro pensamento. De maneira nenhuma devemos tentar combater o pensamento demorando-nos nele, pois isso irá dar-lhe força adicional e fará sua expulsão mais difícil. Se um fósforo aceso é deixado cair acidentalmente em material combustível, o melhor método de evitar o fogo é extingui-lo imediatamente. Se damos ao fogo tempo de propagar-se no material, a tarefa de apagá-lo será então muito mais difícil.

Com a continuação dessa prática por muito tempo e a criação do hábito de discernir, a mente passa a repelir automaticamente os maus pensamentos e não é mais necessário esforço consciente para afastá-los. Estabeleceu-se um novo grau de vibração no conjunto do corpo mental e nada que não se harmonize com essa razão mais elevada pode afetá-lo. Esta é a maneira científica de dizer que o corpo mental se purificou. O que realmente aconteceu é que a constituição do corpo mental foi aos poucos se transformando e as novas combinações dos componentes de matéria mental tornaram-se predominantes, facilitando-lhes assim expressar os pensamentos mais elevados e dificultando a resposta àqueles que, geralmente, chamamos maus.

Devemos lembrar-nos de que a maldade vinda do exterior não pode afetar-nos se não há em nós alguma coisa que responda a essa maldade. Uma pessoa inteiramente livre da sede de álcool pode andar em companhia de ébrios sem ser afetada, embora isso seja extremamente arriscado para alguém que, mesmo não viciado na bebida, tenha em si, em estado latente, a aspiração da bebida. Não é sempre que podemos escolher nosso ambiente, nossa companhia, ou exercer qualquer espécie de controle sobre outros. Assim o único caminho que nos resta para salvaguardar nossa saúde mental é nos tornarmos puros e realistas em relação ao mal. Podemos então frequentar com segurança qualquer ambiente e podemos até mesmo, com o nosso grau de vibração mais alto, elevar aqueles com quem entramos em contato.

A prática de constante vigilância e atitude realista em relação aos pensamentos vindos do exterior não só aumenta nossa saúde mental e efetua a purificação progressiva da mente como também desenvolve aquela estabilidade da mente tão necessária à prática bem-sucedida da meditação. No caso daqueles que usam tal prática, um dos problemas mais difíceis nos estágios iniciais é o de manter distantes os pensamentos que se imiscuem durante a meditação. A maneira de tratar esses pensamentos é adotar uma atitude realista em relação a eles e ignorá-los por completo. A prática de constante vigilância, pelo dia afora, muito ajudará na manutenção dessa atitude realista e na aquisição da resistência aos impactos vindos do exterior, condição necessária para o êxito na meditação.

A disciplina geral da mente, esboçada nos capítulos anteriores, se adotada com a necessária seriedade, mostrar-se-á útil para qualquer um, mesmo levando a vida mundana de todo o dia, sem ter qualquer aspiração a uma vida mais elevada de desenvolvimento espiritual. Essa pessoa verificará que se tornou mais eficiente, mais equilibrada e mais preparada para enfrentar as provações e dificuldades que possam acontecer-lhe na vida. Mas essa disciplina geral é somente uma preparação para um adestramento mental mais intensivo requerido daqueles que aspiram a viver a vida mais elevada do Espírito e a trilhar o caminho que conduz à perfeição.

Tratemos agora dos passos mais avançados da disciplina mental pela qual devem passar todos os aspirantes que desejam unificar a consciência inferior com a superior. Essa disciplina superior deve ser considerada em seus dois aspectos. O primeiro aspecto é o do mais rigoroso adestramento da mente na concentração, de modo que ela se torne um instrumento eficiente para a meditação e outros exercícios espirituais. O segundo aspecto é o de livrá-la de todas as impurezas, aberrações e distorções que a impedem de ser um instrumento adequado da consciência superior. Trataremos desses dois aspectos separadamente, considerando primeiro o assunto concentração e meditação.

Já vimos que o primeiro passo para o aprendizado da concentração é tornar a mente unidirecional em tudo que nos cumpre fazer como parte de nossa vida diária. Aprendemos assim a dar atenção e a refrear a tendência da mente a divagar. O grau de concentração atingido na execução destas várias classes de tarefas pode variar entre limites muito afastados, e o aspirante tem que visar um aumento progressivo de profundidade da concentração; seu objetivo final é tornar a mente tão concentrada, ao considerar qualquer assunto ou problema, que possa abstrair-se por completo do ambiente e de si mesmo. Os homens de maior sucesso no mundo, que atingiram o pináculo em suas respectivas esferas de atividades, possuem, em certo grau, esse poder de concentração; quanto maior seu poder de concentração, melhor a qualidade do trabalho que podem produzir.

Ao adquirir esse poder de concentração o aspirante obterá dele grande auxílio se praticar certos exercícios por algum tempo, e todos os dias. Nesses exercícios ele realiza mais intensa e deliberadamente o que já está aprendendo a fazer em conexão com seus trabalhos comuns de cada dia. Nada há de espiritual, como algumas pessoas imaginam, nesses exercícios de ginástica mental. Exercícios destinados a ensinar, tão rapidamente quanto possível, a arte de concentrar a mente em qualquer tema a ser dominado, tornando assim a mente instrumento eficiente e obediente. Nosso domínio da mente deve ser tão completo que possamos concentrá-la em qualquer tarefa por qualquer lapso de tempo e aí permanecer fixada, até que a tarefa esteja concluída ou que decidamos retirá-la. Esta capacidade de atenção voluntária, em oposição à atenção involuntária que se passa quando nos interessamos por um assunto, é o único teste pelo qual podemos avaliar nosso domínio sobre nosso instrumento.

Adquirida esta classe de domínio em grau suficiente, só então estaremos aptos a empreender a prática regular da meditação. Muitas pessoas confundem divagação preguiçosa, ou pensamentos sucessivos, com meditação. Sentam-se para meditar e então permitem que a mente ande a esmo, ou siga uma linha usual de pensamento no período estabelecido, e levantam-se depois muito satisfeitas consigo mesmas por terem meditado durante tanto tempo. Não é de admirar-se que meditem, ano após ano, com pouco ou nenhum progresso real. Pois uma meditação, para ter sucesso, exige um certo grau de abstração e ninguém que não tenha o domínio dos passos iniciais, já comentados anteriormente, pode verdadeiramente meditar com proveito. Pois meditar sobre qualquer assunto é extrair-lhe, por assim dizer, a própria essência, penetrar no seu significado mais profundo, e isto só é possível quando adquirimos, em certo grau, pelo menos, o poder de abstração, a capacidade de abandonar as regiões superficiais da mente e mergulhar em sua profundidade.

O assunto concentração e meditação é muito vasto e muito complexo, e não é possível entrar em detalhes neste exame sumário; mas há um ponto importante que cumpre tratarmos agora. De acordo com a Psicologia moderna, é impossível conservar a mente concentrada numa imagem qualquer por um lapso considerável de tempo. Concentração quer dizer, segundo a Psicologia moderna, conservar a mente se deslocando dentro do limite de um pequeno círculo que tenha sido determinado como foco da consciência. Não é permitido à mente transpor os limites estabelecidos, mas lhe é facultado mover-se dentro desses limites, e mais ainda, deve ser movimentada dentro de limites para que a atenção não venha a se cansar.

Essa suposição do psicólogo moderno é, até certo ponto, responsável por seu desconhecimento da técnica pela qual a mente pode ser transcendida. Pois, para transcender a mente, isto é, fazer a consciência trabalhar nos planos além dos da mente, é necessário adquirir-se a capacidade de fixar a mente numa determinada ideia, não lhe sendo permitido mover-se dentro de uma pequena esfera, mas realmente concentrando-a numa ideia e nela se aprofundando cada vez mais, proeza esta considerada impossível pelos psicólogos. Quando uma pessoa adquirir a capacidade de fazer isto por tempo considerável, quando puder fixar sua mente numa só ideia sem oscilar, sem se deixar afetar por impactos externos, está então apta a dar o próximo e importante passo – alijar essa ideia da mente e conservar a mente ainda concentrada e alerta, sem qualquer ideia no foco da consciência. Quando o indivíduo consegue isso a consciência escapa do corpo mental e passa aos planos além da mente inferior. Somente então ele adquire o conhecimento direto da sua verdadeira natureza, sabe que é imortal e participa da Vida Divina. Ele está apto a transcender, até certo ponto, as ilusões da vida inferior e a compreender a vida como ela realmente é. É verdade que ele tem ante si ainda maiores perspectivas de atingimento e esclarecimento, mas adquiriu um vislumbre das realidades da vida e jamais voltará a ser o mesmo indivíduo. Quando ele torna a descer aos planos inferiores cercam-no as limitações inerentes a esses planos, mas já teve a Visão, e ainda que veja todas as coisas como via antes, as vê sob nova luz – a luz da Realidade vislumbrada.

Essa é a culminância da disciplina e do adestramento mentais pelos quais tem que passar o aspirante ao conhecimento direto das realidades da vida. Seus estágios mais elevados, como poderá ver-se, são parte da técnica especial da vida espiritual chamada *Yoga* na terminologia oriental. O estudante da literatura do *Yoga* facilmente reconhecerá na prática de manter a mente fixa numa única ideia e depois abandoná-la, os diferentes estágios do *Samādhi.*

Consideraremos agora o segundo aspecto da disciplina mental que trata da purificação da mente e da eliminação de todas as distorções que causam entraves no preenchimento de suas funções específicas em nossa vida.

Já vimos que o hábito de constante vigilância e o esforço para afastar da mente todos os pensamentos nocivos levam aos poucos à purificação da mente. Pela prática da meditação este processo é muito acelerado e a purificação é levada a um estágio bem superior. Na meditação fazemos o corpo mental vibrar regularmente em alto grau pensando intensamente em temas espirituais. Nós também atraímos o influxo de forças espirituais muito poderosas, vindas dos planos mais elevados, para o corpo mental. Este processo dual expulsa do corpo mental todas as combinações mais grosseiras de matéria mental que não podem vibrar em grau elevado, ocupando seu lugar a matéria mais refinada que instantaneamente responde aos impulsos e pensamentos espirituais. Eis o motivo pelo qual a meditação é um dos meios mais poderosos para a purificação rápida e eficiente do corpo mental e para torná-lo delicadamente reativo às energias mais sutis que para ele fluem dos planos internos.

Veremos agora outra espécie de obstáculo que nos impede o uso eficiente do corpo mental como instrumento da Vida Divina em nós. Trata-se das distorções produzidas na mente pelos complexos e preconceitos de várias espécies. O exame clarividente feito na aura do corpo mental mostra que quando uma pessoa desenvolve um preconceito sobre qualquer assunto tem lugar uma transformação na região do corpo mental que corresponde a esse tipo de pensamento. Como os estudantes de Ocultismo muito bem sabem, os diferentes tipos de pensamento têm diferentes áreas de localização no corpo mental, exatamente como as diferentes zonas do cérebro correspondem aos diferentes sentidos e tipos de atividades mentais. Quando uma pessoa sofre de preconceito profundamente arraigado sobre um objeto qualquer é afetada a região do corpo mental que corresponde a esse objeto. A matéria mental nessa região cessa de circular livremente e uma condição não saudável se estabelece, resultando em que a mente perde a capacidade de pensar clara e corretamente sobre o objeto em questão. Se o número de tais preconceitos é grande e o corpo mental é desorganizado numa extensão considerável, então a capacidade para a atividade sadia é enormemente limitada. No caso de um estudante da Sabedoria Divina, todos esses complexos devem ser por ele resolvidos e sua mente tornada aberta e livre, antes de poder servir como instrumento do Eu Superior. Mesmo em assuntos pertinentes à nossa vida comum, sabemos que efeito paralisante os vários preconceitos exercem em nossa atividade mental e como estreitam nossa visão de conjunto. A presença de tais distorções é ainda mais desastrosa para o aspirante depois de seu conhecimento espiritual, porque ele tem que trazer para o corpo mental o conhecimento proveniente dos planos superiores. Ele deve eliminar por completo todas essas amarras se deseja ter um instrumento digno de confiança e saudável para seu trabalho mental.

Essas distorções sérias produzidas na mente por preconceitos profundamente enraizados não são senão formas altamente intensificadas da tendência geral para toda espécie de prejulgamentos em nossa vida mental. Valeria a pena um maior exame na questão de prejulgamentos mentais, a tendência de ver tudo na vida através de vidros coloridos. Não consideremos isto como uma digressão de nosso roteiro de pensamento, mas como parte integrante e essencial da Autocultura. Ver as coisas como as coisas são, tanto quanto possível, nos planos inferiores, é um dos requisitos preliminares para a aquisição da visão espiritual e nada impede isso com tamanha eficiência como a presença de preconceitos e complexos profundamente arraigados em nossa mente. A falta de dados ou fatos para julgar coisas e situações pode ser, até certo ponto, compensada com a iluminação vinda de *Buddhi* ou Intuição, mas como *Buddhi* não consegue operar através das distorções da mente que esteja cheia de toda espécie de complexos é muito difícil senão impossível para uma mente como essa ver as coisas em sua perspectiva verdadeira e apropriada.

Vejamos agora como é produzido um prejulgamento e como e inevitável um certa quantidade de distorções até que possamos erguer-nos acima da mente e ver a vida sem sua influência refrativa. Já vimos que cada corpo mental tem seu conjunto característico de capacidade vibratória, resultante de sua evolução no passado, de sua composição e das diferentes maneiras de habitualmente vibrar pensando sobre diferentes problemas. Algumas dessas capacidades vibratórias estão em estado ativo enquanto outras se apresentam em forma latente como *samskāras* ou tendências. A presença dessas tendências no corpo mental resultam na modificação em maior ou menor grau de um pensamento ou ponto de vista que aparece diante da mente. A impressão mental gerada na consciência não é o que seria se produzida pelo pensamento em seu estado puro, mas é uma resultante de sua adição às tendências já existentes no corpo mental. É portanto óbvio que, a menos que possamos paralisar ou eliminar as tendências já presentes na mente antes de receber o pensamento vindo do exterior, nunca veremos a coisa ou o assunto representado pelo pensamento como realmente é, mas sempre com as modificações de nossos próprios pensamentos. É essa paralisação ou neutralização das tendências ativas ou latentes da mente que está compreendida na manutenção do que chamamos, na linguagem comum, mente aberta. Esta capacidade é adquirida com muita dificuldade e após uma disciplina mental bastante severa e prolongada. Muita gente passa pela vida usando toda espécie de vidros coloridos e tudo vendo através deles, e nem mesmo notando algo de errado na sua visão das coisas e das pessoas em torno. Quando os prejulgamentos tornam-se específicos, localizados por assim dizer, temos os mais absurdos preconceitos, que encerram nossa visão mental dentro de limites estreitos, põem antolhos em nossa mente, e algumas vezes praticamente nos cegam no que concerne a determinados assuntos.

Do que foi dito acima podemos ver imediatamente que necessitamos de grande cuidado em nossas opiniões, formulando-as com desapego e não com tenacidade como faz a maioria das pessoas. Pois, no final de contas, que são nossas opiniões senão certo modo de ver as coisas mentalmente, procedentes de nosso pensamento anterior, modos estes que podem ser alterados, ou antes, serão alterados à medida que progredimos e adquirimos mais experiência. Não passam de fases passageiras de nossa vida mental, sujeita a mudanças como tudo o mais em nossa vida. Se claramente compreendermos este fato, o de que nossa opinião em qualquer assunto não é senão um pensamento-padrão entre inúmeros pensamentos-padrão que podem existir ao mesmo tempo, não contendo necessariamente mais verdade do que outros padrões, seremos mais inclinados a tolerar as opiniões dos outros e dar menos importância à nossa. A verdade está acima de opiniões e pontos de vista particulares e somente quando conseguimos alçar às regiões da Realidade é que podemos ver tudo em sua perspectiva correta e como realmente existem.

Com relação à cultura da mente inferior, não é possível ou necessário que tão vasto assunto seja tratado neste estudo sumário dos problemas ligados à nossa mente. Há muitos e excelentes livros sobre os diferentes aspectos da cultura mental, sob o ponto de vista do homem comum que anda atrás de sucesso no sentido mundano, bem como sob o ponto de vista do aspirante à Sabedoria Divina que deseja um instrumento eficiente para seu trabalho nos planos inferiores. Mas há alguns pontos de importância fundamental que todo aspirante faria bem ter em mente, a fim de adquirir a atitude correta em relação à questão da cultura mental.

O primeiro fato interessante e digno de nota a esse respeito é que a atitude do ocultista quanto à aquisição do conhecimento é um tanto diferente do intelectual comum de hoje. O crescimento da Ciência moderna que, naturalmente, encorajou a procura de conhecimento detalhado em várias direções, certamente conduziu a muitas descobertas admiráveis e à abertura de novos horizontes de conhecimentos. A Ciência moderna habilitou-nos a adquirir controle sobre os poderes da Natureza no mundo físico como nem mesmo poderíamos ter sonhado cem anos atrás. Mas a procura de detalhes de conhecimento, necessário ao trabalho científico, tem também produzido uma ânsia não saudável de conhecimentos de toda espécie que, em muitos casos, são evidentemente inúteis. Essa atitude carente de discernimento com relação à aquisição de conhecimentos talvez não prejudicasse tanto nossa vida, se não solapasse nosso sentido de exatidão de valores, fazendo-nos sacrificar coisas importantes e essenciais em benefício daquelas mais ou menos inúteis. Isto é claramente exemplificado em nosso sistema educacional moderno. A maior parte do conhecimento que adquirimos em colégios e escolas é de tal ordem que nunca teremos que usá-los na vida mais tarde, enquanto que o conhecimento, que é de vital importância para vivermos a nossa vida de maneira apropriada, está de todo ausente. É-nos assim facultado obter esse conhecimento de maneira precária por nossos próprios esforços, frequentemente após cometer muitos enganos e através de sofrimentos desnecessários.

O ocultista sabe o valor do conhecimento, mas ele acredita no emprego do discernimento na aquisição do conhecimento relacionado com o lado fenomenal da Natureza. Em primeiro lugar, ele sabe que todo conhecimento obtido através da mente inferior é relativo e, por conseguinte, não lhe dá a importância que assume aos olhos do homem comum do mundo. O ocultista adquire o conhecimento que lhe é necessário e útil em seu trabalho, mas não sobrecarrega a mente com conhecimentos detalhados que não lhe são úteis no momento. Ele não encara o conhecimento como uma espécie de ornamento ou passatempo como fazem alguns letrados e cientistas. Em segundo lugar, ele sabe da possibilidade de desenvolver faculdades superfísicas que o habilitem a adquirir, sem muita dificuldade, qualquer espécie de conhecimento de que possa necessitar. O desenvolvimento do corpo causal e do veículo *Búddhico,* com as faculdades que lhes são próprias, torna desnecessário o acúmulo de conhecimentos detalhados na mente inferior, à vista da facilidade de obtenção de tal conhecimento a qualquer momento, e sua maior credibilidade quando adquirido dessa maneira.

Não quer isto dizer, é claro, que o aspirante à Sabedoria Divina deva desprezar o conhecimento relacionado ao lado fenomenal da vida, ou que possa negligenciar a cultura da mente inferior. Há umas poucas pessoas aptas a desenvolver suas faculdades superfísicas no presente imediato, e por muitas vidas vindouras a grande maioria dos candidatos, trilhando o caminho da Autorrealização, terá que operar em seus corpos mentais inferiores e através deles. Mesmo quando tais faculdades podem ser adquiridas, um corpo mental desenvolvido é ainda necessário para trazer, e corretamente formular, o conhecimento derivado dos planos mais elevados. Assim, o estudante de Ocultismo não pode dispensar a cultura de sua mente, mas tem que usá-la com discernimento, e guiá-la no caminho correto de acordo com os grandes propósitos e ideais de sua vida.

Quais são os princípios gerais que nos devem guiar na cultura da mente inferior? Aqui estão algumas das características básicas.

Na aquisição do conhecimento devemos, tanto quanto possível, confinar-nos aos assuntos que nos afetam diretamente em nossa vida e, ao estudá-los, procurar os fatos essenciais e fundamentais. Necessitamos de muito discernimento, pois o domínio do conhecimento é sem limite e nossa vida é curta. Se temos um propósito na vida não podemos nos permitir perda de tempo e de energia acumulando ideias e fatos inúteis, especialmente quando há tanto conhecimento de valor permanente e real que temos de obter no curto tempo de que dispomos. É claro que todos têm de decidir por si mesmos qual conhecimento é de valor permanente e real, mas pode-se dizer que, de maneira geral, todo conhecimento que nos ajude a realizar na vida nossos propósitos principais e subsidiários é importante, enquanto que o conhecimento não utilizável deve ser , desta maneira, considerado inútil, pelo menos no presente.

Para ficarmos aptos a exercer o discernimento, temos antes de aprender a avaliar os fatos e as ideias como um joalheiro avalia as gemas e pedras preciosas com as quais tem que trabalhar em seu ofício. Fatos e ideias variam enormemente de valor e, com alguma prática, não só é possível separar o útil do inútil, mas também estabelecer uma gradação de acordo com seu valor intrínseco ou relativo. O estudante da Sabedoria Divina deve cuidar para que, tanto quanto possível, sua mente contenha somente ideias de valor – tesouros de sabedoria e experiência que são permanentemente valiosos.

Não basta que as ideias em nossa mente sejam de boa qualidade, mas devemos estar seguros de que tenham a forma apropriada – clara, precisa e classificada. Somente então podemos usá-las com facilidade e proveito. Ideias vagas e fatos não classificados, ainda que de grande valor, não podem ser usados como a melhor maneira de pensar ou na solução dos problemas reais da vida. Estas ideias assemelham-se a pedras preciosas ainda não lapidadas nem polidas que, embora de grande valor, não podem ser usadas na joalheria.

O segundo princípio importante que deve nos guiar na cultura de nossa mente é que o desenvolvimento das faculdades e dos poderes mentais é igualmente, se não for mais, importante que o acúmulo de conhecimento, porque a evolução do corpo mental é medida não tanto pelo número de fatos que contém como pela capacidade de adquirir facilmente conhecimento sobre qualquer assunto e utilizá-lo para a finalidade que se tem em vista. A mente que pode captar rapidamente um novo tipo de pensamento e pode pensar com precisão e aplicar eficientemente o conhecimento que possui na solução de toda espécie de problemas é muito mais valiosa que uma não possuidora de tal capacidade, ainda que repleta de fatos e ideias não assimiladas. Devemos lembrar-nos de que todo conhecimento já se encontra na consciência do *Logos* de nosso Sistema e a falta de correspondência em nossos veículos é que nos impede de trazer esse conhecimento para o interior do campo de nossa consciência. Um corpo mental perfeito é como um aparelho de rádio de alta qualidade. Deve possibilitar sua sintonização a qualquer comprimento de onda de pensamento na Mente Divina e captar todo o conhecimento que lhe seja pertinente.

Por último, se desejamos adquirir uma perspectiva correta em nossa vida mental, devemos aprender a correlacionar todo o nosso conhecimento. Isto significa que todas as diferentes espécies de conhecimento que aconteça possuirmos devem ser vistas em sua relação mútua, como parte de uma grande síntese. Somente então poderemos ver o lugar e o valor de cada parte no conjunto, e assim desenvolver nossa vida mental de maneira ordenada e sistemática. Há um plano do qual saem os diferentes ramos de conhecimento, saem como se fossem ramos de uma grande árvore, que se juntam num tronco e enraízam-se em uma Consciência. Se isso é um fato, o esforço que fazemos para a correlação de nosso conhecimento irá colocar-nos em sintonia[6] com esse plano e irá aproximar-nos da visão sintética na qual se verifica que todo verdadeiro conhecimento deriva da Mente Universal.

---

[6] No original: *en rapport.* (N. ed. bras.)

10

As Funções do Corpo Causal

Na Psicologia ocidental a palavra "mente" abrange um grupo complexo e vagamente definido de fenômenos ligados às funções da consciência. Este grupo inclui em seu extremo inferior sentimentos e emoções, enquanto os aspectos superiores abrangem os pensamentos abstratos e essa faculdade pouco compreendida e um tanto suspeita, denominada intuição. Essa falta de definição na classificação dos fenômenos chamados mentais é inevitável enquanto encararmos o cérebro como produtor de todos esses fenômenos em vez de um instrumento que serve, de um lado, para coletar vibrações chegadas pelos diferentes sentidos e, do outro, para trazer à consciência física as várias espécies de energia que nela atuam e são provenientes dos mundos superiores, superfísicos. O cérebro, de certo modo, não passa de uma tela na qual os fenômenos dos diferentes mundos têm as suas sombras projetadas. É difícil a compreensão desses fenômenos pelo exame de suas sombras, como é difícil ter-se uma ideia real da natureza dos objetos, que ficam por trás da tela, numa representação de sombras. Se alguém deseja estudar apropriadamente estes objetos e ter uma ideia correta de sua natureza, deve passar para trás da tela e vê-los diretamente, em vez de tentar especular *ad infinitum* sobre eles vendo suas formas ilusórias projetadas na tela. Nossos cientistas e psicólogos modernos estão atualmente ocupados na investigação das sombras sobre a tela, examinando suas formas e fazendo especulações sobre elas, ignorando que essas formas são sombras das realidades que estão além e podem ser estudadas se eles passarem para trás das telas e virem essas realidades diretamente.

Quando os fenômenos que se manifestam através do cérebro são examinados pelo ocultista, mostram ter sua origem em diferentes partes do ser humano. O homem tem, como já vimos, uma constituição complexa. Um conjunto de veículos ligam-no com todos os planos interiores, cada um enviando sua vibração peculiar ao cérebro e produzindo os complexos e variados fenômenos de nossa consciência física. Assim, todas as nossas sensações e sentimentos são devidos às repercussões no sistema cérebro-espinhal causadas pelas vibrações vindas do Plano Astral. Nossos pensamentos são devidos à reprodução das vibrações do corpo mental no cérebro físico. Nossas verdadeiras intuições são ecos longínquos das vibrações vindas de planos mais sutis e ainda mais profundos. Por causa da múltipla natureza dos fenômenos que aparecem na consciência física não é possível para qualquer um classificar esses fenômenos e atribuir-lhes suas respectivas fontes, a menos que tenha o poder de deixar o veículo à vontade e examinar, em plena consciência, os fenômenos dos planos superfísicos. De fato, em seu verdadeiro sentido, a Ciência do Ocultismo, base da Sabedoria Antiga, é resultado de investigações como essas levadas avante por uma longa linha de Adeptos através das idades, sem quebra de continuidade.

Quando os fenômenos conhecidos como pensamentos são examinados por psicólogos, verifica-se que eles podem ser agrupados em dois subtítulos: pensamentos concretos relacionados com nomes e formas e pensamentos abstratos, com conceitos e princípios abstratos, embora ambos os grupos venham a ter à nossa consciência física por intermédio do cérebro físico. A investigação oculta mostra que as duas espécies de pensamentos, bem distintas uma da outra, têm sua origem em dois veículos diferentes de consciência, operando no Plano Mental. De fato, o Plano Mental, com seus sete subplanos, é nitidamente dividido em dois grupos. Os quatro subplanos inferiores formam um grupo e servem de ambiente ao pensamento concreto, e os três subplanos superiores formam outro grupo e servem de ambiente ao pensamento abstrato. Esta divisão em dois grupos não é arbitrária, é perfeitamente natural, considerando-se que a matéria pertencente a estes dois grupos de subplanos entra na composição de dois veículos de consciência inteiramente distintos: o corpo mental inferior, veículo dos pensamentos concretos, e o corpo mental superior, veículo dos pensamentos abstratos. Estes dois corpos não só servem respectivamente como dois tipos distintos de fenômenos mentais mas pertencem, como vimos no capítulo 2, a dois componentes diferentes de nossa constituição interna. O corpo mental inferior é o constituinte mais sutil da personalidade transitória que muda de uma encarnação para outra, enquanto o corpo mental superior, chamado o corpo causal na literatura teosófica e *Vijñānamaya-Kosha* no Vedanta, é o mais inferior dos veículos do Ego imortal que perdura de uma vida para outra atravessando o processo evolutivo pelas eternidades. Vê-se assim que uma linha de demarcação não somente separa esses dois princípios mentais, mas também o eu inferior do Eu Superior, no homem. Já tratamos da constituição e das funções do corpo mental inferior, veículo dos pensamentos concretos. Estudaremos agora o corpo causal, suas funções e seu lugar em nossa constituição interna.

O corpo causal é composto, como já foi mencionado, de matéria dos três subplanos superiores do Plano Mental, e forma o mais externo dos veículos do Ego imortal funcionando através de *Ātmā – Buddhi – Manas*. Ele é formado pela primeira vez quando tem lugar a individualização e um raio do Primeiro *Logos* penetra na alma-grupo de um animal. O corpo causal é o repositório de todas as experiências através das quais o Ego passa nas sucessivas encarnações e das faculdades que aos poucos desenvolve no curso de sua evolução. No começo, logo depois da formação, sua aura assemelha-se a um ovoide incolor lembrando uma bolha de sabão. Mas à medida que a evolução prossegue e as faculdades do Ego são despertadas, uma a uma, de latência para potência, e começam a operar através dele, vão aparecendo nela cores, cada vez mais brilhantes até que, como no caso dos Adeptos, cresce enormemente e reluz com iridescentes cores de inimaginável beleza. Não é possível imaginar as condições e formas desses mundos superiores com as limitações de nossa consciência física, visto pertencerem a dimensões mais elevadas, embora alguns escritores tenham tentado descrevê-los, baseando-se em resultados obtidos em investigações clarividentes. Podemos, porém, passar às considerações das funções do corpo causal. Muitos estudantes encontram dificuldade em compreender essas funções e as confundem certas vezes com as da mente inferior e outras com as de *Buddhi*. Tomemos essas funções, uma a uma, a fim de simplificar o problema.

A primeira função do corpo causal é servir como órgão do pensamento abstrato; isto quer dizer que a formação dos conceitos abstratos dependem das vibrações da matéria pertencentes a este veículo de consciência. Assim como sentimentos e sensações são devidos às vibrações do corpo astral, os pensamentos concretos com nomes e formas são devidos às vibrações do corpo mental inferior, assim também os pensamentos abstratos são devidos às vibrações produzidas no corpo causal.

Como muita gente que não estudou psicologia tem uma ideia muito nebulosa sobre a diferença entre pensamentos concretos e abstratos, temos de nos deter um pouco neste ponto, antes de prosseguirmos. Qual é a diferença entre o pensamento concreto e o abstrato? A melhor maneira de tornar compreensível esta diferença é ilustrá-la com alguns exemplos. A matemática nos dá as melhores ilustrações para essa finalidade. Tomemos um triângulo por exemplo. É possível desenhar ou imaginar inúmeros triângulos de todas as formas e tamanhos: triângulos isósceles, retângulos, pequenos, grandes. Mas qualquer que seja o tamanho ou a forma do infinito número de triângulos desenhados ou imaginados, há certas peculiaridades comuns a todos os triângulos, que de fato fazem um triângulo ser um triângulo. São as propriedades que distinguem um triângulo. A matemática definiu claramente essas propriedades distintivas. Se examinarmos todos os triângulos que possam ser imaginados, verificaremos que todos têm propriedades comuns e, portanto, podemos, por assim dizer, abstrair esses triângulos de todas as suas propriedades e conceber um triângulo ideal. Este triângulo ideal não terá nem forma nem tamanho. Será um mero conceito. Não podemos imaginá-lo em nossa mente porque tão logo imaginamos um triângulo, temos de descer para um determinado triângulo concreto. Da mesma maneira, podemos tomar outra figura geométrica como um círculo ou um quadrado e de todos os inúmeros círculos ou quadrados que podemos imaginar, nos é possível abstrair as qualidades particulares dessas figuras e formar conceitos de um círculo ou quadrado. É assim em outros campos de pensamento. Quando digo um "cavalo" dificilmente compreendemos que não me refiro a um determinado animal, mas a um mero conceito que formamos observando um certo número de cavalos. Todos os nomes comuns são, deste modo, meros conceitos que formamos pela observação de um certo número de coisas da mesma classe, das quais tomamos as qualidades essenciais e criamos um conceito que inclui todas essas coisas e entretanto não se assemelha a qualquer uma delas. Este é o ponto que temos de apreender: o conceito de um triângulo é algo pertencente a diferentes categorias ou diferentes planos e não é semelhante a qualquer triângulo que possamos imaginar. No momento que imaginamos um triângulo descemos do plano abstrato para o concreto.

Tomamos alguns exemplos simples apenas para ilustrar a diferença entre o concreto e o abstrato, mas o domínio do abstrato estende-se a todos os campos do pensamento humano. De fato, onde quer que tenhamos de considerar objetos com formas e qualidades, e esses objetos estejam relacionados entre si de maneira precisa, aí aparece o pensamento abstrato para definir o que de comum há entre eles. Todas as generalizações e leis científicas, todos os sistemas filosóficos ocupam-se em definir as relações das coisas ou ideias entre si e chegar ao domínio do pensamento abstrato. O concreto e o abstrato são assim inseparáveis e, ainda que sejam inteiramente diferentes por natureza, estão interligados no campo do intelecto como a urdidura e trama dum mesmo tecido.

O veículo de consciência em nossa constituição interna, órgão do pensamento abstrato, é o corpo causal. É verdade que usamos o cérebro para o nosso pensamento abstrato, mas o cérebro é um mero instrumento que reproduz palidamente em nossa consciência física as vibrações inicialmente produzidas no corpo causal. Essas vibrações são refletidas de veículo para veículo até aparecerem no cérebro físico, perdendo na transmissão muito de sua intensidade e clareza. No plano da mente superior, os pensamentos abstratos não são vagos, ainda que para nós aqui embaixo apareçam como coisas indefinidas, são realidades que podem ser percebidas pelas faculdades do corpo causal. O Ego, em seu corpo causal, pode manipular e operar com essas ideias e esses princípios abstratos tal como nós, operando na mente inferior, podemos manipular ideias e imagens concretas. Somente quando uma dessas ideias é projetada na mente inferior é que toma forma definida e a condição abstrata é transformada em concreta. Da já mencionada relação entre pensamentos abstratos e concretos deve ter ficado claro que, ao descer um pensamento abstrato de seu plano para o da mente inferior, o pensamento pode tomar inúmeras formas, todas relacionadas entre si por certas feições essenciais que estão, por assim dizer, corporificadas na ideia abstrata. Mais uma vez tomemos como exemplo um triângulo; quando a ideia abstrata do triângulo, realidade definida no Plano Mental superior, desce do campo da mente concreta, pode dar origem a um número infinito de triângulos. Em seu próprio plano, o Ego conhece a essência de um triângulo. No Plano Mental inferior, ele pode conhecer um determinado triângulo, tendo as qualidades essenciais de um triângulo.

É evidente a grande vantagem do conhecimento da essência das coisas em comparação com o conhecimento das coisas concretas. Quando conhecemos o universal conhecemos, por assim dizer, todos os detalhes incluídos na categoria. Os matemáticos que têm a ideia abstrata do triângulo conhecem todos os triângulos que possam ser imaginados. O cientista que descobre uma lei científica adquire o comando de todos os fenômenos abrangidos por essa lei. O ocultista que descobre uma lei oculta torna-se senhor, imediatamente, de um determinado aspecto da vida. Se conhecemos inúmeros fatos ou detalhes de um determinado tipo e não conhecemos a relação fundamental entre eles, não conhecemos sua natureza ou qualidades essenciais; não somente não os conhecemos devidamente, como também não podemos usá-los em nosso trabalho. Uma massa de fatos não correlatos e desconexos não passa de um entulho. Descobrindo-se o princípio fundamental que liga esses fatos eles se tornam material de valor utilizável de inúmeras maneiras.

A descoberta dos princípios e das leis fundamentais no mundo físico é um dos principais objetivos da Ciência. Foram as leis e os princípios descobertos até agora que deram aos cientistas o controle das forças naturais do mundo físico. O ocultista faz o mesmo em relação aos reinos superfísicos da Natureza, porque, ao contrário do cientista, ele não exclui de sua investigação qualquer reino da Natureza.

Vemos assim que o conhecimento dos princípios fundamentais exclui a necessidade da procura interminável de detalhes e fatos que são infinitos e, por conseguinte, significa economia de tempo e energia. Os grandes Mestres de Sabedoria, diz-se, têm pleno conhecimento dos princípios fundamentais de todas as esferas da vida e não se preocupam com detalhes. Se o Mestre deseja informações detalhadas sobre alguma coisa, simplesmente focaliza sua mente inferior no assunto e tem as informações desejadas sem qualquer dificuldade. Como o corpo causal dos Mestres é inteiramente desenvolvido, Eles podem funcionar com plena consciência no Plano Mental superior. Podem conhecer e lidar com esses princípios fundamentais em seu próprio plano sem necessidade de operar por intermédio do cérebro físico, mais pesado e menos responsivo. Sua visão interior das leis da Natureza e dos princípios da vida é muito mais perfeita do que a de alguém cuja consciência está confinada ao Plano Físico. Cumpre lembrar que esses princípios existem eternamente na Mente Universal do *Logos,* e o desenvolvimento do corpo causal apenas habilita o indivíduo a contactá-los ou conhecê-los. Tudo o que pode ser conhecido no Sistema Solar já está presente na mente do *Logos.* É a falta de correspondência e o pouco desenvolvimento de nossos veículos que nos impedem de conhecer qualquer coisa. Assim que desenvolvermos a capacidade de responder a qualquer espécie de vibração, poderemos entrar em contato com a parte correspondente de Sua Consciência.

Chegamos agora a outra função do corpo causal. Como vimos, a formação do corpo causal marca o nascimento da alma humana, e daí em diante a alma segue o processo da evolução humana de acordo com as leis da Reencarnação e do *Karma*. Como resultado da evolução humana, as qualidades que jaziam em condição germinal na alma vão despertando da latência para a potência, e o homem passa da condição de selvagem à de civilizado e desta para a de Homem Perfeito. Este gradual desenvolvimento das características humanas e divinas é marcado pelo desenvolvimento paralelo do corpo causal, o que se mostra pelo aumento do tamanho de sua aura, o aparecimento de faixas de cores brilhantes e uma intensificação geral da luminosidade da aura. Um estudo dos corpos causais de diversos indivíduos mostra uma relação definida entre as cores presentes nos corpos e as características desenvolvidas pelo Ego, de modo que ao olhar um corpo causal com a visão clarividente do Plano Causal, é possível saber-se, sem dúvida, o estágio do desenvolvimento atingido pelo Ego e as características desenvolvidas por ele até então. Tal como os fisiologistas estudaram o corpo físico e tudo conhecem sobre sua anatomia, assim os ocultistas estudaram o corpo causal e investigaram por completo sua constituição e as leis que governam seu crescimento. Vivendo como vivemos, sob as limitações da consciência do Plano Físico, não podemos compreender, senão muito vagamente, a natureza do corpo causal e a maneira como a consciência opera através dele.

Vemos assim que a segunda função do corpo causal é agir como repositório dos frutos da evolução humana à medida que esses frutos são acumulados no desenrolar das sucessivas vidas do Ego. Há, entretanto, dois pontos dignos de nota em relação ao gradual crescimento do corpo causal. O primeiro é que durante o período passado no *Devachan* ou mundo celestial, no encerramento do ciclo da vida, as experiências da última vida terrena são lentamente digeridas e sua essência, sob a forma de faculdades, é transferida para a constituição do corpo causal e dele passa a fazer parte. A personalidade, por assim dizer, destila todas as suas experiências e, antes de se dissolver e desaparecer, passa o produto destilado, a essência valiosa de todas as experiências, ao Ego, ao pai que lhe deu nascimento. Assim, em sua constituição, o Ego incorpora todas as lições valiosas aprendidas na vida e começa cada nova vida com as experiências acumuladas nas anteriores. O crescimento do corpo causal é muito semelhante ao de uma árvore que todos os anos, no outono, deixa cair sua folhagem depois de transferir a seiva para os ramos e, na primavera, cria novas folhas que absorvem o alimento extraído da atmosfera continuando assim a crescer.

Isso explica por que ao começar uma nova vida, com novos corpos físicos, astral e mental, não temos memória das experiências passadas nas vidas anteriores, mas temos todas as vantagens dessas experiências sob a forma de faculdades e poderes desenvolvidos nessas vidas e corporificados no corpo causal. A razão de não haver memória é que o novo corpo mental não passa por essas experiências e delas não tem arquivo. É o Ego quem passa por todas essas experiências e retém a memória de todas as vidas passadas – memória que pode ser revivida por aqueles que estão aptos a elevar-se até seu nível e então trazer para o cérebro físico quadros mentais das vidas passadas.

O segundo ponto a ser notado é que muito do mal que vemos nas pessoas não é uma realidade, mas apenas o resultado da falta de desenvolvimento no corpo causal das boas qualidades e faculdades opostas correspondentes. Durante o processo de evolução, nossas experiências são diferentes e as várias qualidades que constituem um caráter perfeito são desenvolvidas, umas após as outras, de maneira irregular e não simultaneamente seguindo um método. É como se diversas pessoas começassem a pintar seus próprios retratos cada uma a seu modo. Se alguém olhar esses retratos enquanto estiverem ainda incompletos, uns terão somente sua cabeça pintada, outros as mãos, outros as pernas e assim por diante. Os retratos terão, quando acabados, simetria e uniformidade, mas enquanto incompletos, mostrar-se-ão bastante diferentes e assimétricos. Assim acontece no caso de nossos caracteres. Desenvolvemos diferentes qualidades em nosso caráter em ordem diferente e começamos a desenvolvê-las em épocas também diferentes: é por isso que aparentamos tamanha assimetria e dessemelhança uns com os outros. O que chamamos vício é na maior parte dos casos consequência da ausência das virtudes correspondentes, ainda não desenvolvidas no corpo causal. É a faixa escura no espectro de nosso caráter. O hábito de mentir é assim devido à falta, no corpo causal, da qualidade específica que corresponde à Verdade e assim por diante. Se olharmos nosso próximo desse modo, ficaremos propensos a adotar uma atitude mais caridosa em relação às suas fraquezas e deficiências de caráter, em vez de mau ou pecador nós o consideraríamos apenas incompletamente desenvolvido. Seu retrato ainda não está completo – todos nós temos de completar nossos retratos – e não podemos razoavelmente adotar qualquer atitude que não seja de compreensão e ajuda.

Outro ponto a considerar neste assunto é que, mesmo tendo no final desenvolvido todas as qualidades necessárias à perfeição, o objetivo do processo evolutivo não é produzir um padrão de acabamento. Temos de ser todos perfeitos, de nos desenvolver em todos os sentidos, e contudo temos de continuar a ser únicos. Não há duas individualidades destinadas a ser exatamente iguais, ainda que sessenta mil milhões de almas estejam evoluindo para a perfeição no esquema do qual fazemos parte. O esquema evolutivo para a humanidade não é como uma fábrica moderna que produz milhões de um determinado produto, exatamente similares e dificilmente distinguíveis entre si. Como a Natureza está apta, em seu laboratório, a conduzir à perfeição um número tão grande de almas e, ao mesmo tempo, preservar sua unicidade individual, é um dos mistérios da vida que não podemos esperar resolver enquanto vivermos nos reinos da ilusão e pudermos apenas ver as coisas de maneira parcial.

O corpo causal serve como repositório não só da quintessência das experiências da personalidade em diversas encarnações e das faculdades desenvolvidas através delas, mas também do bom e do mau *Karma* que essas personalidades criaram durante essas encarnações. Estas permanecem como impressões ou sementes no corpo causal e aos poucos frutificam e determinam as condições das vidas futuras. Eis a razão de ser este veículo chamado corpo causal. Desse estoque de *Karma*, uma certa quantidade é saldada, sendo o restante adicionado a cada encarnação, e uma espécie de conta-corrente é mantida através das vidas sucessivas das personalidades. Essa conta pessoal é encerrada no momento da Liberação depois de ter sido esgotado por completo o *Karma* individual.

O último ponto que nos cumpre notar sobre as funções do corpo causal é acerca dos fatores que determinam seu crescimento. Já vimos como as experiências passadas pela individualidade, vida após vida, por intermédio das personalidades, determinam seu crescimento. Porém esse crescimento não se dá ao acaso, é guiado por duas influências fundamentais que exercem uma pressão constante e determinam seu crescimento. Uma é a unicidade do indivíduo que está evoluindo. Como já foi anteriormente mencionado, toda alma é destinada a ser individualmente única, e seu crescimento é determinado parcialmente por essa unicidade que, de maneira misteriosa, já está presente na Mônada eterna, como é sugerido na máxima:

"Tornai-vos aquilo que já sois". Essa unicidade individual exerce uma pressão firme e constante no crescimento da alma durante todo o período de sua evolução e é essa pressão vinda do interior que assegura o atingimento de sua perfeição de acordo com a unicidade individual.

O outro fator intimamente ligado ao primeiro é a função que o indivíduo ou a Mônada está destinada a exercer no Plano Divino. Toda alma tem que representar uma determinada parte no esquema da evolução e seu crescimento tem lugar de tal maneira que a alma possa representar sua parte eficientemente. As experiências pelas quais a alma passa e as faculdades que desenvolve, especialmente nos últimos estágios da evolução, são tais que fazem despertar sua unicidade individual e preparam-na para executar a parte que lhe é designada no Esquema Divino.

11

O Desenvolvimento da Mente Superior

No último capítulo, tentou-se dar uma ideia do papel da Mente Superior em nossa vida e o veículo através do qual ela opera. Ao abordar essas questões relacionadas com os planos superfísicos, devemos ter o cuidado de não tomar as ideias vagas e gerais que possuímos no Plano Físico pelas realidades que elas visam representar. Estas ideias devem ser tomadas apenas como sugestões indicadoras, por assim dizer, das realidades que estão por trás delas, e que poderemos conhecer somente quando nosso desenvolvimento interior tornar possível sua percepção direta. No comum das pessoas é tão grande e generalizada a tendência de tomar as palavras pelas ideias e as ideias pelas realidades representadas pelas palavras, que se torna necessário pôr em constante evidência as enormes limitações com as quais operamos no Plano Físico. Um resultado direto dessa tendência é que facilmente ficamos satisfeitos apenas com as ideias sobre estas coisas, se não mesmo só com as palavras, e nos esquecemos de que entre a ideia sobre um objeto e o próprio objeto há um abismo que tem que ser transposto se pretendemos realmente conhecer esse objeto. Muita gente vive falando sobre coisas da vida superior, esquecendo o fato de que está tratando apenas com ideias, e ideias muito vagas por sinal. Não há mal em se discutirem essas ideias; de fato é necessário um passo preliminar. Começa a ficar errado quando tendemos a satisfazer-nos com as ideias, em vez de irmos adiante à procura das realidades que estão por trás delas.

Antes de tratar dos métodos gerais que podem ser adotados para o desenvolvimento do corpo causal, é necessário preparar o terreno considerando alguns fatos relevantes para o problema focalizado. O primeiro ponto a ser notado a este respeito é que o desenvolvimento desse corpo, o mais externo veículo do *Jīvātmā* imortal, ou Ego, como é chamado na literatura teosófica, é um processo muito lento, tomando centenas de vidas até que chegue à perfeição. Diz-se que o número médio de vidas passadas na Terra entre a individualização e o atingimento do Adeptado é cerca de 777. Cerca de 700 destas são passadas na aquisição de experiências nas condições de selvagem e semicivilizado, cerca de 70 obtendo experiências em condições civilizadas e aperfeiçoando a natureza moral, e as últimas 7 trilhando o Caminho que conduz ao Adeptado. Quando levamos em consideração o fato de que grande proporção do nosso tempo é despendido no mundo superfísico entre sucessivas encarnações vemos que enorme jornada a alma empreende ao começar sua evolução humana e quão lento deve ser o desenvolvimento do corpo causal que registra e corporifica esse processo evolutivo. Nos estágios iniciais, essa evolução é guiada somente do exterior por hostes de agentes divinos em operação no Sistema Solar, e a alma participa muito pouco do seu próprio desenvolvimento. Somente quando se aproxima o fim de sua jornada, e a alma torna-se consciente do propósito da grande viagem empreendida, é que começa a tomar parte cada vez maior em seu próprio crescimento e desenvolvimento – os últimos estágios deste desenvolvimento são quase que exclusivamente guiados do interior para o exterior. O simples fato de haver na alma uma aspiração de tomar sua evolução nas próprias mãos é sinal de maturidade e mostra que a viagem aproxima-se do fim. Uma grande parte do trabalho já é realizado quando essa aspiração nasce e, portanto, umas poucas vidas de intenso adestramento e disciplina bastam para completar o trabalho. É por essa razão que aqueles que sentem uma forte aspiração de ter em mão a si mesmos e atingir a perfeição tão cedo quanto possível, têm razoável probabilidade de atingir sua meta em poucas vidas e, ao mesmo tempo, parecem realizar milagres numa só vida. Em alguns casos o Ego está bem desenvolvido, o corpo causal suficientemente formado, sendo o principal obstáculo a comunicação entre o Ego e a personalidade inferior, devido ao impedimento criado pelo mau *Karma* em vidas anteriores. Tão logo este *Karma* é cumprido, o Ego começa a brilhar através da personalidade e isto aparece como se tivesse acontecido um desenvolvimento miraculoso.

Assim, aqueles que se sentem ansiosos de empreender o trabalho de aperfeiçoamento de sua natureza devem compreender claramente que se trata de tarefa longa e tediosa, levando vidas arduamente vividas até sua consecução. Ninguém pode dizer quando o trabalho estará pronto.

A única garantia de atingimento está na infinita paciência e determinação para perseverar até o final enfrentando toda espécie de dificuldades, desapontamentos e fracassos.

O segundo ponto a ser considerado e claramente entendido é a relação entre a personalidade e o Ego, pois sem a clara compreensão desta relação haverá na mente constantes confusões que nublarão a inteligência e projetarão uma sombra escura no caminho que se está seguindo. Já foi anteriormente mencionado que as experiências passadas pela personalidade numa determinada vida são desenvolvidas em várias faculdades no Mundo Celestial, e a essência dessas experiências é assim transmitida ao Ego, no encerramento de uma encarnação, para ser incorporada à sua constituição. Esse aditamento às faculdades, vida após vida, é parcialmente responsável pelo crescimento do Ego e o desenvolvimento de seus poderes – em parte porque o Ego tem uma vida própria nos mundos superiores e o impacto das vibrações em seu próprio plano, bem como nos planos acima, também serve para transformar suas faculdades divinas de latentes para potentes. Até que ponto uma determinada vida na Terra serve ao crescimento do Ego depende muito da relação existente entre ele e a personalidade. A personalidade deriva do Ego, como se fora uma emanação do Ego, mas no curso de sua formação, durante uma encarnação, ela desenvolve uma vida própria, semi-independente, que pode estar ou não de acordo com o Ego, pode servir-lhe ou não. Se a personalidade alinha-se com os interesses do Ego e por este pode ser utilizada para seus propósitos elevados e mais amplos, a encarnação será um grande sucesso e as experiências da personalidade permitirão uma rica colheita para uso e desenvolvimento do Ego. Por outro lado, como é o caso da grande maioria das pessoas, se a personalidade adotar uma linha própria independente, não é suscetível à influência e guia do Ego, permanecendo absorvida pelos interesses temporários e triviais dos mundos inferiores, o propósito da encarnação é, em grande parte, frustrado. Ainda que invariavelmente haja proveito e algum progresso seja feito, é pobre a colheita do ponto de vista superior.

O exposto acima sobre a relação entre a personalidade e o Ego não deve dar a impressão de que há duas entidades diferentes operando em nós. Na realidade há somente Uma Vida, a do *Logos,* agindo por toda parte. Um raio de Sua consciência opera no *Jīvātmā* através de um conjunto de veículos apropriados para os diferentes planos. Nos planos espirituais mais elevados de

Ātmā-Buddhi-Manas, o raio da consciência produz um centro de individualidade, mas neste centro o senso de individualidade é sobrepujado pela irresistível consciência de unidade e íntima relação com a Vida Divina na qual esse centro tem raízes. Aí se encontra o véu de *Māyā,* mas bastante tênue para tornar possível ao Ego ver a Realidade que *Māyā* encobre. Quando o raio da consciência divina desce ainda mais na matéria e opera através dos três corpos inferiores nos mundos físico, astral e mental, onde os véus da ilusão são espessos e de difícil trespasse, são perdidos o senso de unidade e a consciência de sua divina origem. A constante associação e identificação da consciência com os três veículos desenvolve um falso senso de "eu", que é, em essência, a raiz da personalidade, o pino que mantém juntas todas as memórias e experiências num todo. Eis como o "eu" da personalidade, ainda que baseado no Ego e do Ego derivado, e no final das contas, originário da Mônada, funciona como uma entidade independente, esquecendo sua divina origem e o propósito de sua existência. Nos primeiros estágios da evolução isto não importa, pois nesses estágios todas as espécies de experiências são necessárias para a construção da rude individualidade e qualquer experiência de qualquer classe é boa bastante para servir de material de construção. Mas, nos últimos estágios, quando deve ser exercido o discernimento na seleção de experiências para o refinamento da individualidade e o despertar de sua unicidade divina e individual, a personalidade deve-se tornar serva do Eu Superior. É certo que essa personalidade prisioneira da ilusão com seu egocentrismo não passa de uma entidade temporária destinada a dissipar-se, a desaparecer, no fim da encarnação, quando suas experiências tenham sido assimiladas no Mundo Celestial e sua essência transferida ao Ego; mas a maneira como isto funciona faz diferença no desenvolvimento da individualidade já nos estados avançados de evolução.

Vemos como de um Ego nascem muitas personalidades, cada uma vivendo sua vida e enriquecendo o Ego com experiências até que o Ego esteja suficientemente desenvolvido para não mais necessitar de experiências ligadas aos mundos inferiores da ilusão. Cumpre, além disto, lembrar que cada personalidade não apenas deriva do Ego, mas é também uma manifestação parcial do Ego; representa somente uma faceta desse diamante que é a alma. Por isso as diferentes encarnações da mesma alma não se assemelham, como seria de se esperar, considerando-se a íntima relação existente entre o Ego e suas personalidades. Em cada encarnação, somente certos aspectos e faculdades do Ego aparecem, manifestam-se, as demais permanecem ocultas, latentes, para expressarem-se em futuras encarnações. Em cada encarnação, há lugar para um conjunto de circunstâncias determinadas pelo *Karma* e as necessidades evolutivas da alma. Estas circunstâncias confirmam em estreitos limites o conjunto de qualidades que podem ser expressas na personalidade. A raça na qual a alma nasce, a hereditariedade do corpo, as condições climáticas, o sexo do corpo físico, o *Karma* que ela gerou, as faculdades a serem desenvolvidas naquela encarnação, todos estes fatores contribuem para restringir a expressão do Ego. Somente um limitado número, entre as numerosas faculdades e qualidades já desenvolvidas, pode encontrar expressão em uma vida. Mas as diferentes personalidades que aparecem, uma após a outra, na vida mais vasta do Ego, proveem a necessária variedade de circunstâncias e oportunidades para o global desenvolvimento e o atingimento daquela perfeição que inclui todos os poderes e faculdades divinos. A natureza opera vagarosamente, mas seus métodos são seguros e seus propósitos executados com habilidade consumada e perseverança implacável.

A discussão da relação entre a personalidade e o Ego, ou entre o eu inferior e Eu Superior, não deve ser considerada como diversão ou matéria para mera discussão teórica. Por outro lado, uma clara compreensão dessa relação deve ser considerada como um dos requisitos para o início da difícil tarefa de desenvolver nossa natureza espiritual superior. A evolução espiritual não pode ir longe enquanto não entendermos perfeitamente a relação entre o eu inferior e o Eu Superior e não conseguirmos ter a personalidade inferior sob o controle do Eu Superior. Para trazer a personalidade sob o controle do Eu Superior, nada ajuda tanto quanto à compreensão de seu caráter ilusório, evanescente. Quando uma pessoa *compreende* realmente, e não apenas pensa superficialmente, que essa entidade que sente, pensa e age nos mundos inferiores e para cuja satisfação dá todo seu tempo e energia, não passa de coisa evanescente, criatura de vida curta que dará lugar a outra de natureza semelhante na próxima vida, nesse momento o fato torna-se uma realidade, e a pessoa não mais permanecerá indiferente a seus interesses elevados. Por estarmos despercebidos, esquecidos, do duro e inflexível destino que persegue nosso eu inferior, permanecemos com satisfação neste mundo impermanente de ilusões. Logo que despertamos para este fato e a aparente solidez da fundação dessa fictícia realidade comece a ceder sob nossos pés, ficaremos transidos de medo e tristeza e começaremos a procurar algo de real e permanente, não de maneira descuidada e indiferente, mas com a seriedade de alguém que, em perigo de afogamento, agarra-se a qualquer tábua. É aí então que, coagidos e, a duras penas, abandonamos este navio condenado da personalidade e refugiamo-nos em nosso Eu Superior que acreditamos – ainda não sabemos – ser imortal. Cada vez mais nos identificamos com o Eu Superior e dedicamo-nos à tarefa de fazer da personalidade um instrumento, uma expressão do Eu Superior, até que o eu inferior seja completamente subjugado e transcendido e nós estejamos centrados na Vida Divina. É com essa disposição e com essa atitude mental que podemos empreender a tarefa do desenvolvimento da Mente Superior operando através do corpo causal.

Os métodos de desenvolvimento do corpo causal resultam, até certo ponto, das funções desse corpo já mencionadas em páginas anteriores. A lei do crescimento, aplicável não somente ao mundo físico, mas também aos mundos mais sutis, é: quando uma função é exercida, progride, e este progresso na função é acompanhado por uma organização melhorada do veículo através do qual a função é desempenhada. A organização melhorada do veículo, por sua vez, permite exercícios mais variados da função, de modo que vida e forma, progredindo lado a lado, forneçam à consciência um instrumento mais eficiente para sua expressão. Esta é a lei fundamental do desenvolvimento e é básica para todos os métodos da Autocultura em todas as esferas da vida e em todos os planos. Considere como exemplo um corpo físico fraco. Quanto mais exercício o corpo fizer, mais a vida flui pelos músculos, artérias e nervos; o corpo torna-se mais forte, os músculos mais rijos e a capacidade para exercício e resistência cresce proporcionalmente. Considere o corpo astral, o veículo das emoções e dos desejos. Se verificar que ele é insensível e não responde a certas emoções, tais como amor e simpatia, coloque-se em circunstâncias onde essas emoções sejam despertadas. Force o corpo a responder a essas emoções. Aos poucos, mais vida começa a fluir pelos novos canais que foram criados, a constituição do corpo astral muda, torna-se mais refinada, e verifica-se que ele agora mais facilmente responde às emoções mais delicadas. Considere o corpo mental inferior. Se verificar que ele não está apto a pensar correta e coerentemente, comece por pensar concentrando-vos em diferentes tópicos. A prática será tediosa e cansativa no começo, porém à medida que mais e mais energia mental fluir pelo corpo mental, mais fácil torna-se a tarefa e, aos poucos, aquilo que no princípio era tedioso e cansativo poderá tornar-se um exercício agradável e fácil. A circulação de energia no corpo mental vai aos poucos organizando o veículo, fazendo dele um melhor instrumento para o exercício dos poderes mentais, e assim prepara-o para exercer mais eficientemente sua função de pensar. E, paralelamente, seus instrumentos no Plano Físico, o cérebro e o sistema cérebro-espinhal também progredirão permitindo melhor expressão do pensamento na consciência física.

Todas as funções de todos os veículos da consciência progridem pelo exercício, quer visível quer invisível, e o corpo causal não é exceção à regra. Como vimos, uma das principais funções do corpo causal é servir de veículo do pensamento abstrato, de onde se conclui que se queremos desenvolvê-lo, devemos exercitá-lo no pensamento abstrato. Muitas pessoas têm uma noção errada sobre o pensamento abstrato; e no momento em que a palavra "abstrato" é mencionada, começam a sentir-se desconfortáveis e imaginam-se passando por um processo obscuro e fatigante de pensamento abstruso e inaproveitável. Isto por si mesmo indica que a função do corpo causal não está desenvolvida de maneira apropriada, necessitando, portanto, de atendimento, visto que qualquer função, suficientemente desenvolvida até tornar-se fácil, é sempre um prazer. Se procuramos esquivar-nos de uma função é porque não aprendemos a exercê-la ou há algum defeito ou obstrução no veículo através do qual essa função é exercida. Fora disso, o pensamento abstrato não é algo tedioso e difícil como é suposto pela maioria das pessoas. Afinal, o que quer dizer isto? Em muitos casos significa a abstração[7] da essência de um grande número de fatos agrupados para qualquer finalidade. É ir do particular para o geral. Passamos por esse processo mental todos os dias em nossas vidas, mas o fazemos inconscientemente, ineficientemente e de maneira não científica, não sendo, pois, de nenhuma utilidade ao nosso crescimento mental, pelo menos de modo apreciável. De fato é muito comum a tendência a generalizar, e nós, em maioria, generalizamos em conexão com nossas experiências diárias não sistematizadas e, muitas vezes, insensatas. Por exemplo: decido por uns dias comer legumes crus e estes não vão bem com meu estômago, talvez devido à constiuição um tanto fraca do meu próprio estômago. Concluo então que legumes crus não fazem bem à saúde, e saio por aí propagando a ideia de que legumes não devem ser comidos crus. O que de fato fiz foi uma tentativa de exercer minha faculdade de pensamento abstrato, mas desajeitadamente, baseado em dados insuficientes e sem usar meu bom senso. Na maior parte das vezes, generalizamos dessa maneira ineficiente e rudimentar. Devemos aprender a fazê-lo científica, deliberada e sistematicamente. Assim, não só melhoraremos nossa mente, mas também aumentaremos nossa eficiência na vida. Cumpre lembrar que a generalização é o primeiro passo no caminho de volta ao Um – do múltiplo para o Um. Isso nos dá um adestramento

[7] No original em inglês: *Abstraction* – "Abstração" é o ato de separar mentalmente um ou mais elementos de uma totalidade complexa. Novo Dicionário Aurélio da Língua Portuguesa. Ed. Nova Fronteira. (N. ed. bras.)

preliminar na aquisição da visão sintética que vê o Um nos muitos. Verificamos, à medida que continuamos essa procura, que os princípios secundários da vida juntam-se como tributários de um rio caudaloso até que finalmente nos encontramos no Oceano da Existência – O Um.

Como podemos adestrar nossa Mente Superior para criar eficientemente o pensamento abstrato? Tomemos alguns exemplos simples para ilustrar o processo da aprendizagem. Suponhamos um círculo e interrompamos, de maneira irregular, sua circunferência num certo número de pequenos arcos. Se apagamos alguns desses arcos de maneira que restem somente pequenos pedaços da circunferência, qualquer pessoa conhecendo geometria poderá dizer que esses pedaços são partes de um círculo, ainda que seu total não seja visível. Por quê? Porque a forma e a posição desses arcos sugerem à mente o círculo do qual são parte. É claro que algumas pessoas estarão aptas a construir o círculo em sua mente com uns poucos arcos, enquanto outras necessitarão de maior número para chegar à conclusão, dependendo de sua inteligência e de seu conhecimento. Da mesma maneira, na segunda figura, o conjunto de linhas sugerirá imediatamente um quadrado a qualquer um que tenha algum conhecimento de geometria.

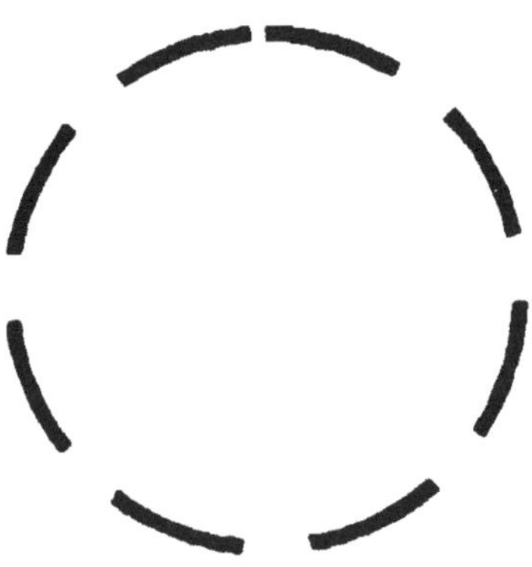

Algo análogo acontece quando um certo número de fragmentos, ordenados segundo um sistema, são classificados, e a mente os considera visando a formular a relação existente entre eles. É função da mente superior estabelecer esta relação – evidenciar o conjunto do qual os fragmentos fazem parte – e projetar na consciência física a generalização, o princípio ou a lei que engloba todos os detalhes num único e completo conjunto. Todas as leis científicas foram assim descobertas pelo agrupamento dos fatos destacados pela mente inferior e sua fusão em uma generalização pela mente superior. Quanto mais desenvolvido o corpo causal, mais se torna apto a estabelecer a relação entre os fatos. A ciência não é o único campo que nos proporciona a oportunidade de aprender a generalizar. Em todas as esferas da vida podemos encontrar oportunidades para o exercício dessa faculdade, desde que estejamos atentos ao seu aparecimento e as utilizemos sistematicamente para nosso adestramento. A matemática superior oferece os campos mais extensos e variados para o exercício dessa faculdade, e talvez não haja método mais rápido de se aprender o pensamento abstrato do que um curso intensivo de matemática superior. A filosofia vem em seguida à matemática como campo de adestramento para a mente superior e, do ponto de vista de um estudante da Autocultura, talvez seja mais conveniente para o desenvolvimento das faculdades do corpo causal.

O segundo método para o desenvolvimento do corpo causal é baseado na outra função deste veículo, mencionada anteriormente, isto é, a que serve como meio para tornar parte permanente da constituição da alma todas as virtudes e faculdades adquiridas durante o processo da evolução. Como já foi dito antes, quando numa determinada vida é desenvolvida ou melhorada uma característica ou faculdade, o progresso obtido não é perdido com a destruição da personalidade, mas transferido para o corpo causal e tornado permanente como resultado da reorganização desse corpo. Das pesquisas em Fisiologia, sabemos que, quando pensamos, a matéria cinzenta do cérebro físico é modificada, dilatada, e o contínuo pensar melhora permanentemente a qualidade do cérebro, tornando-o um instrumento mais eficiente para o pensamento. Esta melhora realiza-se somente no instrumento no Plano Físico que é desfeito com a destruição do corpo físico. Há, no entanto, um progresso correspondente no corpo causal, que passa de vida para vida, acumulando-se assim as aquisições de cada vida e tornando a alma um instrumento cada vez mais eficiente da Vida Divina.

O segundo método de desenvolvimento do corpo causal consiste, portanto, em tomarmos conta de nós mesmos e sistematicamente construirmos nosso caráter visando a uma perfeição global. Todas as qualidades como veracidade, coragem, humildade, que são mencionadas na *Bhagavad-Gitā* e em outras escrituras sagradas do mundo, devem fazer parte permanente de nosso caráter pela prática simultânea de meditação e exercício dessas qualidades em nossa vida diária. É um processo longo e cansativo, mas é trabalho que tem de ser feito se a alma se destina a ser um instrumento adequado à Vida Divina – um centro pelo qual flui o Amor, o Poder e a Sabedoria de Deus.

Quando o processo completa-se, o corpo causal é um resplandecente objeto para contemplar-se, um globo de glória deslumbrante do qual não podemos ter uma ideia no Plano Físico. Assim são os corpos causais dos Mestres de Sabedoria, que atingiram a perfeição em relação aos mundos inferiores.

Outro fator muito importante no progresso do corpo causal é o desenvolvimento dos veículos *Búddhico* e *Átmico*. O corpo causal cresce, de um lado, pelos impulsos vindos dos Planos Físico, Astral e Mental e, de outro lado, pelas forças espirituais, agindo sobre ele, e provenientes dos Planos *Búddhico* e *Átmico*. O desenvolvimento espiritual do Ego, por conseguinte, enseja o mais poderoso dos impulsos para o crescimento desse corpo, realizando em poucas vidas o que de outro modo levaria um tempo enorme. Tal como as funções dos corpos físico, astral e mental inferior não podem ser separadas em compartimentos estanques na vida da personalidade, assim as funções dos veículos *Átmico, Búddhico* e Mental Superior não podem ser separados na vida da Individualidade. Quando a mente inferior é exercitada não é somente o corpo mental inferior que progride. Seu instrumento no corpo físico – o cérebro – também progride simultaneamente. Da mesma maneira, quando os poderes de *Ātmā* e *Buddhi* começam a funcionar ativamente, o corpo causal, seu instrumento, desenvolve-se simultaneamente.

É necessário lembrar que o corpo causal é semelhante a um espelho que pode refletir, no mental inferior, as verdades presentes na Mente Universal, e aquele que o tem suficientemente desenvolvido, e em comunicação com o corpo mental inferior, tem à sua disposição meios para entrar em contato, até certo ponto, com a Mente Universal. Esta é a faculdade que todos os estudantes sérios de Ocultismo devem tentar desenvolver se desejam ter em seu interior uma fonte de conhecimento ilimitado e verdadeiro, drenável sempre que necessário, e que irá torná-los independentes de todas as fontes externas de conhecimento.

É verdade que o contato direto com a Mente Universal só é possível pela prática do *Yoga* mais elevado quando então se pode operar conscientemente através do corpo causal. Mas, mesmo antes de atingido esse estágio, é possível a um estudante avançado, que pratique a meditação e tenha purificado e harmonizado sua mente, desenvolver a capacidade de se pôr em relação com a Mente Superior e, através dela, entrar em contato indireta e progressivamente com a Mente Universal. Quando isso acontece, o conhecimento em relação às realidades internas da vida começa a aparecer na mente do estudante, de diferentes maneiras que cumpre experimentar a fim de serem apreciadas.

12

O Papel de Buddhi *em Nossa Vida*

Em um dos capítulos anteriores foram dados, em linhas gerais, os processos evolutivos pelos quais passamos antes de chegarmos ao presente estágio humano, assim como as futuras etapas de desenvolvimento. Foi então mencionado que nos estágios abaixo do humano, antes do desenvolvimento da autoconsciência, a evolução é guiada somente por agentes externos, e a vida corporificada em várias formas não está apta a cooperar conscientemente com estes agentes externos. Com o aparecimento da autoconsciência, que marca o nascimento da alma humana e a formação do corpo causal, abre-se para a vida a possibilidade de tomar parte em seu desenvolvimento. É verdade que nos primitivos estágios da evolução humana esta cooperação consciente da alma em seu próprio desenvolvimento é nominal, sendo a evolução ainda guiada, em grande parte, do exterior. Somente quando a alma atingiu um estágio avançado de desenvolvimento e maturidade é que lhe é possível tomar parte ativa em seu próprio desenvolvimento e cooperar com as forças que estão permanentemente pressionando-a na direção da evolução. Quando este estágio é atingido, a alma já desenvolveu consideravelmente seus veículos inferiores de consciência e está pronta a começar sua evolução espiritual. O desenvolvimento de *Buddhi* marca o começo dessa fase em nosso progresso interior, que associamos com a espiritualidade, e aqueles dentre nós que desejam apressar o progresso no sentido de nossos mais elevados ideais espirituais, devem, portanto, tentar compreender o papel que esse princípio representa em nossa vida.

Buddhi é a representação das manifestações peculiares da consciência, que têm lugar através do corpo *Búddhico,* o veículo que vem imediatamente depois do corpo causal, à medida que penetramos da periferia para o centro de nosso ser. Seu campo de expressão, portanto, está além da mente, não só da mente concreta inferior, mas também da mente abstrata, que trata de princípios gerais e opera através do corpo causal. Este fato deve esclarecer por que as funções de *Buddhi* transcendem as da mente e não podem ser julgadas pelo critério do intelecto, tomado como final e conclusivo pelo intelectual comum. Isto também explica o fato de que o mero intelecto não pode compreender as percepções mais delicadas que se originam da consciência *Búddhica*. O único estado de consciência que transcende e abrange a consciência *Búddhica* é o de *Ātmā* que, por assim dizer, é o próprio centro de nossa vida, o núcleo no qual estão encerradas todas as nossas potencialidades divinas.

Depois de ressaltar o lugar de *Buddhi* em nossa constituição, tratemos primeiro de um princípio geral que devemos ter em mente quando levamos em consideração a manifestação da consciência nos diferentes planos. Isto esclarecerá nossas ideias e preparará o terreno para a compreensão das diversas funções de *Buddhi* em nossa vida. O ponto que devemos compreender claramente é a diferença de manifestação da consciência através de um veículo, quando ela opera em seu próprio plano e quando as vibrações correspondentes descem a um plano inferior e agem através de um meio mais rude. Tome, por exemplo, o trabalho da consciência no Plano Mental inferior. As vibrações produzidas quando a consciência opera através do mental inferior são conhecidas como pensamentos, mas há um mundo de diferença entre os pensamentos como são vistos em seu próprio plano, através dos órgãos do corpo mental, e como são expressos e aparecem, através do denso e inelástico meio do cérebro físico. Quando os pensamentos são percebidos em seu próprio plano pela visão clarividente, verifica-se que formam um mundo totalmente próprio, cheio de formas e cores de fascinante beleza, um mundo que as várias religiões têm tentado muito imperfeitamente pintar em suas descrições do céu. Mas esses pensamentos, quando expressos através do cérebro físico e aparecendo em nossa consciência física, embora retenham algumas de suas características essenciais, perdem muito de suas qualidades e da força que lhes são peculiares em seu próprio plano. Neste têm eles uma aparência real, enquanto que no Plano Físico parecem ter um caráter vago e subjetivo. As mesmas considerações são válidas para o Plano Astral. As vibrações do corpo astral em seu próprio plano produzem os fenômenos conhecidos como sentimentos e desejos e criam toda espécie de formas e cores. No Plano Astral, essas formas e cores têm um caráter objetivo e constituem um mundo próprio. Mas quando essas vibrações descem ao Plano Físico e encontram expressão através de nosso sistema nervoso simpático perdem muito de suas características, e nada guardam exceto o estado peculiar de consciência que denominamos "sentimento".

Esses exemplos podem-nos ajudar a compreender a diferença entre a vida no Plano *Búddhico,* vivida conscientemente em seu próprio plano, em nosso *Ānandamaya-kosha,* como o veículo *Búddhico* é chamado no Vedanta, e a mesma vida como aparece em nossa consciência física depois de descer pelos veículos intermediários. Quando um iogue em *Samādhi* eleva-se ao Plano *Búddhico,* depois de transcender o corpo mental, ele se torna consciente de um novo mundo, cheio de grande bem-aventurança e conhecimento e, em comparação com o mar de bem-aventurança em que ele se encontra banhado, mesmo a do mundo celestial é pálida, é insignificante. As palavras falham na descrição da bem-aventurança e do conhecimento transcendente do Plano *Búddhico,* e todos os místicos e videntes que tiveram apenas um vislumbre desse plano sentem-se completamente incapazes de transmitir a outros a ideia de sua visão beatífica. Quando, porém, as vibrações do Plano *Búddhico* descem ao cérebro físico, elas perdem muito de sua intensidade e aparecem na consciência física enormemente reduzidas pela transmissão através dos planos intermediários. A percepção direta da unidade da vida no Plano *Búddhico* torna-se assim inteiramente compaixão, empatia, a visão interior e direta da Verdade torna-se inteiramente intuição e conhecimento das verdades da Vida Superior. Vemos assim que ao estudarmos as manifestações de *Buddhi* na consciência física estamos lidando apenas com reflexos desmaiados de uma luz radiante, fracos ecos de música divina que têm sua fonte no interior, no mais profundo de nosso ser.

Após estas considerações preliminares, estamos em condições de passar ao problema principal que nos é proposto, isto é, a clara compreensão das funções de *Buddhi* em nossa vida, tanto quanto possível dadas nossas atuais limitações. O primeiro ponto a ser notado, tratando desse problema, é que *Buddhi* parece ser uma faculdade multifuncional e não uma faculdade singela como supõe muita gente, que não se aprofundou nos problemas da consciência. Por faculdade multifuncional entende-se a consciência que está apta a funcionar em certo número de modalidades que, pelo menos aqui no reino da mente, parecem diferentes entre si. É possível que em seu próprio plano esses diferentes modos de manifestação não sejam tão diferentes em essência; vistos, porém, através do prisma do intelecto é esta a aparência. Podemos melhor entender a múltipla natureza da função de *Buddhi* examinando o caso análogo da mente. Pela palavra "mente" entende-se algo muito complexo, de muitas faculdades, tais como as de raciocínio, memória, julgamento, observação, que vão aparecendo uma depois da outra no curso da evolução. Podemos chamar a estes diferentes modos de ação de funções da mente. Analogamente há diferentes modos de manifestação ou funções de *Buddhi.* Estas funções desenvolvem-se uma após a outra, como no caso das funções mentais, com a evolução do veículo *Búddhico.* Se identificarmos *Buddhi* por uma de suas funções, isoladamente, não só tornaremos difícil sua compreensão correta, mas também iremos envolver-nos em toda espécie de contradições e confusões. Muita gente ao ler um livro como a *Bhagavad-Gitā* fica confusa por não ter em mente este fato. Algumas vezes a palavra *Buddhi* é usada num sentido e outras vezes em acepção inteiramente diferente. Se nos lembrarmos que todos os casos mencionados referem-se às diferentes funções de *Buddhi,* será muito mais fácil seguir-se o significado.

Consideremos agora alguma das diferentes funções, uma a uma, tentando compreendê-las tanto quanto nos for possível. Suponhamos que temos em mão um diamante e examinamos sucessivamente suas diferentes facetas. Embora reflitam diversas quantidades de luz e exibam diferentes cores, sabemos que o diamante é um e a luz que dele se irradia também é una.

Comecemos pela mais simples das funções de *Buddhi,* isto é, a compreensão. O psicólogo moderno considera a compreensão em seu sentido comum como uma função da mente, mas é realmente uma função do princípio imediatamente superior chamado *Buddhi.* A mente apenas combina e coordena as impressões recebidas de um objeto através dos diferentes órgãos dos sentidos e as ordena numa imagem composta, mas a menos que a luz de *Buddhi* ilumine a imagem, não podemos conhecer o objeto. Lemos repetidas vezes em tratados de *Yoga* que as impressões recebidas do mundo exterior através dos órgãos dos sentidos são refletidas internamente, primeiro na mente, depois da mente passam para *Buddhi* e daí são apresentadas ao *Jīvātmā,* o Eu que reside no interior. Muitas pessoas não entendem o que significa esse reflexo em *Buddhi.* Significa a transformação de uma imagem-pensamento em compreensão do objeto representado pela imagem. A mente inferior concreta, por si mesma, não pode compreender qualquer objeto, a menos que a luz de *Buddhi* o ilumine através de sua imagem mental. A mente, de acordo com a Psicologia oriental, é mecânica e não tem em si a capacidade de compreender qualquer coisa. Assim, esta compreensão de objetos apresentados pela mente à consciência interior é uma das funções primárias e simples de *Buddhi* e esta função aparece logo no princípio, mesmo quando o corpo *Búddhico* é ainda rudimentar.

A próxima função a ser desenvolvida, um tanto ligada à primeira, é a que na linguagem comum é chamada inteligência – não intelecto, mas inteligência. Podemos confundir um com o outro, mas são diferentes, embora seja difícil definir esta diferença. Todos nós conhecemos vagamente a diferença entre uma pessoa intelectual e outra inteligente. A primeira é aquela cuja mente está bem desenvolvida, está abarrotada de fatos e pode efetuar várias operações mentais fácil e eficientemente. Pessoa inteligente é aquela que tem a capacidade de compreender o significado, a importância do conhecimento que possui, que destilou seu conhecimento e experiência e obteve essa essência sutil conhecida como sabedoria. Essa pessoa pode ver as coisas como são. Ver as coisas como são é talvez a mais importante característica da inteligência. Estamos todos familiarizados com gente muito intelectual, mas não inteligente, gente que perde o verdadeiro significado das coisas e situações. As duas guerras mundiais são lições objetivas, marcantes, da diferença entre intelecto e inteligência e mostram-nos o horrível espetáculo do que o intelecto pode fazer quando não está permeado pela inteligência. Essa diferença entre intelecto e inteligência deve-se ao fato de um ter sua fonte só na mente enquanto o outro tem sua fonte no princípio espiritual seguinte, ou seja, *Buddhi.*

Depois de tratar dessas funções elementares, mas pouco conhecidas de *Buddhi,* chegamos então a algumas das funções que se desenvolvem nos estágios posteriores da evolução. Uma dessas funções é chamada discernimento ou *Viveka,* em sânscrito. Lemos frequentemente, em livros sobre *Yoga* e assuntos correlatos, que sem o desenvolvimento de *Viveka* não é possível trilhar-se o Caminho. É, por assim dizer, o A B C da vida espiritual. O que é essa faculdade conhecida como *Viveka?* Geralmente é definida como discernimento entre o Real e o Irreal, mas penso que teremos uma ideia melhor se a considerarmos como a capacidade de ver a vida e seus problemas como são em essência. Vivemos num mundo de ilusões sem estarmos conscientes deste fato. Quando começamos a despertar espiritualmente, vamos aos poucos nos tornando conscientes dessas ilusões e este despertar e começar a ver as ilusões, como são realmente, é discernimento, é *Viveka.* Ainda que discernimento seja comumente considerado diferente de inteligência, se entretanto examinarmos cuidadosamente o assunto, veremos ser aquele uma forma mais desenvolvida, uma extensão desta, é inteligência operando num nível mais elevado. Quando a luz de *Buddhi* brilha sobre os problemas comuns da vida diária, isto é inteligência. Quando ilumina os problemas mais profundos e mais fundamentais da vida e deixa expostas as ilusões, isto é discernimento. A diferença é em grau e esfera de ação.

Há uma ideia importante resultante da relação entre inteligência e *Viveka:* para vivermos uma vida espiritual necessitamos de inteligência, de muito mais inteligência do que para levarmos uma vida mundana comum, e aquele que lança confusão em sua vida comum, mostra falta de inteligência ao lidar com seus problemas e pouco provavelmente terá grande sucesso nos problemas da vida espiritual, muitíssimo mais difíceis e exigentes. É necessária aqui uma advertência a este propósito, pois muitos aspirantes pensam que, quando se empenham na procura da Verdade, podem colocar sua inteligência num congelador, e a graça de Deus fará o que for preciso. É uma ideia confortável à qual gostam de se agarrar aqueles que desejam viver num mundo imaginário totalmente próprio, mas tal não é corroborado pela experiência dos que empreenderam a divina aventura e estão totalmente empenhados na luta para dominar sua natureza inferior e vencer as ilusões da vida nos planos inferiores.

Tomemos agora outra importante função de *Buddhi,* isto é, a capacidade de reconhecer e compreender as verdades da vida espiritual. Acabamos de ver que *Viveka* ou discernimento possibilita-nos a percepção das ilusões da vida. Este é, na realidade, somente o aspecto negativo de uma função, cujo aspecto positivo é o reconhecimento direto das verdades da vida espiritual – do real como contrário ao irreal. Quando trazemos uma luz a um compartimento em trevas, não somente eliminamos a escuridão, mas inundamos a sala com luz. Do mesmo modo, ao nascer o verdadeiro discernimento não apenas nos tornamos perceptivos das ilusões de nossa vida diária, mas também começamos a ter um vislumbre das realidades e verdades que estão cobertas por essas ilusões.

O fato de que é *Buddhi,* e não a mente, o instrumento para o conhecimento das verdades espirituais é muito importante e explicará muitos fenômenos que observamos na vida diária; por exemplo, a grande diferença existente entre as várias pessoas em relação à apreciação e compreensão das verdades na vida superior. Algumas pessoas compreendem essas verdades como por instinto, enquanto para outras elas se mostram não convincentes ou mesmo absurdas. Essa compreensão não é absolutamente o resultado de pensamento ou raciocínio. A intuição, como esse aspecto de *Buddhi* é chamado na Psicologia ocidental, permite ao homem tornar-se perceptivo dessas verdades sem ser por intermédio do processo incômodo do raciocínio e, enquanto a intuição não estiver desenvolvida, um homem não estará apto a ver essas verdades. Primitivamente se supunha que o intelecto fosse o juiz final nesses assuntos, mas a Psicologia ocidental teve de reconhecer com relutância a presença em nós de outra faculdade chamada intuição.

Não somente são as verdades reconhecidas sem o auxílio do intelecto como também há uma diferença na natureza do conhecimento que nos vem através de *Buddhi.* O conhecimento que nos vem através da percepção direta de *Buddhi* fundamenta-se em solo firme e não está sujeito a ser abalado pelas experiências e pelos pensamentos sempre mutáveis do indivíduo, enquanto que o baseado no intelecto está sempre sujeito a ser varrido ou prejudicado por dúvidas e receios. Encontramos em todo lugar pessoas cuja fé nas verdades da vida superior está sempre oscilando. Hoje encontram pessoas agradáveis, vivem em ambiente de harmonia, sentem que o homem é divino, tudo está bem com o mundo e Deus está no seu Céu. Amanhã deparam com aparente injustiça, são tratados indelicadamente pelos que estão próximos, sua fé na Divindade do homem evapora-se e torna-se amarga e cética. É somente quando a luz de *Buddhi* brilha através de nossas convicções e de nossa fé, que podemos ir pela vida afora sem hesitação em direção ao nosso objetivo, incólumes a todas as vicissitudes, dificuldades e mesmo perseguições que tenhamos de encontrar.

Devemos, entretanto, ter cuidado de não tomar nossas ideias irracionais e, às vezes, loucas, como sugeridas pela intuição. É muito melhor permanecermos no terreno firme, ainda que pouco fértil, do intelecto até que nosso *Buddhi* tenha-se desenvolvido suficientemente para dar-nos uma direção nítida, do que nos abandonarmos a impulsos e superstições que gente emocional facilmente toma pela voz de Deus.

Buddhi não apenas nos habilita a reconhecer as verdades da vida superior, mas nos dá também guia seguro para nosso viver comum. Temos que enfrentar, todos os dias, problemas da vida e, às vezes, o mais difícil é decidirmos como agir. O intelecto nos dá alguns dados que podemos usar para chegar a uma decisão, mas esses dados nunca são completos, pois raramente conhecemos todos os fatos numa determinada situação. Além do mais, nosso julgamento está sujeito a desvios causados por nossos sentimentos e nossas noções preconcebidas. Assim, nunca podemos estar seguros se nossas decisões são certas ou erradas. Não há meios de chegar a uma decisão correta nos negócios de nossa vida? Não existe maneira de saber como agir sem possibilidade de erro em qualquer circunstância? Há, mas essa capacidade só pode ser adquirida pelo desenvolvimento de *Buddhi* em nosso interior. Há sempre um modo certo de se fazer qualquer coisa e esse modo certo significa fazer a coisa certa no tempo certo, pelo método certo, sem passar pelo raciocínio. *Buddhi* não irá dizer-nos em detalhe como fazer, mas irá indicar-nos em linhas gerais e corretas o que fazer, o problema de meios e modos tem que ser elaborado pela mente. Quanto mais nossa natureza espiritual se desenvolver e mais clara a luz de *Buddhi* brilhar em nossa mente, mais estaremos aptos a viver cada momento do dia como deve ser vivido – em perfeita harmonia com a Vontade Divina.

Já vimos que *Buddhi* é o instrumento usado no reconhecimento das verdades espirituais, mas merece uma exposição, a título de ilustração, uma dessas verdades e a maneira como aparece na consciência física inferior. Vejamos, por exemplo, a verdade da unidade da Vida. Aqui nos planos inferiores, cegos pela ilusão, vemo-nos separados uns dos outros. Nós nos identificamos com nossos corpos, nossos interesses parecem entrar em choque e, em consequência, combatemos e esmagamos nosso semelhante a fim de conseguir o que individualmente, separadamente, desejamos. Mas no caso de alguns indivíduos, apesar da aparente diversidade e do conflito de interesses, aos poucos se desenvolve, em diferentes graus, uma consciência de fraternidade, um sentimento de compaixão em relação a todos os seres vivos. São pessoas que não podem sentir-se felizes com a satisfação de suas necessidades individuais, e sua natureza interior recusa-se a ficar satisfeita enquanto a necessidade daqueles que estão em torno não for preenchida. Quando veem que outros sofrem, sofrem, até certo ponto, juntas. Vendo a crueldade, sentem necessidade de agir em auxílio de seu irmão maltratado. A verdadeira compaixão e a profunda preocupação com o bem-estar dos outros não deve ser confundida com as concepções puramente ideológicas da fraternidade baseadas somente no intelecto. Vemos estas concepções encontrarem expressão no mundo moderno nos mais terríveis conflitos, associadas com crueldade e insensibilidade de natureza mais bárbara.

De onde vem esse verdadeiro sentimento de compaixão, esse sentimento de afinidade com todos os seres humanos? Não do intelecto, que é a própria fonte das tendências separativas e egoístas. A verdade é que quando o corpo *Búddhico* está suficientemente desenvolvido e o Ego está perceptivo da unidade da Vida no Plano *Búddhico,* esse conhecimento infiltra-se na consciência inferior e aí aparece como compaixão e ternura por todas as criaturas vivas, duas qualidades notavelmente características de todos os santos e sábios. No caso das almas mais jovens, cujo veículo *Búddhico* não está suficientemente desenvolvido e a unidade não é visível no plano mais elevado, o sentido oniabarcante de unidade e compaixão está naturalmente ausente, sendo o egoísmo e a crueldade os modos normais de expressão em sua vida. Depende de dois fatores o quanto a unidade da vida é sentida nos planos inferiores. Primeiro, do grau de consciência do Ego nos planos superiores e do desenvolvimento do veículo *Búddhico.* Segundo, do quanto de abertura da passagem entre o inferior e o superior e do quanto de conhecimento dos planos superiores pode ser filtrado até a mente. O veículo *Búddhico* pode ser bem desenvolvido, a visão dos planos superiores bem clara e, entretanto, a passagem entre os planos inferior e superior *pode estar* tão bloqueada por nosso egoísmo, nossa pequenez e mentalidade mundana, que a luz do mundo superior bate em vão contra as paredes da mente e não consegue provocar uma resposta compassiva. Ainda que vivendo na consciência oniabarcante de Deus nos planos superiores, nos planos inferiores ainda estamos inconscientes de nossa natureza divina. Se a visão da unidade foi obtida nos planos superiores, a maneira de trazê-la aos planos inferiores da mente é assumir sua direção purificando-a de modo que a luz vinda do alto brilhe sem obstrução. Pois, assim como o corpo causal é um espelho que reflete a Mente Universal, assim o veículo *Búddhico* é um espelho que reflete a consciência da Vida Universal, imanente no mundo manifestado e brilhando em diferentes graus através de todas as criaturas vivas. Quanto mais polido o espelho, melhor reflete a Consciência Universal em mente pura e harmonizada.

Das funções de *Buddhi,* tratadas nos parágrafos anteriores, podemos tirar alguma ideia da faculdade espiritual cujo desenvolvimento prenuncia o despontar de nossa natureza divina e coloca em nossas mãos uma espécie de bússola, com cujo auxílio podemos cruzar as tempestuosas águas da vida e atingir a praia distante da iluminação. Uma das funções, como vimos, é a capacidade de conhecer as verdades espirituais diretamente sem atravessar os processos de raciocínio do intelecto. O homem em quem essa faculdade tornou-se ativa simplesmente vem a ser perceptivo dessas verdades. O conhecimento não lhe é comunicado do exterior, nem mesmo dos planos internos por um processo de transmissão de pensamento, mas brota, por assim dizer, espontaneamente em seu coração, como a água brota em uma fonte. É possível que ele não saiba de onde vem, é possível que não esteja apto a comunicá-lo a outros, mas aí está, e há uma certeza sobre essa classe de conhecimento que não pode vir com o conhecimento adquirido através do intelecto. A maior parte dos santos e sábios que apareceram no mundo de tempos em tempos não eram letrados, não adquiriram conhecimento de livros e, no entanto, mostraram tal compreensão dos problemas fundamentais da vida que se colocaram predominantemente acima de seus contemporâneos.

Há dois fatos que nos cumpre notar sobre o conhecimento que nos vem do Plano *Búddhico*. Em primeiro lugar não se trata de conhecimento sobre assuntos comuns que vêm da região da mente. Por mais iluminado que seja um santo, se lhe for dado um problema de cálculo diferencial ou se lhe for feita uma pergunta sobre o mecanismo do motor de um automóvel, ele não estará apto a dar uma solução a menos que antes tenha feito um estudo especial desses problemas. A aquisição de conhecimento detalhado sobre tais coisas é uma função da mente e não de *Buddhi,* e mesmo quando uma pessoa iluminada deseja saber algo sobre esses assuntos, tem que adotar os meios comuns para obter o conhecimento nos campos especializados. É verdade que a pessoa pode ter poderes superfísicos tornando fácil a aquisição do conhecimento, mas tais meios estão ainda no reino do intelecto, tendo assim de ser operados pelos poderes e faculdades da mente.

O conhecimento vindo de *Buddhi* tem ligação com a vida e seus problemas fundamentais, com as relações essenciais das coisas, por assim dizer, e é mais semelhante a uma luz que ilumina a vida por dentro e por fora de nós. *Buddhi* nos dá um senso infalível do certo e do errado, do verdadeiro e do falso, dá-nos a capacidade de ver tudo em sua perspectiva apropriada e em sua essência, mas não elimina a necessidade de usar a mente enquanto vivemos nos mundos inferiores. Deixemos assim claro o que devemos e o que não devemos esperar como resultado do desenvolvimento dessa faculdade. Não confundamos consciência *Búddhica* com Consciência.

O segundo fato que devemos notar, em relação à consciência *Búddhica,* é o seu caráter dual. A consciência *Búddhica* é ligada, de um lado, aos fenômenos que associamos ao intelecto e, de outro, aos fenômenos relacionados às emoções. Quando a energia deste plano desce aos planos inferiores, sua manifestação depende da natureza do mecanismo através do qual opera. Quando *Buddhi* está refletido no campo do intelecto, aparece como conhecimento espiritual. Quando está refletido na esfera das emoções e opera através do corpo astral, aparece como amor espiritual. A força é uma só, mas suas expressões diferem, ou antes, nos aparecem diferentes segundo o mecanismo através do qual a força opera. Estamos bem familiarizados com essa espécie de fenômeno no campo da Física, onde a mesma força aparece em diferentes formas, segundo o mecanismo pelo qual opera. É assim a corrente elétrica que fornece luz, quando passa por uma lâmpada elétrica, e calor, quando passa por um radiador. Geralmente acontece o mesmo quando a consciência *Búddhica* começa a desenvolver-se num homem com temperamento emocional, tomando o aspecto de intenso amor, na forma muito conhecida de *Bhakti;* enquanto que num intelectual aparece como visão clara e ampla de todos os problemas fundamentais da vida. À medida que o amor ou o conhecimento aprofundam-se, um novo estado começa a surgir na consciência, um estado que chamamos geralmente de sabedoria. É este caráter dual de *Buddhi* que nos possibilita adotar um dos dois caminhos para seu desenvolvimento. Podemos desenvolvê-lo através de *Bhakti,* o intenso amor que se entrega por completo ao objeto de sua devoção, ou pelo discernimento, a inteligência pesquisadora que pode penetrar todas as ilusões da mente, e entrar em contato com a vida além da mente. O que não significa que só o amor ou só a inteligência baste, mas sim, que um dos aspectos da consciência será preponderante nos estágios iniciais e terminarão por se fundir num estado de consciência que não é nem puro amor nem pura inteligência, mas uma síntese de ambos.

Num diferente sentido, *Buddhi* tem também um caráter dual. Na sua função acima mencionada tratamos da que pode ser denominada perceptiva. Essa função relaciona-se com a percepção de coisas, com a "visão" no sentido espiritual. Pode ser chamada também passiva, correspondente à função dos *Jñānendriyas* no reino da mente. Mesmo em sua expressão de amor espiritual é uma função essencialmente perceptiva, pois amor espiritual depende da percepção direta ou indireta da unidade da Vida. Mas *Buddhi* tem também uma função ativa correspondente aos *Karmendriyas* no reino da mente. Esta função está ligada ao papel de *Buddhi* em que ele serve como instrumento de *Ātmā* e energiza a mente. Esta função é geralmente esquecida, mas um estudo da psicologia do *Yoga* mostra-a como uma função atuante[8], tão importante quanto a perceptiva. *Buddhi* é conhecido como *Vahan* de *Vishnu* e *Vishnu* é não somente a Consciência Universal oniabarcante em Sua Visão Divina, mas também Aquele que energiza, o Preservador e o Governante do mundo que Ele preside. No caso da Mônada, a função dual é exercida através do veículo *Búddhico* funcionando nos Planos *Búddhico* e *Manásico.* É devido a esta função dual de *Buddhi* que, no caso da verdadeira sabedoria, "ver" a Verdade e "Viver" a Vida são inseparáveis.

---

[8] No original em inglês: *conative function.* (N. ed. bras.)

13

O Desenvolvimento de Buddhi

Depois de ter tratado das funções de *Buddhi* podemos agora abordar o problema principal, isto é, o desenvolvimento desta importante faculdade. Ao discutirmos o problema é necessário que se diga, logo de início, que o desenvolvimento da consciência *Búddhica,* dependente do desenvolvimento do veículo *Búddhico,* não é tarefa fácil e requer grande seriedade de propósito. É matéria de evolução lenta, no caso da grande maioria das pessoas, e requer uma série de vidas para seu crescimento e perfeição. É verdade que em uns poucos casos excepcionais, em que a natureza espiritual já está muito desenvolvida e a única dificuldade é atrair para os veículos inferiores a consciência superior, o crescimento pode parecer espantosamente rápido. Isto não é crescimento, mas a rápida libertação, nos planos inferiores, de um poder já desenvolvido nos superiores.

Lemos nas histórias de Jataka como o Senhor Buda aperfeiçoou essa faculdade e sua natureza espiritual, vivendo uma série de vidas de generosidade e bondade antes de se tornar o *Boddhisattva.* Essas histórias podem não ser literalmente verdadeiras, mas ilustram um princípio importante: o desenvolvimento espiritual, como tudo na Natureza, é matéria de evolução e crescimento lento, e aqueles que não estão preparados para pagar o preço da autodisciplina paciente não podem esperar colher os frutos da iluminação e liberação das ilusões e dos sofrimentos da vida inferior. É necessário ter em mente estes fatos nos dias atuais de correria e pressa, quando as pessoas desejam adquirir tudo por métodos rápidos e impacientam-se diante de todos os meios e fins que requeiram paciência e perseverança e não ofereçam perspectiva de sucesso em uma vida. Vemos assim que a determinação de procurar incansavelmente atingir o objetivo, nunca desanimada por fracassos nem exaltada por sucessos temporários ou superficiais, é a primeira qualificação para trilhar o caminho. Aqueles que não têm essa determinação e seguem esta linha de ação apenas como uma diversão, ou reação às excitações e aos atrativos da vida mundana, estão destinados ao desapontamento e fracasso.

Se uma pessoa tem intensidade de propósito e está movida por motivos corretos, o primeiro requisito para lançar-se nesta divina aventura é estabelecer as bases, o que significa desenvolver força, altruísmo e pureza no mais alto grau. É necessário um caráter forte, porque a descida da Consciência Superior aos veículos inferiores impõe uma tensão muito severa aos veículos e, a menos que já tenha sido desenvolvida consideravelmente a força de caráter, há perigo, ou antes, certeza de um colapso de natureza mais ou menos séria. Quando desejamos usar uma corrente elétrica de voltagem muito elevada é sempre necessário testar e melhorar o material isolante de nossas instalações, de outro modo pode haver um sério vazamento de corrente ou queimar-se toda a instalação. Da mesma maneira, quando nos preparamos para atrair para os veículos inferiores as vibrações dos reinos espirituais mais elevados, todas as nossas partes fracas devem ser testadas e fortificadas onde for necessário; de outra maneira, pode acontecer uma ruptura da personalidade, retardando o progresso da individualidade por tempo considerável. Os testes e o reforço de toda nossa natureza são levados a efeito na vida diária por provações sob a forma de tentações, dificuldades e experimentações de toda espécie, alguns no curso natural de nossa vida e outros especialmente delineados pelos grande Instrutores de nossa raça, que têm a seu cargo a preparação de aspirantes e discípulos. Como resultado do adestramento e da autodisciplina, o aspirante desenvolve gradativamente uma resistência como a do aço, que pode suportar enormes tensões sem se romper.

Outra qualificação necessária ao preparo das bases é uma visão altruísta. Pois, quanto maior a energia, maior a necessidade de desenvolver as salvaguardas, de modo que a força não possa ser utilizada para finalidades egoístas e prejuízo de outros. Quanto mais um homem se eleva na escala da evolução e maior for seu poder, mais capaz ele se torna não somente de fazer o bem, mas também de fazer o mal a outros. E os Poderes que dos planos interiores guiam o mundo fazem de modo que tal força não passe, tanto quanto possível, às mãos daqueles que possam usá-la para fins egoístas.

Além de eliminar de nossa natureza a tendência de procurar poder e prestígio para nossa glorificação pessoal, tão característica de todos os ambiciosos, devemos tentar livrar-nos da espécie de egoísmo mais comum, ainda que menos proeminente, conhecida como egocentrismo. A vida da maioria de nós gira em torno de nossos pequeninos interesses e ocupações pessoais. O trabalho profissional, a nossa família, os nossos passatempos, os nossos divertimentos tomam praticamente toda as nossas horas e pensamentos, e passamos a nossa vida profundamente absorvidos em nossos negócios mesquinhos e escassamente conscientes de qualquer outra coisa. Não deve ser difícil verificar-se que tal atitude não pode servir de base para a oniabrangente e impessoal vida do Espírito. Temos de romper a carapaça que encerra nossa vida e nossa visão, se é que aspiramos a entrar em contato com as formas mais elevadas de consciência. Um dos métodos mais rápidos e eficientes para adquirir essa atitude impessoal e altruísta é o serviço de nosso próximo no reto espírito. Foi propositadamente que eu disse "reto espírito", porque este é o ponto crucial do problema. Há milhares e milhares de pessoas empenhadas no serviço de seu próximo e que dificilmente fazem qualquer progresso no sentido de adquirir a atitude impessoal e altruísta. Apenas criam bom *Karma* para elas mesmas e, ainda que isso possa ajudar bastante, não elimina eficientemente de suas vidas o elemento pessoal, que é o principal empecilho no caminho daqueles que estão procurando a iluminação. O serviço deve ser *Nishkama* e feito como uma oferenda ao Supremo.

A pureza do corpo, da mente e das emoções é o terceiro requisito para estabelecer as fundações dessa consciência e vida mais elevadas. Quando se tratou das funções de *Buddhi,* foi mencionado que o quanto da Consciência Superior a ser atraída ao Plano Físico depende de quão desobstruída está a passagem entre o superior e o inferior. A principal obstrução no caminho da Consciência Superior é a impureza dos corpos inferiores – especialmente a da mente. Assim como um espelho coberto de poeira não pode refletir os raios do Sol, assim também a mente impura não pode espelhar a Verdade, e mesmo que nossa natureza espiritual esteja suficientemente desenvolvida nos planos superiores ficamos, nos planos inferiores, isolados de nossa divina herança e divinas possibilidades. Um véu, por assim dizer, separa o superior do inferior e impede-nos de ter a visão do verdadeiro Eu. E assim os esforços sistemáticos e pacientes para a purificação de nossa natureza inferior constituem parte integral de nosso adestramento e autodisciplina, que preparam o terreno para a manifestação da Consciência *Búddhica* em nossa vida diária.

Devem ser suficientemente adquiridas as três qualificações – força, altruísmo e pureza – se desejamos preparar-nos sistematicamente para a descida em nós da Vida Divina. A principal razão de um tão grande número de pessoas, que desejam as realidades da vida espiritual, ficarem onde estão sem qualquer progresso espiritual na direção de seu objetivo, é o fato de não darem os necessários passos no lançamento das bases necessárias para essa vida, contentando-se meramente com ler e pensar a esse respeito. Ler e pensar não nos leva muito longe. Temos de nos dispor a criar as condições necessárias para o verdadeiro progresso, pois temos que operar num mundo governado pela Lei.

Sobre as bases assim assentes pode ser erguida, com segurança e certeza, a superestrutura de uma verdadeira vida espiritual. Podemos agora considerar alguns dos métodos e algumas das práticas específicos, prescritos desde tempos imemoriais, para o desenvolvimento da consciência superior. Deve-se, entretanto, ter em mente que os métodos a serem adotados por uma pessoa para o desenvolvimento interior são, até certo ponto, individuais. Não somente cada indivíduo é único e diferente de todos os outros, mas o caminho que escolhe para a perfeição é, até certo ponto, único, e esta ideia está muito bem expressa em *Luz no Caminho* [9] na passagem: "Cada homem é para si mesmo o caminho, a verdade e a vida". Isto quer dizer que temos de fazer experiências com a vida, usando diferentes métodos, e descobrir por nós mesmos nosso próprio caminho, o que irá levar-nos à nossa meta. Não há um método pré-moldado que possamos seguir cegamente e atingir a iluminação. Mas, ainda que cada caminho seja único, há certas linhas gerais pelas quais podemos orientar nossas experiências na busca de um método individual, e assim vamos agora tratar muito sucintamente dessas linhas gerais de aproximação.

O primeiro passo que temos de dar nessa procura é reunir nossas energias mentais dispersas e concentrá-las nos problemas da vida e do viver. Enquanto permitirmos que nossa mente vagueie de um lado para outro, buscando toda espécie de objetos sem qualquer meta central, sem qualquer autodireção, estaremos destinados a permanecer enleados nas malhas da ilusão, e a Verdade permanecerá oculta à nossa visão. Como já foi dito, "A mente é a grande assassina do Real; que o discípulo mate a assassina". Podemos matar a mente, isto é, adquirir a capacidade de ver através de suas

---

[9] COLLINS, Mabel. Editora Teosófica, Brasília, 7ª ed. 2020. (N.ed. bras.)

ilusões se focalizarmos a luz da consciência na própria mente e tentarmos verificar como a mente modifica e distorce todas as coisas antes que estas atinjam a consciência. Somente quando estivermos aptos a ver todas as coisas à medida que chegam à nossa consciência por intermédio da mente, é que poderemos tornar-nos perceptivos das ilusões que ela cria. Este constante estado de alerta e vigilância é o único meio de desenvolvermos o discernimento, a faculdade que em sua forma mais elevada aos poucos vai destruindo o mundo irreal e revelando-nos o mundo real. Este não é absolutamente um processo de pensamento, mas uma forma de consciência diante da qual os processos de pensar sucedem-se e passam como numa visão panorâmica. Essa intensa concentração da mente e suas atividades devem ser praticadas constantemente, dia após dia, até que, ao tornar-se habitual tal atitude, mesmo empenhados em nossas tarefas comuns, estejamos aptos a perceber, o tempo todo, essa incessante atividade da mente. É fácil de ver como tal prática, se suficientemente prolongada, acarretará o gradual deslocamento do centro de consciência da região da mente, onde agora se situa, para a que está além da mente – a região de *Buddhi.* Pois *Buddhi* é a faculdade espiritual com cujo auxílio a mente opera e a consciência imanente torna-se perceptiva das atividades da mente. Quando o centro de consciência está estabilizado em sua nova posição, e a vida é vista do plano mais elevado de *Buddhi,* em vez do plano da mente, então surgirão em seu horizonte todas as verdades que têm sua origem no Plano *Búddhico.* Este método no qual o discernimento ou *Viveka* é usado para penetrar além das ilusões da vida e da mente e atingir os estados mais elevados de consciência é a base do *Jñāna Marga* ou o Caminho do Conhecimento.

O método acima indicado representa a aproximação de *Buddhi* através do intelecto, mas há outro método através das emoções, porque, como foi dito ainda, *Buddhi* é dual em seu caráter e combina em si a essência do intelecto e das emoções. O segundo método, conveniente para pessoas de temperamento altamente emocional, é o muito conhecido *Bhakti Marga.* Neste método o amor e a devoção a uma determinada deidade fazem-se mais e mais intensos pelas várias práticas, até que tenha lugar a fusão da consciência do devoto e do objeto da devoção. Sabemos todos como o raio atinge qualquer objeto na superfície da terra. A eletricidade friccional gerada nas nuvens induz suas cargas opostas na superfície da terra, e como a voltagem da eletricidade nas nuvens vai crescendo, a tensão entre as duas cargas opostas também vai ficando cada vez maior. Chega a um ponto em que a tensão torna-se tão grande que a resistência do ar, separando as duas cargas rompe-se e um relâmpago anuncia o encontro e a fusão das duas cargas opostas. Algo semelhante acontece quando a consciência do devoto e o objeto da devoção fundem-se num êxtase que sempre precede a visão do místico. Por algum tempo a consciência do devoto penetra no Plano *Búddhico* e aí o devoto percebe que ele e seu objeto de devoção não são dois, mas um único. Daí em diante, embora a consciência direta do Plano *Búddhico* possa não estar presente, a visão obtida serve como fonte poderosa de inspiração e as correntes provenientes do Plano *Búddhico* continuam a fluir através dos canais que foram criados.

Nenhum estudo dos métodos usados para o desenvolvimento da consciência *Búddhica* pode ser completo sem uma referência ao *Gayatri*[10], cuja repetição constitui parte essencial das práticas religiosas diárias dos hindus. É verdade que a maneira como esse *mantra* é repetido todos os dias por milhares de hindus ortodoxos – sem compreender seu significado e sem dar atenção aos outros aspectos do *Sādhana* – não produz resultado apreciável. Mas, mesmo assim, não pode haver dúvida de que é uma das práticas mais eficientes e poderosas para o desenvolvimento da consciência *Búddhica,* desde que o *Japa* seja executado corretamente e nas condições exatas. O *Japa* do *Gayatri* deve ser considerado um experimento científico e, como em todos os experimentos científicos, é necessário que haja as condições exatas para a obtenção dos resultados desejados. Que condições são essas, não é possível discutir aqui, mas é conveniente que sejam ditas umas poucas palavras com relação à base lógica dessa prática religiosa prescrita pelos antigos *Rishis* para manter-nos sintonizados com nossa natureza superior.

Há dois fatores importantes envolvidos na repetição do *Gayatri*, um puramente mecânico, e o outro relacionado à consciência. Quando aspiramos intensa e verdadeiramente à Luz que pode vir somente do interior, produzimos uma tensão peculiar em nossa aura, que abre uma passagem para a descida das forças dos planos superiores. Por experiência científica sabemos que, se temos um recipiente fechado, com dois furos, e começamos a esvaziá-lo, tirando o ar por um dos furos, o ar tende a entrar e encher o recipiente vazio pela outra extremidade. Da mesma maneira, quando desejamos intensa e seriamente a Luz de nosso Eu Superior e nos esvazia-

[10]TAIMNI I. K. *Gayatri, O Mantra Sagrado da Índia,* Editora Teosófica, Brasíia, 2ª. edição, 2019. (N. ed. bras.)

mos de nossos pensamentos e desejos pessoais, o Eu Superior responde imediatamente, e a Luz de *Buddhi* tende a iluminar nossa personalidade prontamente, quase mecanicamente. A resposta é automática. Mas, é claro, a aspiração deve ser real, deve vir de nosso coração, e o *Japa* não deve ser apenas a repetição de uma fórmula ou sequência de pensamentos. Se examinarmos o significado do *mantra Gayatri,* encontraremos uma prece dirigida à Deidade Solar – a Consciência Universal na base do Sistema Solar – para dar-nos mais Luz, a Luz de *Buddhi,* e se repetirmos esta prece constante e seriamente, iremos nos colocar em relação com a ideia subjacente; aí então a força correspondente é, por assim dizer, puxada, aspirada dos planos mais elevados, e faz os veículos superiores brilharem mais intensamente; e esta vida adicional nos planos superiores reflete-se em mais luz de verdadeiro conhecimento e em uma visão mais espiritual da personalidade.

O outro efeito da repetição do *Gayatri* é de natureza mecânica e depende da potência que reside em todo verdadeiro *mantra.* O efeito produzido por todos os *mantras* deriva do fato de que o conjunto deste universo manifestado está baseado em vibrações de várias espécies, e, selecionando vibrações de natureza adequada e combinando-as cientificamente, podemos produzir um resultado ou no mundo exterior ou no mundo interior. Os *Rishis* de antigamente, ante cujo olhar os mundos mais sutis abriam-se, investigaram o problema com muito cuidado e criaram combinações de sons e pensamentos para produzirem certos resultados específicos. Essas combinações estão corporificadas em *mantras* e o *Gayatri* é considerado um dos mais importantes desses *man*tras, criado especialmente para o desenvolvimento da consciência *Búddhica. Gayatri* age não somente energizando o veículo *Búddhico,* mas também harmonizando os veículos inferiores e sintonizando-os com os veículos superiores, de modo que as forças dos planos superiores possam passar sem obstá-culos pelos planos intermediários e aparecer em nossa consciência física. Qualquer que seja o *modus operandi* deste *mantra*, seus efeitos no desenvolvimento da consciência superior são certos e relevantes, desde que, é claro, todas as demais condições necessárias sejam preenchidas.

Todas as linhas de desenvolvimento, aqui mencionadas, vão ter ao mesmo ponto, a prática do *Yoga*; e os estágios avançados da consciência *Búddhica* não podem ser atingidos sem exercícios mentais e autodisciplina compreendidos na prática do *Yoga.* O funcionamento completo e consciente no veículo *Búddhico* só é possível quando a mente e as emoções forem completamente transcendidas e o candidato estiver apto a elevar-se em *Samādhi* ao Plano *Búddhico* ou além. Agora, e somente agora, ele está apto a ver a vida como na realidade a vida é, a conhecer o segredo do seu ser e a ter real e completa compreensão das verdades eternas da vida espiritual que até então o candidato apenas sentia como reais e as aceitava por força de sua intuição. Uma vez tida a primeira visão, mesmo que torne a imergir na vida inferior, nunca mais será completamente dominado pelas ilusões e viverá constantemente na luz da Consciência Superior. Aos poucos, à medida que ele vai ascendendo na escala da evolução, a consciência do Plano *Búddhico* vai se tornando parte de sua consciência normal, e ele então desce aos planos inferiores somente quando o trabalho aí requer sua presença.

Verifica-se, pelos esclarecimentos anteriores, que a autodisciplina apropriada é parte necessária ao adestramento para o desenvolvimento da consciência *Búddhica*. É verdade que o atingimento da consciência *Búddhica* é uma questão de percepção das realidades interiores, mas esta percepção somente é possível através de veículos puros, tranquilos e harmonizados. Estas condições são preenchidas não apenas pelo desejo, mas por autodisciplina rigorosa e persistente, o que significa transmutar nossos ideais espirituais em correto viver e pensar. As considerações sobre essas condições, o que são e como podem ser preenchidas, são parte da técnica e filosofia do Yoga a serem discutidas sucintamente mais tarde.

14

Intelecto e Intuição

Já tratamos, em capítulos precedentes, das funções do intelecto e da intuição. Como, porém, essas funções não são facilmente distinguíveis, mas provavelmente confundíveis entre si, é necessário que nos aprofundemos um pouco mais na questão, para termos uma ideia mais clara da relação entre o intelecto e a intuição e de que maneira diferem entre si. Pois a confusão entre o conhecimento intelectual comum e a verdadeira sabedoria é responsável por grande parte da estagnação que encontramos em nossa vida espiritual e da ênfase indevida geralmente dada ao valor do conhecimento intelectual em relação à religião e à filosofia. Como resultado dessa confusão, o mero aprendizado cercado pela parafernália da vida religiosa é tomado enganosamente por espiritualidade e muitos aspirantes ficam satisfeitos com a superficialidade do conhecimento intelectual e nunca compreendem que o falso sentimento de segurança que daí deriva é ilusório e pode desaparecer por uma mudança mínima em suas circunstâncias externas. Uma compreensão apropriada da relação entre intelecto e intuição possibilita-nos o acesso ao conhecimento intelectual e seu valor exato e a procura de uma base mais estável e fidedigna para nossa assim chamada vida espiritual.

Antes de prosseguir, reflitamos um pouco sobre a palavra "intuição". Devido ao significado nebuloso usualmente atribuído pelo homem comum à palavra intuição, parece ser um vocábulo fraco e anêmico para indicar a faculdade da maior importância na descoberta da Realidade em nosso interior. Penso ter sido um equívoco a adoção da palavra "intuição" para indicar essa faculdade. A palavra "intuição" agrada ao filósofo ocidental cuja filosofia é principalmente acadêmica, aceitando relutantemente a possibilidade de conhecer seja lá o que for sobre as realidades da vida num sentido mais profundo do que o fornecido pelo instrumento intelectual. Não conhecendo, ou não reconhecendo por completo as possibilidades de perceber diretamente as realidades da vida interior, o termo "intuição" serve muito bem para sua finalidade, pois deixa tal possibilidade vaga, indefinida, e a faculdade intuitiva ainda mais vaga e mais indefinida.

Mas, de acordo com a Filosofia oriental, o intelecto é considerado um instrumento muito ineficiente de conhecimento, e afirma-se que o verdadeiro conhecimento só é possível a uma pessoa pela fusão de sua mente ou consciência com o objeto que procura conhecer. Este "conhecimento por fusão" ou realização é direto, vívido, dinâmico e não sujeito a erro ou ilusão; é, portanto, necessária uma outra palavra com conotação mais precisa para indicar a faculdade através da qual se obtém tal realização. A palavra *Buddhi,* frequentemente empregada na literatura teosófica, é mais satisfatória, mas tem a desvantagem de designar, na Filosofia hindu, um grande número de funções no reino da mente, tais como, percepção, discernimento, razão, etc. Necessita-se assim de uma palavra mais apropriada para denominar o instrumento de atingimento direto do conhecimento.Visto que a introdução de um termo novo especialmente para esse fim pode criar ainda mais confusão, adotamos por agora as palavras de uso corrente, intuição e *Buddhi,* tendo em mente suas limitações e impropriedade.

Tentando entender as funções do intelecto e de *Buddhi* e os diferentes tipos de conhecimento alcançados através delas, comecemos com uma experiência no plano físico, que serve para ilustrar as diferenças. Suponhamos que numa noite escura você entre numa sala de um museu a fim de verificar o seu conteúdo e que caminhe com todo o cuidado, tateando pela escuridão entre os vários objetos, tocando-os, sentindo suas diferentes partes, tentando assim descobrir que objetos são. Ao sentir a perna de uma mesa você conclui que é um objeto cilíndrico e alongado. Ao tocar a sua tampa você tende a retificar a sua opinião decidindo que se trata de uma superfície plana. Assim você vai de um objeto para outro, anotando mentalmente suas características e posições na sala. Enquanto você está nesse processo de investigação, a tênue luz da aurora começa a entrar na sala e você pode então ver vagamente os vários objetos que lá estão. A luz vai se tornando cada vez mais forte e você passa a ver os objetos com mais e mais clareza até que tudo na sala revela-se à sua visão nitidamente, verdadeiramente e em suas corretas proporções, sem que você precise mover-se de onde está. A investigação dos objetos nas trevas é análoga ao funcionamento do intelecto, e a visão na luz do Sol assemelha-se ao funcionamento de *Buddhi.* Podemos dizer, portanto, que, de maneira geral, *Buddhi* vê as coisas direta e verdadeiramente, em conjunto e em sua perspectiva correta, enquanto que o intelecto as vê indireta e parcialmente, fora de perspectiva.

O primeiro ponto importante a ser anotado sobre as funções de *Buddhi* é que este não se ocupa tanto dos fatos como das relações mútuas e da significação dos fatos. A sabedoria, que é devida à iluminação da mente pela luz de *Buddhi,* é essencialmente a capacidade de ver os fatos em sua perspectiva apropriada e em seu verdadeiro significado. A mente repleta de fatos, mesmo que sejam corretos, pode não ser inteligente se não há a luz de *Buddhi* para coordenar os fatos e mostrar seu significado real. O progresso da Ciência moderna e especialmente a descoberta da força atômica mostrou claramente os perigos do desenvolvimento do intelecto sem o correspondente desenvolvimento de *Buddhi* que adiciona sabedoria ao conhecimento.

Como a percepção de um novo relacionamento entre fatos pode alterar por completo o seu significado, esclareceremos através do seguinte exemplo: suponhamos que um homem perca seu filho ainda criança e este cresça longe do pai sem que ele saiba qualquer coisa a seu respeito. O filho crescido retorna à casa paterna, é contratado como empregado e como tal aí trabalha por muitos anos. Acontece que um dia o pai descobre que o empregado, que para ele trabalha, é o filho perdido. A descoberta deste fato muda imediatamente o relacionamento entre eles. Nada foi acrescentado aos fatos na situação; entretanto, a descoberta do parentesco altera completamente o significado dos fatos e assim muda fundamentalmente o relacionamento entre eles. E assim que a percepção *Búddhica* pode mudar completamente nossa maneira de ver, nossas atitudes e consequentemente nossa vida sem que se alterem as circunstâncias externas.

Vejamos alguns exemplos da enorme mudança trazida à nossa vida e maneira de ver como resultado da descoberta de um novo relacionamento no curso do nosso desenvolvimento interior. Tomemos primeiro a relação entre *Jīvātmā* e o *Paramātmā* ou a alma individual e Deus. Este é um dos maiores mistérios de nossa vida, resolvido inteiramente no último estágio da evolução humana como está descrito belamente nas palavras de *Luz no Caminho* "Indaga do mais íntimo, do Uno, o segredo final que ele guarda para ti ao longo das eras"(Parte 2-17). Mas, ainda que a solução completa do mistério venha no último estágio, no limiar mesmo do *Nirvāna* ou Liberação, o mistério começa a ser sentido num estágio bem anterior de nosso desenvolvimento espiritual. O "sentido" do mistério, se me é permitida a palavra, encontra expressão no desenvolvimento da verdadeira devoção, amor ou *Bhakti* ao Centro ou Fonte de nosso ser. Tal "sentido" é apenas o reflexo na mente inferior da percepção *Búddhica* nos vários graus do estreito relacionamento que já existe nos níveis mais profundos de nosso ser. Mas é o bastante para transformar o pior dos pecadores num verdadeiro santo.

Chegamos então a uma outra relação de grande importância na ampla vida da alma, isto é, a relação das diferentes almas entre si. Posto que todos os *Jīvātmās* são divinos em essência e seus centros de consciência estão na Realidade Una, a percepção do verdadeiro relacionamento de uns com os outros depende realmente da percepção de seu relacionamento com a Vida Una da qual são diferentes expressões. Está, assim, o mistério de nossa fraternidade intimamente relacionado ao mistério de nossa origem divina. Na verdade os dois mistérios são dois aspectos do mesmo mistério.

Vê-se, portanto, que a verdadeira compreensão da fraternidade de todas as criaturas vivas depende da compreensão, em vários graus, da Paternidade de Deus e da percepção de nossa natureza divina. Até então a fraternidade, que existe apenas nos planos espirituais em seu verdadeiro sentido, pode significar somente um ideal intelectual ou, na melhor das hipóteses, um sentimento de compaixão e genuína bondade para com todos. Somente dentro desses limites podemos ter o "sentido" de nossa natureza divina e da unidade da Vida, podemos sentir e conhecer a verdadeira fraternidade. Os problemas da autodescoberta e da realização da Fraternidade Universal são, por conseguinte, verdadeiramente um e não dois. As formas comuns de fraternidade, baseadas num ideal intelectual ou no interesse próprio ou mesmo no sentimento, são facilmente corruptíveis. Se o seu irmão não faz o que você deseja ou lhe prejudica, você começa a odiá-lo e pode até mesmo chegar ao ponto de destruí-lo. Tal não acontece à fraternidade baseada na percepção *Búddhica* de nossa origem comum e da Vida Una de que todos participamos.

O fato de que *Buddhi* tem a ver com as relações vê-se também nas funções da percepção, uma de suas principais funções de acordo com a Psicologia do *Yoga*. Que é percepção? É a relação que une aquele que percebe com aquilo que é percebido, ou o sujeito e o objeto. Quando o relacionamento sujeito-objeto desaparece, como acontece em *Samādhi,* os três, isto é, aquele que percebe, aquilo que é percebido, e a percepção fundem-se num estado integrado de consciência, o que significa a realização da realidade do objeto pelo sujeito.

Chegamos então a outra função de *Buddhi* que é de grande importância para o aspirante que acaba de pôr seu pé no Caminho. Pode ser chamada a função discernidora. A capacidade de discernir entre o certo e o errado e a capacidade de praticar o certo custe o que custar deve ser adquirida logo de início se desejamos trilhar o Caminho com segurança. A purificação e tranquilização da mente, condição necessária para que a luz de *Buddhi* brilhe através dela, dependem em grande parte do quanto nossa vida é governada pela retidão. Pela palavra retidão não quero dizer seguir um código de conduta baseado em qualquer religião ou ideologia, mas o hábito constante de praticar naturalmente, sem esforço ou luta, aquilo que consideramos certo tanto quanto possamos ver. O certo e o errado são coisas relativas e o que podemos considerar certo pode não ser certo sob determinadas circunstâncias, mas a pureza de motivo produz dois resultados diretos. Primeiro, livra-nos dos conflitos interiores que atormentam a vida dos inescrupulosos e cria um estado deletério da mente. Segundo, a purificação da mente vai aos poucos possibilitando à luz de *Buddhi* iluminá-la cada vez mais. Uma das consequências mais indesejáveis da transigência com o mal é que este rapidamente nos envolve num círculo vicioso do qual é muito difícil escaparmos. Ações, pensamentos e emoções maus vão enevoando *Buddhi,* e isso impede-nos cada vez mais de ver se uma determinada ação é certa ou errada, e desse modo tende a nos envolver ainda mais no mal. Assim acontece que gente normalmente sensata vai aos poucos deslizando numa vida de maldade, sem mesmo perceber que está fazendo algo de errado. Nesse caso a função discernidora de *Buddhi* foi interrompida.

Como nos envolvemos num círculo vicioso pela incorreção, semelhantemente podemos criar para nós um círculo virtuoso – se me é permitido usar esta nova expressão – agindo corretamente. Sempre que fazemos o que consideramos correto, sem levar em conta as consequências que possa acarretar-nos, purificamos um pouco a nossa mente, e a luz de *Buddhi* brilha um pouco mais através dela. Assim, se fortifica nossa faculdade discernidora e a capacidade de ver o correto, e a vontade de fazer o correto aumenta *pari passu.* Tais ações e reações nos livram não somente de toda tendência para o incorreto, mas possibilitam-nos também saber quase instantaneamente, em cada situação, o que de correto deve ser feito. Não pode haver regras rígidas a serem seguidas mecanicamente para um viver correto, pois cada situação na vida é uma nova situação, requerendo discernimento e ação. A única coisa que nos possibilita saber, sem falha, a diretriz a ser tomada num determinado conjunto de circunstâncias e que pode dar-nos a força e a vontade de seguir essa diretriz é uma mente pura através da qual a luz de *Buddhi* brilhe com firmeza e sem obstáculos. É pelo fato de *Buddhi* tratar de relações que temos a possibilidade de discernir entre o certo e o errado em qualquer situação.

Tendo tratado de algumas das funções importantes de *Buddhi,* estamos agora em condições de considerar sucintamente alguns fatos que mostram a diferença entre o conhecimento, produto apenas do intelecto, e a sabedoria, que resulta do intelecto quando iluminado pela luz de *Buddhi.*

A primeira coisa que chama a atenção nessa questão é que pode haver um abismo intransponível entre a profissão de fé e a prática no caso do conhecimento intelectual, mas tal não é possível no caso da sabedoria. Um homem meramente intelectual, cujo conhecimento é baseado somente no intelecto, pode falar, fazer conferências e escrever brilhantemente sobre as mais elevadas doutrinas de religião, filosofia e ética, mas é possível que sua vida seja uma completa negação de tudo quanto prega. Contudo, no caso de um homem para quem essas verdades são uma realidade através da percepção *Búddhica,* tal não é possível, porque ele sabe que são reais as verdades atinentes à vida interna. Um homem que sabe que *Adharma* ou incorreção leva ao sofrimento e à desmoralização evita *Adharma* como um homem comum evita o veneno, sabendo que isso o matará.

Um roteiro de ação indicado pela sabedoria, além de ser seguido invariavelmente pela ação certa, é isento de hesitação ou pesar, mesmo que no momento a ação resulte em perda, desconforto ou sofrimento, por causa da plena certeza de reverter em nosso benefício, com o correr do tempo, aquilo que é correto. A diferença na tradução do conhecimento comum e da sabedoria respectivamente em ação é derivada da própria natureza da faculdade *Búddhica.* No Plano *Búddhico,* percepção e ação são inseparáveis. Dúvida ou incerteza são as retardadoras da ação, e elas não existem na região onde tudo é *Pratyaksha* ou evidente por si mesmo. A dúvida atormenta todas as atividades do homem puramente intelectual, e esta é a razão pela quala decisão certa pode ou não seguir a ação. Sempre que nos sentimos incapazes de traduzir em ação o que desejamos fazer, há seguramente uma dúvida oculta no recôndito de nossa mente, embora não a percebamos. Não é tanto uma questão de força de vontade, quanto de percepção correta e clara. Não é necessário que alguém tenha muita força de vontade para abster-se de tomar qualquer coisa que saiba conter veneno.

Os meios de aquisição do conhecimento e da sabedoria também diferem de acordo com a natureza dos dois. Posto ser o conhecimento uma composição, seu edifício tem de ser erguido tijolo por tijolo, ou como um quadro, que deve ser pintado pincelada por pincelada, o que toma tempo e energia. Mas a sabedoria não é uma composição, é apenas uma questão de ver relações e o significado de fatos conhecidos pelo intelecto, nada havendo para ser edificado. Trata-se de aumentar o poder de penetração da percepção e de ver as coisas em maior profundidade. Quanto maior a penetração da percepção, mais profunda a sabedoria. Um lampejo penetrante da percepção *Búddhica* pode mudar completamente a vida de um homem, fazendo que veja as realidades da vida de tal modo que não seria possível consegui-lo, mesmo devotando muitas existências ao estudo dos problemas mais profundos do viver. Um relâmpago pode revelar uma paisagem, mas isso não seria possível se fosse tentado explorá-la com uma lanterna numa noite escura. O primeiro é instantâneo, integral e de perspectiva correta, enquanto o segundo é fracionado e fora de perspectiva. Os dois não só tomam diferentes intervalos de tempo, mas não são os mesmos em sua natureza essencial. Assim, o conhecimento é adquirido pela leitura de livros, participação em discussões ou audiência a conferências que fornecem fatos de diferentes espécies e que são a matéria-prima necessária ao edifício do conhecimento. Tais fatos devem ser convenientemente organizados, as lacunas preenchidas, as ideias esclarecidas e os pontos fracos reforçados. Mas, na aquisição da sabedoria, temos somente de melhorar a visão pela remoção das impurezas, distorções e complexos existentes na mente e de seus modos errados de expressar-se na ação. Temos de penetrar no interior, levar a percepção a um nível mais profundo, erguer-nos para um nível mais elevado de consciência e abrir a passagem entre o mental e o espiritual.

O que foi dito acima em relação ao conhecimento e à sabedoria possibilitará ao aspirante esclarecer sua mente sobre aquilo que ele deve esforçar-se por obter, decidir até que ponto pode confiar e dedicar-se à procura puramente intelectual, adotar os meios corretos de desenvolver a sabedoria e, finalmente, experimentar até onde seu conhecimento é intelectual ou fruto da intuição. Para se distinguir entre os dois, podem ser aplicados os seguintes testes rudimentares, simples e objetivos que avaliam as condições gerais de nossa mente.

(1) Sentimos hesitação ou relutância em seguir nossas decisões certas ou conclusões bem consideradas pela ação adequada?
(2) São nossas decisões corretas seguidas pela ação, naturalmente, sem esforço e sem resistência do "mental inferior"?
(3) Sofrem nossas conclusões e convicções constantes mudanças, sendo hoje bem determinadas e cheias de certeza e amanhã em completa desordem e cheias de dúvidas?
(4) São nossas conclusões mudadas ou renovadas constantemente à luz de novos fatos que vamos descobrindo?
(5) Novos fatos e experiências servem só para tornar mais clara, vívida e definida a estrutura básica de nosso conhecimento ou temos de fazer frequentemente mudanças maiores sempre que nos defrontamos com novos fatos e experiências?
(6) Temos de constantemente recorrer a outras pessoas em busca de conselho quando estamos em dificuldades e não podemos decidir o que fazer em determinadas circunstâncias?
(7) Estamos sempre e habitualmente num estado mental agitado e infeliz, fora de harmonia e sintonia com tudo e com todos?

A resposta a estas perguntas irá dar-nos uma ideia sobre até onde nossa mente pode receber a iluminação de *Buddhi.*

De tudo o que foi dito acima, pode-se verificar que compreender claramente a distinção entre intelecto e intuição não é apenas um problema teórico de psicologia, mas de várias maneiras afeta intimamente nossa vida. Da compreensão adequada dessa distinção depende nosso senso de valores na vida e nossa possibilidade de organizar eficientemente nossos esforços para descobrir nosso Eu.

15

O Papel de Ātmā *em Nossa Vida*

Entre pessoas educadas na tradição religiosa de que a Verdade é algo a ser encontrado em seu interior, nas profundezas de sua consciência, e não nas formas exotéricas externas da religião, é largamente difundida a ideia de que, quando aquele que procura penetrar no mais íntimo de seu ser, na busca de Deus ou Realidade, finalmente chega a um estado de iluminação que pode ser considerado final, após o qual nada resta a ser procurado, nada resta a ser obtido. Depois de chegar a esse estágio, o Iluminado descansará eternamente na bem-aventurança atingida. A ideia da finalidade em relação ao nosso objetivo espiritual e o atingimento da perfeição é, porém, uma concepção equivocada, baseada em conhecimento muito superficial dos problemas reais da vida religiosa. Aqueles que estão familiarizados com o lado esotérico da religião sempre souberam do fato de que, no que concerne ao campo do desenvolvimento espiritual, não há nem pode haver um fim. Esta verdade tem sido expressa com bastante clareza nos vários textos difundidos pela literatura oculta. Assim diz *Luz no Caminho:* "A alma do homem é imortal, e seu futuro é o futuro de algo cujo crescimento e esplendor não têm limites"; e em outra parte do mesmo livro:

"Entrarás na luz, mas não nunca tocarás a chama". Estes textos realçam o fato de que na viagem da Autoexploração, embora aquele que procura vá penetrando em seu interior, na profundeza de seu ser e, mesmo encontrando cada vez maior esplendor e realidades mais profundas, ele nunca chegará a um estágio em que possa dizer: "Isto é o mais longe possível, além nada existe!"

Como já foi mostrado no capítulo 2, a alma espiritual do homem é tríplice em sua natureza – *Ātmā, Buddhi, Manas* – e opera nos Planos Mental Superior, *Búddhico* e *Átmico*. O *Átmico*, veículo da consciência, é, por assim dizer, o núcleo da alma espiritual, o *Jīvātmā*, de onde é governada não só a vida da personalidade, mas também a da Individualidade. Vê-se assim que, no concernente ao lado humano da natureza do homem, *Ātmā* é o princípio fundamental do *Jīvātmā* e a este fato, sem dúvida, deve-se a ideia generalizada de que *Ātmā* é a meta final de nossos esforços e que o atingimento da Consciência *Átmica* significa a liberação da alma humana. Não nos esqueçamos, porém, que embora o Plano *Átmico* marque o limite de nossa Autorrealização, no que tange à evolução humana, há outros planos além dele, e quando nossa evolução humana estiver completa, novas perspectivas de atingimento, inconcebíveis para nós atualmente, abrir-se-ão, e nosso desenvolvimento continuará em planos mais sutis. Que a Consciência *Átmica* não é o objetivo final da Autorrealização depreende-se claramente do *Sūtra* IV-25 dos *Yoga-Sūtras* de Patañjali referente à ulterior recessão da consciência no plano eterno de *Purusha*.

Antes de assumirmos a quase impossível tarefa de compreender as funções de *Ātmā*, a Vida Divina como se manifesta através do veículo *Átmico*, é necessário que nos recordemos mais uma vez das enormes limitações com as quais o intelecto humano opera e as consequentes dificuldades de compreensão, mesmo parcial, dessas verdades da vida espiritual. Quanto mais afastado da esfera do intelecto estiver qualquer princípio em nosso interior, maior é a dificuldade de entendê-lo. Tal compreensão certamente seria impossível não fora o fato de esses princípios existirem dentro de nós, por mais profundamente mergulhados que estejam, e os débeis ecos vindos dessas regiões interiores poderem, portanto, evocar uma fraca resposta em nossa mente e proporcionar-nos vislumbres, aqui e ali, de nossa natureza transcendental. É com a consciência dessa enorme desvantagem e com uma atitude reverente que devemos encarar esses problemas, pois onde há verdadeira aspiração e desejo de conhecimento, a Vida Divina dentro de nós de algum modo reage iluminando a mente até certo ponto.

Ao tratar do papel de *Ātmā* em nossa vida, podem ser ditas algumas palavras sobre a natureza do veículo através do qual a consciência opera no Plano *Átmico*. Como sabem os estudantes de Ocultismo que têm a possibilidade de usar seus poderes clarividentes superiores, o corpo causal, veículo da Mente Superior, é um ovoide correspondente às auras dos corpos astral e mental inferior. Isto quer dizer que o veículo da consciência do Plano Mental Superior tem ainda uma superfície circundante, conquanto possa essa superfície expandir-se com a evolução e sob o impulso de forças espirituais vindas do interior. Quando chegamos ao veículo imediatamente superior que nos possibilita entrar em contato com o Plano *Búddhico* – o *Ānandamaya Kosha* do Vedanta – podemos imaginar que a superfície limitadora desaparece e o corpo *Búddhico* – tanto quanto é concebível pelo intelecto operando através do cérebro físico – aparece como uma estrela, um centro de luz emitindo raios em todas as direções. No plano imediatamente superior, o Veículo *Átmico* pode também ser imaginado consistindo em um único átomo do Plano *Átmico* no qual a consciência tem a faculdade de expandir-se e contrair-se alternadamente com inconcebível rapidez, expandindo-se para incluir a consciência de todo o plano e contraindo-se num ponto para dar um colorido individual a essa consciência que tudo abrange. Ficam assim reconciliados na mesma consciência os atributos diametralmente opostos e aparentemente incompatíveis de ubiquidade[11] e individualidade, de tão difícil compreensão pelo intelecto humano e tão bem expresso nesta consciência transcendental na conhecida frase: "com sua circunferência em nenhum lugar e seu centro em toda parte."

Não há utilidade em se detalhar mais esta questão, que esta realmente fora do alcance do intelecto humano, e podemos agora entrar na consideração mais importante e prática das funções de *Ātmā,* ou antes, suas funções como nos aparecem e nos afetam nas regiões inferiores da personalidade. Pois o que são essas funções em seu plano transcendental, ninguém vivendo nos planos inferiores das ilusões pode compreender.

Como já foi dito, o Plano de *Ātmā* é a região na qual opera o Poder da Vontade do *Logos,* que dirige a gigantesca maquinaria do Sistema Solar. Já alguma vez cogitamos sobre a origem da tremenda força que conserva os planetas movendo-se em suas órbitas nos céus, que conserva os elétrons circulando nos átomos, que provê a evolução e o crescimento de inúmeras vidas e que tudo ordena poderosa e suavemente? Da Vontade do *Logos* Solar operando no Plano *Átmico* e suprindo a força do conjunto do Sistema Solar em todos os planos. O Sol é Seu símbolo e representa, no Plano Físico, um enorme vórtice de energia eletromagnética fornecendo luz, calor e

[11] No original em inglês: *all pervasiveness.* (N. ed. bras.)

outras energias aos planetas físicos. Mas, em todos os planos, é Sua força e energia que executa o estupendo trabalho de construir e destruir as formas que corporificam sua vida, é Sua Vontade que exerce uma incessante e irresistível pressão na direção da evolução.

Visto ser o Plano *Átmico,* como conjunto, a fonte de energia para o Sistema Solar, serve assim o Veículo *Átmico* de um simples *Jīvātmā* como instrumento, por meio do qual essa energia geral, que tudo penetra, é especializada e depois utilizada para suas finalidades individuais. É a tomada, por assim dizer, ligando o conjunto de veículos pertencentes a uma determinada alma com a Casa de Força, pela qual pode ser obtida a energia necessária à alma para suas várias necessidades. Através do Veículo *Átmico*, a evolução do *Jīvātmā* é governada e regulada por milênios e é por essa energia, derivada dessa fonte, que o *Jīvātmā* torna-se apto a sobrepujar todas as dificuldades, a passar por toda espécie de provas e lutas, vida após vida, para no fim triunfar sobre todos os obstáculos e atingir a perfeição.

No caso daqueles que conseguiram olhar através dos planos intermediários e ter um vislumbre desse plano, a impressão esmagadora, que para a consciência daí resulta, é um grande sentimento de força e poder que aqui não podemos conceber. É como se todas as dificuldades e todos os obstáculos, causa de desespero e medo, fossem agora varridos por completo, uma grande sensação de confiança parece impregnar a consciência, dando ao indivíduo confiança, não só nele próprio e no seu triunfo final sobre todos os obstáculos, mas também no triunfo final do esquema evolutivo, na vitória final das forças do bem sobre as do mal e na realização do Plano Divino. Quando a consciência do Plano *Átmico* é refletida abaixo, na personalidade, perde muito de sua intensidade e brilho, mas ainda assim produz um certo grau de segurança e senso de poder que sempre encontramos em diferentes graus em todos os grandes homens de vontade forte. Aqueles que já tiveram numa grande usina elétrica de projeto moderno talvez se lembrem da grande sensação de força que satura a atmosfera do lugar. Externamente, nada há a ver exceto o movimento da maquinaria comum, mas por trás desse movimento pode-se quase sentir a tremenda força elétrica invisível gerada pelos enormes dínamos. De certo modo, uma sensação semelhante tem a pessoa em quem a Vontade Espiritual começa a despertar, apercebendo-se da presença de uma força tremenda e sutil que ela, entretanto, não esta ainda apta a manipular.

Antes de tratarmos da expressão da vida e da consciência de *Ātmā* na vida da personalidade, cumpre lembrar ao leitor a inversão que tem lugar quando a consciência desce do nível da Individualidade ao da personalidade. Devido a essa inversão, os três planos inferiores, onde a personalidade opera, estão para os três planos mais elevados, nos quais funcionam a Individualidade, como a imagem refletida de um edifício num espelho de água esta para o edifício. No reflexo, a parte mais elevada do edifício esta refletida na extremidade inferior da imagem e a extremidade inferior do edifício reflete-se na parte superior da imagem como mostra a figura seguinte:

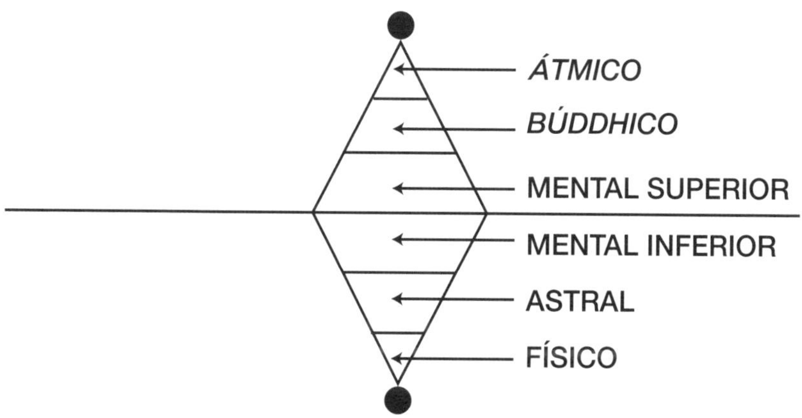

Como resultado dessa inversão, a consciência *Átmica* é, por assim dizer, refletida no físico, o *Búddhico* no astral, e o Mental Superior no mental inferior. Este reflexo significa não somente uma certa similaridade de características nos planos correspondentes, mas também uma conexão e sintonia mais diretas entre eles. Assim, a vida e a consciência do Plano *Átmico* encontram, de um modo misterioso, expressão mais completa no Plano Físico do que nos dois outros planos de funcionamento da personalidade, apesar de ser o Físico o Plano mais afastado do *Átmico.* Analogamente, a consciência *Búddhica* tem uma relação misteriosa com o Plano Astral e, naturalmente, a relação do Mental Superior com o mental inferior é verificada com facilidade, sendo muito conhecida. O que foi dito acima sobre as relações e correspondências entre o *Átmico* e o Físico, o *Búddhico* e o Astral, o Mental Superior e o Mental Inferior pode ser assim representado no diagrama a seguir:

Adi	*Anupādaka*	*Átmico (níveis superiores)*
↑↓	↓↑	↓↑
Átmico (níveis inferiores)	*Búddhico*	*Mental Superior*
↑↓	↑↓	↑↓
Físico	*Astral*	*Mental Inferior*

Não é necessário detalharmos aqui essa interessante questão, mas com referência à relação entre o *Átmico* e o Físico, pode-se assinalar que a vida da personalidade, em qualquer encarnação, somente é plena e dinâmica no Plano Físico e, portanto, o período passado no Plano Físico é o mais importante. No Plano Físico o homem é completo, pode iniciar causas e aumentar aptidões, enquanto que na vida depois da morte, nos Planos Astral e Mental, está apenas colhendo e consolidando os resultados do que fez nas vidas anteriores no Plano Físico. É por ser o homem, como personalidade, completo somente no Plano Físico, que pode elaborar sua Liberação apenas durante a vida física e não na vida depois da morte nos Planos Astral e Mental. A vida vivida no Plano Físico é assim a mais importante numa encarnação, e isto se deve, sem dúvida, ao fato de que esta vida reflete e especialmente corporifica a vida do *Ātmā,* o aspecto mais elevado da Individualidade.

Essas correspondências e relações especiais entre os planos da personalidade e da Individualidade são de importância prática porque indicam, até certo ponto, linhas de fácil aproximação aos planos mais elevados para a personalidade, por um lado, e linhas de descida de forças dos planos superiores para os inferiores, de outro. Assim se pode dizer de maneira geral que o caminho para a Mente Superior é através da mente inferior, para *Buddhi* é através das emoções e para *Ātmā* através da ação.

Posto que estamos estudando neste capítulo o papel de *Ātmā* em nossa vida, demoremo-nos um pouco sobre a aproximação de *Ātmā* na vida física e como podemos aproximar-nos desse Princípio Divino, que está dentro de nós, e tentar estabelecer nosso centro de consciência nesse Princípio. Neste processo, como foi dito acima, a ação representa um papel preponderante. Ação não significa aqui a mera atividade do corpo físico, mas toda atividade que tem o início no interior para transmutar nossos ideais em viver dinâmico e fazer da personalidade mera expressão e instrumento do Eu Superior. Ainda que o Eu Superior tenha sede no coração de todo ser humano, sua vontade não consegue encontrar expressão na personalidade, parcialmente devido à inadaptabilidade e resistência dos veículos inferiores, e parcialmente devido ao egoísmo e às ilusões em que está envolvida a personalidade. Somente quando a personalidade começa verdadeiramente a mudar sua vida e suas atitudes e a traduzir os ideais espirituais em vida espiritual pela *Sādhana* ou Autocultura, é que o Eu Superior começa a encontrar completa expressão através dela, adquirindo crescente controle sobre ela e se tornando finalmente o centro de sua vida e consciência. Assim, a ação Autoiniciada que forma a base da Autocultura é o método de aproximação de *Ātmā* e, em seus aspectos mais elevados, funde-se com a técnica do *Yoga*.

Pode-se ver do que foi dito acima que nosso principal trabalho em relação a *Ātmā* é fazer deste Princípio Divino o centro de nossa vida, ou, em outras palavras, tornar-se Ego centrado em vez de egocêntrico. O *Ātmā* é um Princípio Autoiluminado, Autodeterminado, Autossuficiente e assim não se trata de desenvolvê-lo. Tudo o que se tem a fazer é prover as condições em que o *Ātmā* encontre expressão cada vez maior em nossa vida. Isto é feito plena e eficientemente pela prática do *Yoga* Superior. Mas, a esse respeito, certo trabalho preliminar tem que ser feito pela personalidade a fim de criar as condições para que o *Yoga* possa ser praticado com sucesso. Este trabalho preliminar tem muitos aspectos, mas aqui podem ser examinados somente alguns destes, a título de ilustração.

Como já foi dito acima, *Ātmā* é um Princípio Autoiluminado, Autodeterminado e Autossuficiente. Como podem estes atributos divinos encontrar expressão na vida da personalidade? Autoiluminação no caso da personalidade significa que ela deve ter a possibilidade de adquirir o conhecimento de que necessita tirando-o do interior em medida crescente em vez de recorrer a toda espécie de fontes externas. Isto é possível, até certo ponto, quando a personalidade pode colocar-se em contato com o corpo causal, como foi dito em capítulo anterior. Autossuficiente significa que devemos depender para nossa felicidade da fonte de *Ānanda* que existe dentro de nós e não depender, por completo, de estímulos externos. Isto é possível quando estamos em contato direto com o veículo *Búddhico* ou *Ānandamaya-Kosha,* como é chamado na terminologia vedantina. O terceiro atributo ou Autodeterminação significa que devemos tornar a Vontade Espiritual de *Ātmā* predominante em nossa vida e, aos poucos, ir libertando a personalidade da influência dos desejos. Isto é possível quando a personalidade no Plano Físico está mais ou menos relacionada ao Plano *Átmico* e tornou-se servidora da Vontade Divina.

Quando tentamos ser Autoiluminados, Autossuficientes e Autodeterminados, em certo grau, o centro de nossa consciência vai se deslocando aos poucos para o interior, e nossa vida flui da parte espiritual de nosso ser e por esta é governada cada vez mais. Somente quando isso for feito, até certo ponto, é que a prática do Yoga é possível e, através desta prática, a personalidade e a Individualidade tornam-se ambas instrumento e expressão eficientes de *Ātmā.*

Deduz-se do que foi dito que, embora *Ātmā* seja tríplice em sua natureza, correspondendo aos aspectos *Sat-Chit-Ānanda* da Divindade e, tendo todos os três atributos, Autoiluminação, Autossuficiência e Autodeterminação, o último é sua característica especial. Os dois primeiros são exercidos principalmente através dos dois veículos inferiores da Individualidade, isto é, os veículos Causal e *Búddhico,* enquanto que o último tem sua fonte no próprio *Ātmā.* A Autodeterminação encontra expressão na personalidade como Poder da Vontade Espiritual e, por conseguinte, considerando o papel de *Ātmā* no reino da personalidade, podemos tratar especificamente da questão de fortificar a Vontade. Até que nossa vontade seja forte, o que significa ser nossa vida governada pela Vontade de *Ātmā* e não pelos caprichos e desejos da personalidade, nos é difícil trilhar o caminho do *Raja Yoga* e atingir o objetivo da Iluminação e Liberação.

Como há em circulação muitas ideias errôneas sobre a natureza do Poder da Vontade, tentemos primeiramente compreender com clareza a natureza essencial desse elemento de máxima importância de nosso caráter. Para obter isso, será de ajuda para nós primeiramente prepararmos o terreno mostrando a relação entre Vontade de um lado e *Prāna,* Desejo e Ação, de outro.

A palavra “poder” é agora usada no sentido definido na Ciência para denotar a capacidade para exercício de uma força mecânica, e muita gente que não tem pensado muito sobre essas coisas vagamente associa o Poder da Vontade ao exercício de força. Essa capacidade para o exercício da força, tanto no Plano Físico quanto no Superfísico, é realmente uma função de *Prāna,* a energia universal, sobre a qual frequentemente são feitas referências na literatura sobre *Yoga.* É através do *Prāna,* que a matéria nos diferentes planos é movimentada e manipulada; e, ainda que a natureza do *Prāna* varie de acordo com o plano no qual está operando, uma de suas funções é a mesma em todos os casos, isto é, produzir toda espécie de mudanças na matéria dos planos. O Poder da Vontade é completamente diferente do *Prāna,* e seus fenômenos pertencem a uma categoria inteiramente diversa. Mas, apesar dessa diferença, há uma estreita ligação entre Poder da Vontade e *Prāna.* Esta relação consiste no fato de que o exercício da Vontade move as correntes do *Prāna,* por intermédio da mente, em todos os planos, e por meio dessas correntes é possível realizar qualquer mudança na matéria do plano correspondente. A relação pode ser comparada à que existe entre o magnetismo e a eletricidade no Plano Físico. Embora os dois fenômenos sejam inteiramente diferentes, ainda assim o movimento de um magneto induz uma corrente elétrica num fio dentro de sua esfera de influência e esta corrente pode fazer toda espécie de trabalho. Naturalmente, a analogia não é perfeita, mas ajuda a compreender como duas forças que do ponto de vista externo são de natureza inteiramente diferente, podem, entretanto, afetar-se mutuamente.

Temos então de distinguir vontade de desejo. Desejo é a forma que a vontade assume nos planos inferiores nos primitivos estágios da evolução humana. A Vontade Espiritual, nos mundos mais elevados do Espírito, é livre e trabalha sempre em harmonia com a Vontade Divina; mas, quando ela se manifesta nos mundos inferiores, é suscetível de ser dominada pela personalidade atada à ilusão, para atender às suas próprias finalidades, que podem ou não estar em harmonia com a Vontade Divina. Operando nessas condições, a vontade toma a forma de desejo, quando não é senão o poder da vontade degradado e utilizado pelo eu inferior para seus propósitos independentes e egoístas.

A consciência individual operando nos planos inferiores, ao se identificar com os veículos inferiores, desenvolve um "eu" falso ou personalidade que segue seus próprios caprichos e inclinações, em vez de cooperar com a Vontade Divina na realização do propósito divino. A força que dirige e controla o eu inferior é o desejo e sob seu poderoso impulso a evolução tem lugar nos primitivos estágios da vida humana. Mais tarde, nos estágios finais do ciclo evolutivo, ao despertar a consciência espiritual no homem, começa a luta entre a natureza de desejo da personalidade e a Vontade Espiritual do Eu Superior, luta que continua com intensidade crescente até que o desejo seja completamente vencido e a Vontade Espiritual do Eu Superior assuma a supremacia.

Como a relação entre desejo e vontade já foi estudada em conexão com as funções do corpo astral, não é necessário que nos aprofundemos nesta questão, mas podem ser de utilidade um ou dois exemplos sobre a confusão que frequentemente se encontra, a este respeito, na mente das pessoas. Algumas vezes encontramos gente com a capacidade de se empenhar a fundo num assunto que seja de sua predileção e, apesar de todas as dificuldades, atingir sua finalidade. Tais indivíduos são tidos na conta de homens de grande poder de vontade e, sob certo ponto de vista, está certo que assim sejam considerados. Mas devemos lembrar-nos de que, em casos como este, a procura de tais objetivos está associada ao egoísmo e à falta de sabedoria, ficando, portanto, o fenômeno reduzido ao plano do desejo. Apesar da semelhança externa e do fato de ser a mesma a fonte do poder tanto do desejo quanto da vontade, não está certo que se encarem tais manifestações como se fossem da pura vontade. É claro que a teimosia comum, que por engano se julga ser força de vontade, é realmente um sintoma de vontade fraca. É a reação natural de uma alma que não tem a necessária confiança para lidar com as situações como as situações surgem e então se apega tolamente a uma determinada linha de ação contra toda razão e bom senso. A real fragilidade que está por trás da máscara externa de forças é às vezes posta a descoberto por uma completa mudança, ou mesmo uma reversão, no curso que a pessoa vinha seguindo, por qualquer incidente mínimo ou acontecimento eventual.

Outro ponto importante que deve ficar claro para nós, quando tentamos compreender a função da vontade, é a relação entre vontade e ação. A Psicologia moderna reconhece a natureza profunda dessa relação e alguns psicólogos chegam mesmo a dizer que a principal função da vontade é fornecer a força motriz da ação. A relação da vontade com a ação pode ser comparada à da energia potencial com a cinética. Numa bateria, a energia está presente numa forma potencial com certa voltagem e permanece em potencial enquanto os terminais não forem ligados a um meio condutor. Juntando os terminais por um fio, a resistência é reduzida e a energia potencial começa a ser convertida em energia cinética. A Vontade Divina está presente no centro de toda alma humana como força potencial de infinita voltagem. Aparece como Desejo nos estágios primitivos da evolução humana, de acordo com o desenvolvimento dos veículos inferiores, e fornece a força motriz da ação comum. A Vontade Divina aparece como Vontade Espiritual nos estágios mais elevados da evolução e é a força motriz do *Nishkama-karma.*

A estreita relação entre vontade e ação é também indicada pelo modo notável como a ação fortifica a vontade, ou, dizendo mais corretamente, possibilita-lhe encontrar uma expressão mais completa em nossa vida. A frase "fortifica a vontade" é realmente pouco apropriada, porque a própria vontade é a fonte de toda a força e nada portanto pode fortificá-la. A observação comum bem como as pesquisas em Psicologia mostram bem claramente que a ação representa uma parte muito importante no desenvolvimento do caráter. É verdade que pensamentos e emoções tendem finalmente a se materializar em ação, e na mudança de nosso caráter devemos também reformar nossos hábitos emocionais e mentais; mas um dos fatos mais importantes descobertos em relação à construção do caráter é que, enquanto pensamentos e emoções não se expressarem em ações, não pode ser efetuada qualquer mudança fundamental em nossa vida. O caminho para o inferno é proverbialmente pavimentado com boas intenções e a completa inadequabilidade da mera formação de resoluções piedosas é infelizmente muito conhecida em pessoas que se satisfazem apenas com o desejo de reformarem-se. Apenas uma resolução ou uma imagem-pensamento é uma força um tanto ineficiente enquanto permanecer no reino da mente, mas dê-lhe uma expressão prática e todo o mecanismo interno é galvanizado, e forças são imediatamente emitidas para efetuar a necessária mudança e fazê-la parte de nosso caráter. Podemos dar o exemplo de um avarento que deseja desenvolver a generosidade em seu caráter. Ele pensa em atos caridosos, dia após dia se imagina praticando tais atos na vida diária, mas ele não pratica nenhum ato caridoso. Você julga que ele está muito mais próximo de seu ideal? Não! Mas suponhamos que ele dê alguma coisa a uma pessoa que esteja realmente necessitando, veja então o resultado. Ele muda apreciavelmente o caráter só pelo fato de praticar tal ato, e todo o mecanismo de sua vida interior começa a se mover. É claro que ele tem de repetir tais atos algumas vezes antes que a característica possa tornar-se parte permanente de seu caráter. É verdade que todas as vezes que ele pensar em atos de caridade mais fácil torna-se praticá-los. Mas permanece o fato de ser o ato caridoso o que começa o processo da mudança e precipita as forças mentais sob a forma de hábito. Sem este ato, a mente pode saturar-se com a ideia, mas nada de positivo acontece.

Assim, todos os que estão tentando mudar seus hábitos tomem nota deste importante fato: o pensamento é o pai da ação e fortifica a tendência para uma determinada espécie de ação, mas é a própria ação que precipita o pensamento, acarreta uma mudança real na vida externa e interna, abre caminho para o sistema nervoso e estabiliza as forças mentais nos novos trilhos mentais e, o que é mais importante, habilita a vontade a manifestar-se e a dominar mais plenamente os veículos inferiores.

A relação da vontade com *Prāna,* Desejo e Ação, considerada nos parágrafos anteriores, terá mostrado que, embora a vontade lhes esteja por trás e seja sua força potencial, não participa diretamente das atividades das quais é centro. Sua função na vida é a de um rei que, sentado em seu trono, faz, com sua simples presença, a maquinaria administrativa de seu reino trabalhar de acordo com a sua vontade. O rei não se desloca para fazer as coisas. Esta é função de seus ministros e outros funcionários do Estado. Ele, porém, é a força sutil que dirige toda a maquinaria do Estado, e se não estivesse no coração e centro das coisas a administração sofreria um colapso, haveria confusão e caos. Esta analogia talvez sirva também para explicar o mistério do *Purusha,* representado como o Vigilante Silencioso na Filosofia Samkhya. Ele não é um espectador passivo mas, semelhante ao rei acima mencionado, não se mistura nas atividades que têm lugar ao seu redor. Está acima de todas as atividades e, entretanto, é a sua própria causa e força potencial.

A verdadeira força espiritual que vem diretamente do Plano *Átmico,* somente pode ser exercida sob certas condições rigorosas que não são de fácil preenchimento e por esta razão é tão rara. Já foi dito antes que tão logo essa força seja contaminada pelo elemento pessoal, ela se degrada à forma mais baixa de desejo e perde seu caráter puro e irresistível. É assim óbvio que a impessoalidade, isto é, a libertação do domínio do eu inferior, deve ser uma condição precedente ao emprego da força espiritual por qualquer pessoa. Quanto mais um indivíduo se sobrepuser às influências das tendências separatistas e egoístas e quanto mais apto estiver para olhar a vida do ponto de vista superior do Espírito, tanto mais poderá usar esse poder. Posto que somente um *Jīvanmukta* ou Indivíduo Liberado esteja completamente livre das ilusões e dos interesses da vida pessoal inferior, somente ele pode usar este poder livre e eficientemente. Ver-se-á que, quanto mais aptos estivermos a unificar nossa consciência com a Consciência Divina em nosso interior, mais eficientemente poderemos exercer o verdadeiro poder da Vontade Espiritual de *Ātmā.* Nessas condições seria mais verdadeiro dizer que a Vontade Divina opera sem obstáculo através de nosso centro de consciência do que dizer que exercemos a Vontade Espiritual como um indivíduo. Esta qualidade essencial da sabedoria, um *sine qua non* para o exercício do poder *Átmico,* é realmente uma salvaguarda criada pela Natureza contra o uso indevido do poder que tem potencialidades ilimitadas e que em mãos impuras seria capaz de fazer um mal incalculável.

As considerações anteriores, ainda que em sua maioria sejam de caráter negativo, provavelmente proporcionaram ao leitor uma visão do Princípio transcendente dentro de nós que forma, por assim dizer, o coração e núcleo de nosso ser e é a fonte da aspiração dinâmica e eterna que nos atrai para o objetivo da perfeição que nos é destinado. Ainda que esteja oculto a nossa vista e que possamos ver somente suas manifestações parciais e fracas nos aspectos mais sublimes e inspiradores da vida humana, contudo este princípio é a garantia de nossa supremacia sobre todas as ilusões e imperfeições da vida inferior e o atingimento de nossa divina herança. Ele é nosso "Imortal Governante Interior" que, irresistível e silenciosamente, dirige o reino de nossa vida.

16

O Desenvolvimento da Força de Vontade Espiritual

No capítulo anterior, tratamos do aspecto teórico do assunto e estamos agora em posição de considerar os métodos que podem ser empregados para o desenvolvimento do supremo poder da vontade, que tem sua fonte no Plano *Átmico.* Como já foi enfatizado em páginas anteriores, podemos estudar, enquanto conformados à consciência do Plano Físico, somente as manifestações de *Ātmā* que têm lugar neste plano e não podemos ter a pretensão de compreender ou controlar as poderosas forças geradas no Plano *Átmico.* Essas forças estão fora de nosso âmbito e continuarão além de nosso alcance até que o desenvolvimento interno possibilite-nos transcender o Plano Físico e funcionar nos planos espirituais mais elevados.

Para estudar a função da vontade em nossa vida diária no Plano Físico, a melhor maneira será começarmos pelo geral e depois descermos, degrau por degrau, aos detalhes, isto é, primeiro tratar da função controladora geral e depois das funções menores nas quais a função geral se decompõe.

O primeiro passo para aumentar a influência de *Ātmā* em nossa vida consiste em elevarmos aos poucos o centro de consciência da região da personalidade para a da Individualidade. Enquanto completamente imersos nos interesses e nas ilusões da personalidade nos é impossível manifestar a verdadeira Vontade Espiritual, que tem sua fonte no Plano *Átmico.* A passagem entre o inferior e o superior tem de ser desimpedida para a contínua afluência da Vida Divina, que traz consigo a verdadeira sabedoria, poder e amor.

Podemos tratar aqui, a título de ilustração, de algumas práticas preliminares que fazem da Vontade Espiritual um fator preponderante em nossa vida. Por um lado, estas práticas aos poucos desenvolvem o hábito de nos dissociarmos do ponto de vista e de atitudes da personalidade, e, do outro, fazem com que os veículos inferiores habituem-se ao controle e à direção do Eu Superior. Estas práticas devem ser consideradas de natureza geral e elementar. Pois *Ātmā* somente pode ter pleno controle e uso dos veículos inferiores quando o indivíduo tiver adotado o Caminho do *Yoga* e nele tiver feito um progresso bem grande. De fato, pode ser considerado como o propósito do ideal do *Yoga* fazer de *Ātmā* o supremo Dirigente da vida do iogue, trilhando sistematicamente o caminho do *Raja Yoga.*

A primeira dessas práticas é o cultivo do hábito da constante recordação de nossa verdadeira natureza e nosso verdadeiro propósito na vida. Isto pressupõe que o candidato já tenha pensado profundamente nos problemas da vida, tenha realmente compreendido a necessidade urgente de se sobrepor às fraquezas e ilusões da personalidade e tenha alguma ideia das modificações de atitude em relação às circunstâncias da vida de que o atingimento da consciência superior necessita. Este hábito de recordação não é adquirido pela simples tomada de uma resolução a esse propósito, mas por esforços intensos e persistentes nesse sentido, e durante alguns anos. Nossos veículos inferiores foram acostumados a operar de maneira caótica e descontrolada, vida após vida, cada veículo agindo e reagindo de acordo com seus *Samskāras,* e não é fácil a tarefa de colocá-los em sintonia com nosso propósito de vida. Isto não só requererá um sempre crescente controle mas, o que é mais necessário no estágio preliminar, uma constante vigilância. Não nos acostumamos a ter sob controle nossos corpos inferiores e ter nossa consciência centrada na parte mais elevada de nossa natureza; e por muito tempo recairemos, muitas e muitas vezes, em negligência e então verificaremos, desolados, ter permitido a nossos veículos funcionarem em sua usual maneira caótica. Isso é inevitável nos estágios iniciais, mas, se fizermos esforços persistentes para nos erguer acima da personalidade, o centro de nossa consciência aos poucos irá deslocar-se para o interior e isso trará consigo um acréscimo de poder para tratar com sucesso dos problemas da vida e vê-los em sua perspectiva correta. Fica assim a pessoa cada vez mais capacitada a agir no centro da Individualidade, a sede de *Ātmā.*

Tentemos assim, nós que almejamos trazer à personalidade o poder de *Ātmā,* colocar nossos objetivos e nossas atividades menores dentro da influência magnética de um propósito dinâmico ligado ao nosso destino superior. Coloquemos todos os poderes e todas as faculdades a serviço do nosso propósito mais elevado. Façamos por ter mão firme sobre nossos veículos e, como motoristas hábeis, dirijamos nosso carro para o objetivo da iluminação. Este quadro de nosso Eu Superior, simbólico que seja, retrata corretamente o propósito de *Ātmā* dentro de nós. Tenhamos este sempre em mente e aos poucos procuremos aproximar dele nossa vida.

Dentro da estrutura dessa atitude geral podemos agora considerar o principal problema de trazer nossos veículos sob controle, pois esta, como já foi dito, é uma das funções principais e essenciais da Vontade nos planos inferiores. O que significa esse controle? Significa, num sentido amplo, principalmente duas coisas. Primeira, que cada veículo torne-se um instrumento dócil e eficiente do Eu Superior. E segundo, que cada veículo atue somente em resposta aos impulsos vindos do interior e seja positivo aos impulsos vindos do exterior ou produzidos pela atividade automática do próprio veículo. Vejamos o que significam estas duas afirmações. Em relação à primeira, devemos lembrar-nos de que, sob o estímulo do ambiente em que se desenvolveram e como resultado dos *Samskāras* ou impressões trazidas de vidas passadas, nossos veículos físico, astral e mental adquiriram uma individualidade própria e oferecem resistência a qualquer direção vinda do interior, que contrarie seu modo de agir normal. Um corpo físico acostumado a uma certa classe de alimento resistirá a todas as tentativas de mudar a dieta com o propósito de reformar a vida física. Um corpo astral acostumado ao estímulo da excitação obtida do álcool irá reclamar com veemência nas horas usuais e fará seja lá o que for, por impossível que pareça, para ser satisfeito. Um corpo mental acostumado a vagar desatento, segundo sua fantasia, recusará concentrar suas energias em qualquer tarefa que lhe seja atribuída. No caso de todos nós, esses corpos têm tendências e hábitos muito arraigados que nos impedem de usá-los como queremos, e uma das mais importantes tarefas que o aspirante tem de empreender é ensiná-los a responder imediata e plenamente a qualquer direção vinda do interior. Para isso, alguns desses hábitos e algumas dessas tendências devem ser completamente eliminados e outros tornados inoperantes no que concerne ao nosso trabalho. Não é possível nos livrarmos por completo das tendências, enquanto não atingirmos um estágio muito avançado da evolução, mas muito teremos lucrado, para nosso objetivo, se não constituírem obstrução ao nosso trabalho e progresso. É uma tarefa difícil, mas se nos dedicarmos com seriedade e perseverança, ela pode ser realizada.

O segundo aspecto do controle pode ser chamado "não reação".[12] Como resultado das tendências adquiridas pelos veículos, sobre as quais já houve referência anterior, cada veículo responde automaticamente a certos estímulos externos de maneira peculiar, determinada por sua história prévia. A resposta a tal estímulo é mecânica e chama-se reação. Ilustremos o ponto. Alguém finge que irá dar-lhe um golpe com uma vara; o corpo físico reage instantaneamente adotando uma atitude defensiva. Alguém chega e lhe diz algo que você considera um insulto; o seu corpo astral reage e você se irrita. Ao ler algo num livro que expõe um ponto de vista sobre um determinado assunto, contrário ao seu, sua mente reage automaticamente e você rejeita a opinião sem examiná-la com mente aberta. Estes são exemplos das inúmeras maneiras de nossos corpos reagirem mecanicamente aos impactos externos, e essas tendências são de tal forma parte de nossa natureza que não as consideramos indesejáveis e nem mesmo estamos conscientes delas. Quando começamos a trilhar o caminho do desenvolvimento espiritual e nosso *Buddhi* começa a funcionar, essas tendências vão chegando aos poucos ao nosso conhecimento. De uma em uma ficamos conscientes delas e, à medida que eliminamos as mais rudes, as mais sutis emergem no campo de nossa consciência.

O problema da eliminação dessas tendências ou reações é muito interessante e pode ser atacado de duas maneiras. Aqueles que estão familiarizados com as recentes pesquisas da psicanálise sabem que os "complexos" mentais têm de ser simplesmente trazidos ao conhecimento do indivíduo, isto é, basta-lhe estar consciente deles, para que se resolvam naturalmente. Analogamente muitas de nossas tendências, que são frequentemente ligadas aos complexos da psicanálise, basta que sejam conscientizadas para que desapareçam. Mas há outras tendências que não se dissipam desta maneira e cumpre eliminá-las pela aplicação cuidadosa das leis psicológicas, combinadas com uma delicada mas firme pressão da vontade. Este segundo

[12] No original em inglês: *reationlessnes*. (N. ed. bras.)

método faz parte integrante da Ciência da Construção do Caráter, mas não é necessário entrarmos nesta questão agora. Quando a não reação foi desenvolvida para um grau adequado, os corpos permanecem incólumes aos impactos dos estímulos vindos do exterior e respondem somente aos impulsos provenientes do *Jīvātmā*. Quer a resposta seja apenas imobilidade, ou uma ação específica, é determinada pelo *Jīvātmā*. Podemos assim adestrar o corpo astral para permanecer completamente insensível a vibrações sensuais, e a responder com amor às vibrações de ódio. Em ambos os casos a resposta não é mecânica, é determinada pela vontade. O cultivo da não reação desenvolve aos poucos a Autodeterminação, marca característica daqueles em quem *Ātmā* está tornando-se o Governante Interno, e esta característica deve ser desenvolvida por pessoas que desejam ter suas vidas dirigidas pela Vontade Espiritual. Quanto menos reativos e impessoais nos tornarmos, mais nossas ações serão a expressão da Vida Divina dentro de nós, em vez de meros produtos dos *Samskāras* dos veículos inferiores. A ação sob essas condições é *Nishkama* e está livre de egoísmo.

Após essas considerações preliminares, de grande importância para a compreensão do problema da Vontade Espiritual, podemos chegar a métodos mais específicos adotados para essa finalidade. Somente princípios gerais podem ser dados aqui, princípios que podem ser aplicados à vida de inúmeras maneiras, segundo cada temperamento e circunstância.

Vimos que a vontade tem as funções de controlar as atividades dos veículos inferiores e também de prover a energia potencial para suas atividades. Este controle tem dois aspectos, ambos igualmente importantes. O primeiro pode ser chamado a inibição e o segundo a regulação da atividade. Em todos os três planos inferiores é necessário prestar-se atenção a ambos os aspectos do controle a fim de ser obtido dos veículos um trabalho perfeitamente coordenado e harmonioso.

Em relação à inibição devemos lembrar que o poder de inibir atividades dos corpos pode ser desenvolvido somente por prolongadas práticas de várias espécies. É bom começar pela inibição de atividades positivamente prejudiciais. Assim, por exemplo, na esfera da mente, podemos dirigir nossos esforços na supressão de todos os maus pensamentos; na esfera das emoções, podemos tentar eliminar o ódio; e no reino do físico, podemos tentar livrar-nos dos maus hábitos que solapam a saúde do corpo. Após nos livrarmos dessas atividades positivamente más, poderemos prosseguir na gradual eliminação das atividades inúteis que são aparentemente inofensivas, mas que prejudicam nossa vitalidade de várias maneiras, implicando em perda considerável de nosso tempo. Se examinarmos cuidadosamente nossas vidas, verificaremos que grande parte de nosso tempo e de nossa energia são despendidos em atividades inúteis, na procura de excitações de várias espécies, em ganhar dinheiro de que nunca necessitaremos, em satisfazer compromissos sociais que de nada servem, exceto matar o tempo que pesa em nossas mãos. Tais procuras e atividades devem ser aos poucos, mas inexoravelmente, erradicadas de nossa vida, se realmente decidimos devotar-nos com toda a sinceridade à tarefa de fazer predominar a vontade. Qualquer parcela de força será necessária para nosso trabalho, devendo assim ser economizada cuidadosa e sistematicamente. As diferentes práticas de inibição de atividades prejudiciais ou inúteis devem levar, passo a passo, à aquisição da rara espécie de poder que habilita o indivíduo a inibir completamente as atividades dos três corpos inferiores, sempre que necessário. Isto significa, enfim, a aquisição da perfeita concentração da mente, a perfeita calma do corpo astral e a perfeita quietude do corpo físico por qualquer lapso de tempo.

A culminância e o mais alto nível de manifestação desse poder de inibição se encontram no iogue quando sentado em *Samādhi* com seu corpo absolutamente quieto e a atividade de pensamentos e emoções reduzida a zero. Pois, a menos que as atividades dos três corpos inferiores possam ser completamente inibidas e os veículos, por assim dizer, paralisados, a consciência não pode ficar livre para trabalhar nos planos mais elevados e obter conhecimento desses planos.

O segundo aspecto do controle pela vontade mostra-se na atividade regulada dos corpos. Aqui, como no caso da inibição, temos que considerar todos os três corpos inferiores, não só porque todos os três são requeridos pelo *Jīvātmā* para seu trabalho nos planos inferiores, mas também porque de sua atividade harmônica e coordenada dependem a eficiência do trabalho no mundo externo e o quanto de força dos planos superiores pode ser trazido aos veículos inferiores. O *Jīvātmā* tem, por assim dizer, que dirigir um grupo de três cavalos, podendo qualquer um deles, devido aos seus movimentos rebeldes e erráticos, retardar o progresso e dificultar o trabalho. Aqueles que começam a meditar compreendem imediatamente a necessidade do trabalho harmonioso dos três corpos inferiores. Se o corpo físico não está no melhor estado de saúde, ou seja, desafinado, se as emoções estão perturbadas, a concentração da mente é logo afetada e o firme fluir de inspiração e força dos planos superiores é mais ou menos interrompido, conforme o grau de perturbação dos veículos.

Ao estudar a ação controladora da vontade nas atividades dos veículos inferiores, talvez seja melhor considerar separadamente os três importantes aspectos desta função geral controladora e reguladora que ela exerce nesses veículos. O primeiro aspecto aparece no início de novos tipos de atividades. É fácil a continuação de atividades com as quais estamos acostumados ou o início de atividades associadas a um prazer de qualquer espécie. A força do hábito ou a força do desejo possibilita-nos vencer a inércia natural ou *Tamas* de nossos corpos. Mas quando temos de iniciar novas atividades, não associadas com qualquer espécie de prazer, temos de usar nossa força de vontade. Assim, enquanto não necessitamos praticamente exercer a vontade para, por exemplo, jogar uma partida de tênis ou enviar votos de afeto a uma pessoa a quem amamos, ou ler uma novela interessante, verificamos que nossos corpos oferecerão considerável resistência se começarmos a adestrar-nos numa nova habilidade, como escrever a máquina, ou enviar votos de afeto a uma pessoa de quem não gostamos, ou aprender uma nova língua, e nessas condições teremos de usar nossa força de vontade para levar adiante nossa decisão. Uma pessoa que colocou ante si um ideal de perfeição tem de aprender a fazer coisas novas e a iniciar constantemente novas linhas de atividade. Ela deve eliminar aos poucos a resistência automática de seus veículos inferiores e acostumá-los a encetar novas linhas de atividades, agradáveis ou não, sem oferecer resistência, da mesma maneira que um cavalo domado obedece automática e imediatamente à menor indicação da vontade de seu dono.

Quando a capacidade de iniciar novas linhas de atividade tiver sido adquirida em grau adequado, o caminho estará aberto para um aumento de raio de ação das capacidades ligadas a cada veículo. O número de coisas que um determinado corpo de um certo indivíduo pode fazer eficientemente é limitado e depende de seu ambiente, seu adestramento, e do quanto o corpo tenha-se desenvolvido. Este alcance tem de ser lenta e sistematicamente aumentado a fim de que as energias mais elevadas no homem possam encontrar expressão cada vez mais variada e em maior plenitude na vida inferior. É claro que as direções em que as capacidades dos diferentes corpos têm de ser ampliadas dependerá das necessidades e do temperamento do indivíduo, daquilo que se pode chamar sua unicidade individual; mas deve haver esta pressão firme exercida constantemente sobre os veículos de modo que suas capacidades vibratória e de utilização possam crescer sempre. Somente quando uma pessoa empreende seriamente a tarefa de desenvolver uma perfeição global é que compreende o quanto sua vida está cerceada, enclausurada e confinada, e o quanto a insensibilidade de seus veículos impede a expansão de sua consciência e o fluxo da Vida Divina em seu interior. Ela gostaria de trazer as vibrações de seus planos interiores para sua consciência física, mas o cérebro oferece dificuldades insuperáveis devido à sua densidade. Gostaria de sentir o arrebatamento da devoção que a conduziria em suas asas aos pés de seu Amado, mas seu corpo astral mostra-se embotado e recusa-se a vibrar em resposta à música divina de Sri Krishna. Gostaria de seguir uma linha de estudo, mas sua mente não desenvolveu ainda qualquer aptidão para a compreensão dessa linha de pensamento. É inútil lamentar essas inaptidões. Não podemos ter as capacidades que ainda não desenvolvemos. O sábio aceita a posição em que se encontra e depois empreende o aumento das capacidades de seus corpos na direção que deseja, por uma pressão firme da vontade e a adaptação dos meios aos fins. Se nos lembrarmos de que todas essas capacidades já estão em forma potencial em nosso interior e que também temos o poder ilimitado da Vontade Divina à nossa disposição, talvez possamos proceder com maior confiança o gradual desenvolvimento das possibilidades ocultas. Quanto mais variadas nossas capacidades, mais rica é a melodia que o Divino Músico em nosso interior pode tirar dos instrumentos que criou para Seu uso.

As capacidades não só devem ser ampliadas, mas aprofundadas por prática intensa. O desenvolvimento parcial de um grande número de capacidades pode estar acompanhado por uma natureza superficial e acarretar uma vida de futilidades. Somente quando a capacidade é desenvolvida a um alto grau de eficiência é que é possível usar nossos recursos internos e servir aos propósitos mais elevados da alma. O fator intensidade é da maior importância na vida espiritual e todas as realizações no reino espiritual são geralmente possibilitadas pela gradual intensificação do esforço numa determinada direção. Esta intensificação é realizada pela aplicação de uma pressão sempre crescente da vontade, o que por sua vez ajuda a liberação do poder da vontade como talvez nada mais possa fazer. Pela ação e reação entre o esforço intenso e o poder da vontade aos poucos são construídas em nosso caráter qualidades tais como resistência, perseverança e unidade de propósito que produzem nos mundos inferiores pálidos reflexos dessa poderosa força associada à consciência *Átmica.*

Com a capacidade de iniciar qualquer espécie de atividade e conservá-la sob grande pressão por qualquer tempo, deve ser adquirida também a capacidade de encerrar a atividade instantânea e completamente, a qualquer momento. Esta é a culminância do controle do veículo e, embora seja uma forma de inibição, mesmo assim este encerramento de atividades dos corpos físico, astral e mental, instantânea e completamente, deve ser praticado como sequência das próprias atividades, para aquisição deste poder, de maneira perfeita. Assim, por exemplo, podemos exercer uma atividade física intensa e quando o hábito já estiver formado, encerrar a atividade. Elevamos uma emoção, como a do entusiasmo, a um alto grau, aí então num instante fazemos o corpo astral ficar perfeitamente calmo. Empenhamos a mente em qualquer trabalho, ou estudo de um assunto, e quando a mente está inteiramente interessada e absorvida, retiramos completamente o trabalho ou o assunto da mente, não lhe permitindo reverter ou reatá-lo, como deseja fazer. Quando um homem pode começar, continuar ou encerrar qualquer atividade do corpo físico, astral e mental, à sua vontade, só então se pode dizer que *Ātmā* adquiriu o controle sobre esses corpos e está apto a usá-los como meros instrumentos nos mundos inferiores.

Do que foi dito anteriormente em relação ao desenvolvimento da vontade, fica claro que as oportunidades do desenvolvimento desse supremo poder em nosso interior são oferecidas em todas as esferas da vida e sob todas as espécies de circunstâncias externas e internas. *Ātmā* é o último princípio em nosso interior, o âmago do nosso ser espiritual e, através da Vontade Espiritual, seu principal instrumento, regula, energiza e controla todas as nossas forças e os veículos com os quais essas forças operam. Foi este poder fundamental, controlador e pleno de energia dentro de nós, que nos conduziu em segurança pelas eternidades até o presente estágio da evolução, e que é a garantia de nosso triunfo final sobre as imperfeições, fraquezas e do atingimento de nosso glorioso destino. Aquele que se dispõe a estudar e a praticar a Ciência da Autocultura começa a sorver dessa fonte ilimitada do Poder Divino, em medida crescente, até tornar-se apenas um centro pelo qual a Vontade Divina executa, sem obstáculos, o Propósito Divino.

PARTE 3

Autodescobrimento e Autorrealização

17

Autodescobrimento – o Mundo Irreal em que Vivemos

Antes de empreender a Divina aventura da descoberta da Realidade que jaz oculta dentro de nós, temos de nos fazer duas perguntas: (1) Queremos realmente tomar esta difícil tarefa? (2) Por que o queremos? Os aspirantes, em sua maioria, dirão: "Certamente queremos; de outro modo não estudaríamos essas coisas e não desejaríamos informações sobre métodos a serem seguidos." Provavelmente não estariam tão seguros da resposta à segunda pergunta, ainda que possam responder de maneira geral que desejam entrar no caminho porque a vida está cheia de dificuldades e sofrimentos e eles desejam libertar-se de todas essas condições indesejáveis.

Embora as respostas às duas perguntas pareçam simples, não estejamos seguros de que realmente as conhecemos. Pois, se realmente as conhecêssemos, muitos dos problemas da vida interior não existiriam para nós – por exemplo, o problema da falta de uma vontade bastante forte para trilhar o caminho com seriedade e firmeza, ou o problema de acharmos extremamente difícil fazer mudanças em nossa vida e em nossas atitudes mentais. Tratando da natureza de *Buddhi,* ou intuição, foi assinalado que a razão de encontrarmos tamanha dificuldade em pôr em prática nossos ideais e resoluções está no fato de que há dúvidas ocultas nas camadas profundas de nossa mente sobre os problemas fundamentais da vida, e são essas dúvidas e reservas que paralisam ou retardam a vontade de ação ou a transformação de nós mesmos. Não encaramos esses problemas como deveriam ser encarados. Não chegamos a decisões finais no sentido real do termo. Pois, quando examinamos um problema, não meramente com a luz do intelecto, mas com a de *Buddhi,* não somente o vemos claramente, sem dúvidas, mas também sem dificuldades em traduzir nossas decisões em ação.

Há em sânscrito uma palavra *"Nischaya"* que designa convicção real e firme, obtida à luz de *Buddhi,* sem dúvida ou reserva de qualquer espécie. Se chegamos a esta convicção segue-se a ação rapidamente, sem hesitação. É esta espécie de *Nischaya* que temos de adquirir em relação aos problemas da Autodescoberta e então nosso progresso será firme, sem hesitação e alegre. Este tipo de convicção é realmente adquirido quando *Viveka* ou discernimento espiritual desperta em nossa mente e possibilita-nos ver verdadeiramente todos os problemas da vida e na perspectiva correta. Esta é, principalmente, uma questão de crescimento e desenvolvimento interiores, mas, se estamos sinceramente interessados no problema, é certo que temos a potencialidade de atingir esse estado de mente e o processo de chegar a uma firme convicção pode, por conseguinte, ser apressado pela adoção dos meios necessários. O primeiro passo nesse sentido é *Vichāra* ou pensamento sério e profundo. Pensando em certos aspectos da vida com cuidado, persistência e seriedade, estimulamos a atividade da Mente Superior, purificamos e sintonizamos a mente inferior e estimulamos nosso *Buddhi,* e assim, aos poucos, abrimos a passagem entre nossa mente e a intuição. Quando isso acontece, começamos a ver as coisas verdadeiramente, e o processo de transformação começa em nosso interior de forma natural, sem esforço e com rapidez. Nossa vida interna começa a ativar-se. Eis por que *Vichāra,* ou a ponderação profunda dos problemas da vida, é prescrita às pessoas que aspiram à sabedoria, e desejam encetar o caminho da Iluminação. Elas devem pensar nos problemas até que estejam realmente convencidas de que trilhar o Caminho de nosso desenvolvimento interno é não somente desejável, mas também inevitável, e um problema urgente que não pode ser adiado. Eis o teste de uma convicção real.

Como esse processo de pensamento e indagação deve ser iniciado e completado até que a necessária convicção tenha sido atingida, é em grande parte uma questão individual, mas sugiro algumas diretrizes de pensamento que um aspirante pode seguir até que tenha encontrado a verdadeira convicção ou, pelo menos, descoberto seu próprio caminho para tentar resolver o problema.

Essas linhas de investigação são fundamentadas em duas tentativas básicas de solução para um problema. Uma é o exame minucioso e cuidadoso do mundo em que vivemos, não somente à luz do que nossos Grandes Instrutores disseram, mas também à luz da nossa experiência e da nossa razão, e além disso à luz de investigações no campo da Ciência moderna. Este trabalho deve ser empreendido com o intuito de averiguar, tão cuidadosa e imparcialmente quanto possível, se esse mundo é realmente o que julgamos ser ou se somos apenas vítimas de várias espécies de ilusões, sob cuja influência continuamos a viver complacentemente a despeito das advertências que nos foram dadas pelos Instrutores espirituais, através das idades: É possível que, se examinarmos o mundo desta maneira, verifiquemos que ele não é o que parece ser e isso pode produzir verdadeira mudança em nossa atitude em relação a ele, seguida sem hesitação da ação apropriada. Ainda que possam ser sugeridas ou recomendadas possíveis linhas de averiguação, cada um deve executar por si o trabalho. Podem ser dados métodos aproximados de solução, nada mais. Como um grande Adepto assinalou em uma das *Cartas dos Mahatmas*[13] – cada um tem de descobrir essas coisas por si mesmo. Ninguém pode abrir os olhos de outra pessoa e fazê-la ver as realidades da vida interior. A segunda tentativa de solução é baseada no exame do mundo em que desejamos entrar e sobre o qual disse um dos Adeptos: "Do seu mundo venha para o nosso". Naturalmente não sabemos o que é esse mundo, pois estamos preparando-nos para entrar nele, um mundo além da imaginação e bastante além do intelecto. Mas aqueles que penetraram nesse mundo deram-nos alguma indicação sobre ele, a que se assemelha e, se o examinarmos à luz de seus testemunhos e relatos, é possível que captemos um pouco de sua beleza, de seu esplendor e de sua paz, o que pode ser inspiração suficiente para querermos entrar nele. Esta inspiração pode dar algum incentivo muito necessário à vida de muitos aspirantes que se sentem desamparados na inércia da permanência nas condições atuais, apesar de seu desejo de sair delas.

E muito provável que, assim como um exame do mundo em que vivemos mostre ser ele muito pior do que pensamos e fortifique nosso desejo e vontade de deixá-lo, o exame do mundo no qual nos propomos ingressar revele ser muitíssimo mais belo e admirável do que nosso intelecto limitado pela ilusão e a preocupação com as buscas mundanas nos tenham levado a acreditar. Isso pode também fortalecer um pouco mais nosso desejo de ingressar nele com todo o zelo e entusiasmo nascido de uma real inspiração e aspiração espiritual.

[13] *Cartas dos Mahatmas para A. P. Sinnett.* Editora Teosófica, Brasília, 2001. (N. ed. bras.)

Sob o impacto dual desses impulsos, um tendendo a enfraquecer nossa atração por este mundo irreal e o outro tendendo a fortificar a atração pelo mundo da Realidade, é possível que adquiramos suficiente inspiração para, pelo menos, dar uma boa partida na direção correta. Uma vez resolutamente dada a partida, é bem provável que continuemos avançando com intensidade e determinação progressiva na direção desejada. Pois a verdadeira dificuldade para a maioria de nós consiste realmente em dar a partida. Pensamos ter dado uma partida quando apenas adotamos um modo externo de vida ou um certo número de atividades físicas ou mentais. Mas, se não há verdadeira aspiração interior, tais atividades externas degeneram em meras rotinas que continuamos a seguir na esperança de fazer progresso em direção ao objetivo. Só se dá um verdadeiro começo quando há verdadeira aspiração, e somente esta tem a qualidade dinâmica e o impulso que asseguram o verdadeiro progresso.

Vejamos agora a questão da natureza do mundo onde vivemos e com o qual estamos familiarizados. Este mundo pode ser examinado mentalmente, de muitas maneiras; primeiramente, pela sua existência no Plano Físico. Para isso podem ser adotadas separadamente três linhas de indagação: (a) o lugar absolutamente insignificante de nossa Terra no vasto Universo; (b) a natureza do tempo que, como ondas de maré revolta, inexoravelmente tudo arrasa em seu caminho; (c) a natureza ilusória dos objetos entre os quais vivemos e nos movimentamos no Plano Físico. Toda essa procura, será verificado, não é baseada em qualquer espécie de especulação filosófica ou raciocínio, mas em sólidos fatos científicos que não podem ser discutidos. Cada indivíduo deve fazer essa procura por si mesmo, cuidadosa e honestamente; convém, entretanto, que se chame a atenção do leitor para alguns fatos de natureza científica apenas para ilustrar o método.

Quem quer que examine, mesmo superficialmente, os muitos e interessantes fatos colhidos pelos astrônomos sobre o Universo físico, não pode deixar de ficar perplexo com o lugar absolutamente insignificante de nossa Terra dentro deste Universo infinito e do lugar insignificante de cada indivíduo como ser físico sobre a Terra. Já foi calculado que uma rolha flutuando na superfície do Oceano Atlântico é mais significante, sob o ponto de vista físico, do que a Terra quando viaja em sua órbita solitária no vasto oceano do espaço físico. Um pequeno inseto que se move sobre uma montanha tem maior significação, sob o ponto de vista físico, do que um ser humano movendo-se sobre a Terra. As pessoas, em sua maior parte, se lhes forem lembrados estes fatos, retrucarão, "Sim, sabemos tudo isso, mas e daí?" Eis a dificuldade. Vemos esses fatos impressionantes apenas como fatos, mas não vemos absolutamente seu alcance. Se examinássemos uma colônia de formigas movendo-se sobre uma peça de madeira flutuando sobre o Oceano Atlântico e se entrássemos em sua vida e as víssemos fazendo todas as espécies de planos, levando a si mesmas muito a sério, acharíamos muita graça em sua incapacidade de compreender sua situação precária e insignificante. Mas nós próprios estamos numa posição pior, sob o ponto de vista físico, e de todo não compreendemos isto, não compreendemos a ilusão que nos permite continuar vivendo satisfeitos a vida normal, sem cuidar de pensar na horrível situação em que estamos colocados como entidades físicas.

Examinemos o mesmo problema não sob o ponto de vista do espaço, mas sob o ponto de vista do tempo. Por acaso não sabemos que as ondas da maré enchente do tempo avançam inclementemente por nossa vida, devorando tudo? Não somente seres humanos, mas civilizações e mesmo Sistemas Solares desaparecem continuamente. Nada pode deter o avanço da onda em que os séculos passam ao esquecimento como se fossem um momento em comparação com a vida do Universo. É claro que temos à nossa frente um futuro sem limite, mas este tem também o mesmo destino ao atravessar a parede divisória ideal do presente, que separa sempre o passado do futuro. Estamos nós conscientes desta terrível realidade ligada à nossa existência? Intelectualmente é certo que sim, mas estamos conscientes de sua verdadeira importância? Absolutamente não. Se estivéssemos, não poderíamos ficar indiferentes ao fato. Não poderíamos contentar-nos em viver nossa vida como seres meramente físicos, sem mesmo tentar descerrar o véu de *Māyā* que impõe essa ilusão à nossa mente e faz com que nos contentemos apenas com nossa existência física. Se estivéssemos realmente conscientes, todas as nossas ambições mesquinhas e nossos desejos vaidosos se desvaneceriam imediatamente. Se estivéssemos conscientes desse fato não levaríamos tão a sério nossas ambições pessoais, nem a nós próprios, como fazemos.

Olhemos agora o problema de outro ponto de vista. Se estudarmos a constituição da matéria, conforme as descobertas da Ciência, podemos verificar imediatamente a completa ilusão em que se baseia nosso Universo físico. O que consideramos objetos sólidos, tangíveis, que nos rodeiam, são compostos apenas de átomos e moléculas com vibrações interagentes, e os átomos e as moléculas de nosso próprio corpo organizados em órgãos de sentidos. E em que consistem esses átomos e moléculas? Praticamente em espaços vazios com pontos, ou estacionários, ou movimentando-se com velocidade incrível, inimaginável. Foi calculado que se a matéria no corpo físico do ser humano fosse condensada, se fossem eliminados todos os espaços vazios, este corpo seria reduzido a um grão de poeira tão pequeno que requereria uma lente para ser visto. E entretanto pensamos por um momento na impressão de realidade que esses pontos no espaço produzem em nossa consciência. Se isto não é *Māyā* ou ilusão, seria interessante saber-se que coisa é. Falar-se sobre essas realidades da vida como se fossem meros conceitos filosóficos, na completa inconsciência dos terríveis mistérios que nos cercam, faz lembrar a resposta de um sábio hindu quando lhe perguntaram o que considerava a maior maravilha do mundo. O sábio respondeu, sem hesitação, que a coisa mais maravilhosa é o fato de que as pessoas viam outras morrerem por toda a parte e a toda hora ao seu redor, sem cogitar quando a morte atacaria seu próprio corpo físico. Ele mencionou somente um aspecto do mistério, mas realmente se referia ao mistério da vida como um conjunto e à ilusão que nos faz ver a vida tão diferente do que é na verdade. Penso ter dito o bastante sobre o método de investigação na linha científica, e podemos considerar agora outro método diretamente ligado às nossas experiências diárias, adotado pelos sábios do passado no exame da natureza da vida e do mundo em que vivemos.

Os sábios examinaram a vida do homem comum sob ponto de vista imparcial e verificaram que ela não era o que parecia superficialmente. Para um jovem entrando na vida, no vigor dos desejos da mocidade, a existência parece um mar de rosas. À medida que avança na idade, esse tom róseo vai desaparecendo e ele começa a compreender que a vida é uma mistura de experiências agradáveis e dolorosas e, devido às experiências agradáveis, está preparado para suportar e atravessar também as experiências penosas até o fim de sua vida, criando assim *Karmas* de toda espécie em todas as encarnações e permanecendo ligado à roda de nascimento e morte. Mas tal concepção da vida humana baseia-se numa visão superficial da vida. Se é examinada à luz de *Buddhi,* quando o verdadeiro discernimento nasceu na alma, a vida é vista sob um aspecto inteiramente novo, e a conclusão baseada nesta visão mais profunda está melhor formulada no aforismo muito conhecido dos *Yoga-Sūtras* de Patañjali – (II-15): "Para as pessoas que desenvolveram o discernimento tudo é miséria, devido às dores resultantes de mudanças, ansiedade e tendências, bem como aos conflitos entre o funcionamento das *gunas* e as *vrttis* da mente."

Este é o *Sūtra* central da teoria dos *Kleshas* desenvolvida na primeira parte do segundo capítulo dos *Yoga-Sūtras*. Não é necessário discutir-se aqui este *Sūtra,* mas penso que deveríamos estudá-lo independente e minuciosamente, tentando chegar às nossas próprias conclusões. Não devemos aceitar a afirmação por provir de um tratado antigo, considerado autoridade. Devemos ponderar as ideias e tentar compreender sua expressão real sem temor de encarar os fatos.

É Patañjali o único sábio dos tempos passados com essa visão aparentemente pessimista da vida humana em geral? Não! Todos os grandes instrutores, que vieram libertar os homens dos laços das ilusões e limitações da vida inferior e levá-los aos reinos do Espírito, partiram desse ponto. Tomemos, por exemplo, a seguinte citação de *Luz da Ásia*[14] que expressa muito claramente a vida e os ensinamentos de Buda:

> "A Primeira Verdade é o Sofrimento(*Avidyā*). Não vos enganeis!
> A Vida que prezais é uma agonia que há muito se arrasta;
> Somente suas dores subsistem, seus prazeres são
> Como os pássaros que pousam e voam.
>
> Dor do nascimento, dor dos dias desamparados,
> Dor da juventude e dor da maturidade;
> Dor dos frios anos da velhice e da morte sufocante,
> Estas coisas preenchem vossa lastimável existência."

Todo o ensinamento de Buda está repleto da ideia de que a vida que todos nós conhecemos não é o que parece superficialmente. É ilusória, inconstante e cheia de miséria e, portanto, devemos tentar transcendê-la seguindo um método que ele resume em Seu Caminho Óctuplo.

Esse estado de ignorância em que vivemos está muito bem descrito em *A Voz do Silêncio*[15] como demonstrarão as seguintes citações:

> "Três Salas, ó cansado peregrino, conduzem ao fim dos trabalhos... (22)
> O nome da primeira é sala da Ignorância – *Avidyā*. (24)
> É a Sala em que vistes a luz, em que vives e hás de morrer. (25)

---

[14]ARNOLD, Edwin. Editora Teósofica Brasília, 2011. (N. ed. bras.)
[15]BLAVATSKY, Helena P. Editora Teosófica, Brasília, 2012. (N. ed. bras.)

> "Se queres atravessar seguramente a primeira sala, que a tua mente não tome os fogos da luxúria que ali ardem, pela luz do sol da vida.(29)
> "Os Sábios não se demoram nas regiões de prazer dos sentidos.(30)
> "Os Sábios não dão ouvidos às vozes musicais da ilusão. (31)
> "A mariposa, atraída para a chama da tua lâmpada noturna, está condenada a perecer no azeite. A alma incauta, que fracassa em lutar contra o enganador demônio da ilusão, voltará à Terra como escrava de *Māra*.(35)
> "Contempla as hostes das almas. Vê como elas pairam sobre o mar tempestuoso da vida humana, e como, exaustas, sangrando, de asas quebradas, caem, uma após outra, nas infladas ondas. Sacudidas pelos ventos ferozes, perseguidas pelos vendavais, são arrastadas para os sorvedouros e somem-se pelo primeiro grande vórtice que encontram." (36)

A *Bhagavad-Gitā*[16] está repleta de *Slokas* realçando a natureza impermanente e ilusória desta vida em que estamos envolvidos e da qual nos podemos livrar por meio do conhecimento e da devoção. Os *Slokas* seguintes pintam as ilusões criadas por nossos desejos e por nossa falta de discernimento:

> "Assim como a fumaça envolve a chama, como um espelho é coberto pelo pó, como o âmnio envolve o embrião, assim o desejo envolve ESTE[17]." (III-38)
> "A sabedoria está envolvida por este constante inimigo dos sábios, em forma de desejo, que é insaciável como uma chama. (III-39)
> Diz-se que os sentidos, a Mente[18] e a Razão[19] são sua sede; envolvendo com estes a sabedoria, confunde o morador do corpo." (III-40)

As poucas citações acima projetam alguma luz sobre o problema inicial que se antepõe a todo aspirante, isto é, sua compreensão da verdadeira natureza de nossa vida comum. Desta compreensão nasce a força motriz

---

[16]Editora Teosófica, Brasília, 2ª ed, 2014 . (N. ed. bras.)

[17]O Universo: ESTE como oposto a "ÀQUELE, O ETERNO. Alguns dizem que "ESTE" significa "conhecimento". (N. ed. bras.)

[18]No original em inglês: *Mind.* (N. ed. bras.)

[19]No original em inglês: *Buddhi*. (N. ed. bras.)

que o habilita a adotar os meios apropriados para erguer-se acima das condições indesejáveis, com seriedade e não como assunto rotineiro. Poderiam ser feitas aqui centenas de citações tiradas das sagradas escrituras do mundo ou dos ensinamentos dos grandes Instrutores da humanidade, mas isso não é necessário. O que se faz necessário não é a familiaridade com essas ideias, geralmente bem conhecidas dos estudantes da sabedoria Divina, mas a percepção como realidade dos verdadeiros fatos concernentes à nossa vida normal. Esta percepção difere fundamentalmente de crença ou conhecimento comuns. É da natureza da "conscientização" e não do pensamento. Não é resultado de pensamento ou compreensão, mas da iluminação da mente à luz de *Buddhi,* conhecida pela palavra sânscrita *Viveka.* Pode-se perguntar se essa percepção pode ser desenvolvida pela simples ponderação, como indicada acima, sobre o aspecto ilusório da vida. Não necessariamente. Mas o pensamento sério, persistente e profundo sobre essa natureza, iniciando movimento no reino da mente superior, estimula nossa faculdade intuitiva e, como resultado, a luz de *Buddhi* pode aos poucos infiltrar-se e iluminar nossa mente. A prece séria e intensa pode ajudar muito o processo e pode ser combinada com o pensamento profundo. A combinação do pensamento sério e da emoção interna é muito eficiente para estimular nossa faculdade intuitiva, pois pensamento e emoção são dois aspectos da intuição. Outro meio à nossa disposição é o uso do *mantra*. Por exemplo, os hindus podem usar o *mantra Gayatri* que estimula a faculdade *Búddhica.* É claro, porém, que não é a repetição mecânica e rotineira de um *mantra* que traz resultados, mas a repetição em condições apropriadas de nossa mente e nossas emoções.

Visto que a iluminação da mente pela luz de *Buddhi* depende de quão pura, tranquila e harmonizada ela está, sua condição geral é também um fator importante no problema e não pode ser negligenciada. A vida não pode ser dividida em compartimentos estanques, e o problema do autodescobrimento não pode ser atacado peça por peça, embora devamos começar com algumas coisas simples e aos poucos ir ampliando a área de nosso esforço.

Quaisquer que sejam os meios empregados, nosso objetivo deve ser adquirir a completa percepção da natureza irreal da vida em que estamos envolvidos. Esta percepção pode trazer uma espécie de vácuo ou vazio nos primeiros estágios e parecer que a vida não vale a pena ser vivida se todos os nossos interesses mundanos, etc. nos são retirados e nós, por assim dizer, ficamos suspensos num vazio. Mas esta é somente uma fase temporária, que vai passando à medida que a luz de *Buddhi* torna-se mais clara e mais forte. Devemos estar preparados para encarar os fatos da vida e não permitir que nossa mente tente fugir deles por mais desagradáveis ou terríveis que possam parecer no começo do processo do Autodescobrimento. Cumpre não esquecer que, à luz de *Buddhi,* não apenas vemos a natureza ilusória de nosso viver diário, mas começamos a "sentir" nossa vida real oculta pela vida ilusória. Esta fase deve passar aos poucos, dando lugar a outra em que temos uma sensação peculiar de força, paz e alegria em nosso interior, apesar da percepção da natureza ilusória e impermanente das coisas entre as quais vivemos, nos movemos e atuamos.

A descoberta desse aspecto ilusório e irreal de nossa vida diária seria um empreendimento sem significação se não houvesse um meio de escapar de tal vida. Nesse caso, para nós, a melhor solução seria esquecer essa coisa toda e, como as avestruzes, enterrar nossa cabeça nos prazeres comuns e nas atividades mundanas. É o que tentam fazer aqueles que não acreditam na vida interna do Espírito e é o que de melhor têm a fazer. Logicamente estão com a inteira razão. Seria absurdo nos privarmos sem necessidade das atividades e dos prazeres triviais que a vida nos oferece se nada de melhor estivesse reservado para nós. Mas, felizmente, a vida que conhecemos não é a única possível. Não é a verdadeira vida da alma. Uma vida infinitamente mais verdadeira e bem maior nos espera, e estamos destinados a encontrá-la cedo ou tarde. Ela está oculta em nosso interior, no centro de nosso ser, nos refolhos de nossa mente, sob a vida ilusória que estamos vivendo. O que há de mais lógico, para aqueles que acreditam na vida do Espírito, do que tentar remover os pesados véus que cobrem a Realidade interior? O que pode haver de mais insensato do que deixar essa Luz permanecer oculta e viver nas trevas, viver na ignorância e miséria, enquanto um Oceano de Sabedoria e Bem-aventurança literalmente nos envolve?

Tentaremos no próximo capítulo sondar mentalmente o mundo interno e real, oculto em nosso interior e no qual os grandes Instrutores espirituais nos convidam a entrar, de modo que a inspiração que possamos obter desse rápido olhar nos dê um incentivo a mais para ingressar plenamente nesse mundo real.

18

Autodescobrimento – o Mundo Real que nos Aguarda

No último capítulo, tratamos do problema do despertar em nosso interior, da aspiração[20] espiritual sem a qual não se pode trilhar o caminho do Autodescobrimento. Foram sugeridas duas maneiras de abordar este problema. A primeira depende de um exame cuidadoso e sério de nossa vida e do mundo que conhecemos e no qual vivemos. Isto com a intenção de verificar se é necessário fazermos um determinado esforço para mudar nossa vida interior em vez de vagar sem rumo, ou fazer tentativas fracas e tíbias que geralmente degeneram em atividades meramente rotineiras de nossa mente e nosso espírito. A segunda aproximação depende de um exame mental sério do outro mundo que desejamos e no qual esperamos entrar, a fim de compreendermos realmente, se possível, o que nos falta em consequência de nossa complacência e de nosso contentamento com este mundo.

Já discutimos no capítulo anterior a primeira espécie de abordagem do problema e provavelmente vimos, até certo ponto, que o mundo em que vivemos não é o que parece ser na superfície, e nossa complacência é devida ao fato de não estarmos conscientes de sua verdadeira natureza. Tomemos agora a segunda espécie de abordagem e tentemos compreender a natureza do outro mundo em que podemos ingressar. Vimos um quadro, vejamos agora o outro. Quando usamos a palavra "compreender" neste contexto,

[20] No original em inglês: *urge*; outra opção de tradução: "ímpeto", "anseio", "anelo". (N. ed. bras.)

não queremos dizer compreensão no sentido de percepção completa que virá mais tarde, mas da compreensão comum do fato de que a nossa mais alta concepção de uma vida plena e feliz aqui. Tratamos em alguns capítulos anteriores da natureza dos mundos espiritual e divino ocultos em nosso interior. São esses que constituem o mundo real em que nossos Instrutores espirituais nos convidam a entrar.

Apesar da grande difusão do materialismo nos tempos atuais, a evidência da existência do mundo real que está dentro de nós e a possibilidade de nele entrar impõem-se de tal maneira que se alguém as examina de mente aberta é muito possível que, não somente se convença de sua existência, mas também que de tal exame tire considerável inspiração. Mas o fato de ser fácil obter tal convicção não significa que possamos obter desse exame alguma ideia em relação à natureza do mundo real. Aí está a dificuldade. Mesmo aqueles que penetraram nesse mundo não podem dar, aos que conhecem somente este mundo irreal, qualquer ideia daquilo a que o mundo real assemelha-se. Tudo o que podem fazer é testemunhar que ele existe e que todos os seres humanos podem nele entrar. Nada mais. Essa inaptidão da parte daqueles que conhecem esse mundo é natural, é devida ao fato de que ele está além do reino do intelecto e para entrar-se nele é necessário transcender os níveis da mente. Qualquer descrição desse mundo, quando se procura fazê-la, só pode ser vaga, indireta, simbólica ou expressa por meio de negativas. Este fato pode servir de desculpas da parte dos céticos para permanecerem em sua posição agnóstica e, para que os tíbios nada façam no sentido de livrarem-se das ilusões e atrações deste mundo. Eis porque esse mundo real será sempre um mistério e somente os que estão ajustados e prontos para nele penetrar poderão reconhecer nas descrições vagas e veladas o Chamado Divino aos que estão no exílio, para retorno ao seu verdadeiro lar.

Mesmo não sendo possível dar-se uma ideia adequada desse mundo real, alguns extratos dos ensinamentos dos Instrutores espirituais mostrarão a natureza inequívoca de suas afirmativas sobre a existência desse mundo real e a possibilidade que têm todos os indivíduos de nele penetrar desde que possuam as necessárias qualificações.

> "O abrir da flor é o momento glorioso em que a percepção desperta; com ela vem confiança, conhecimento e certeza... Sabe, ó discípulo, que aqueles que passaram pelo silêncio, sentiram sua paz e retive-

ram sua força, anseiam que tu também passes por ele."[21]

"Acredite, há um momento na vida de um Adepto em que todas as adversidades pelas quais passou são recompensadas mil vezes. Para adquirir conhecimento adicional, ele já não tem que recorrer a processos minuciosos e lentos de investigação e comparação de várias questões, mas lhe é proporcionada uma visão instantânea e implícita de cada verdade básica... o Adepto sente, vê e vive na própria fonte todas as verdades fundamentais – a Essência Universal e Espiritual da Natureza, SHIVA, o Criador, o Destruidor e o Regenerador."[22]
"O altíssimo conhecimento nascido do percebimento da Realidade é transcendente, inclui a cognição de todos os objetos simultaneamente, abrange todos os objetos e processos do passado, do presente e do futuro e também transcende o Processo Mundial."[23]

Poderíamos tomar centenas de extratos das escrituras sagradas do mundo ou os escritos dos místicos, ocultistas e sábios, todos indicando não somente a existência de um mundo real oculto no interior do irreal, mas também prestando testemunho do fato de que esse mundo de realidade é repleto de bem-aventurança e conhecimento transcendental. Todavia, compete ao estudante estudar e pensar profundamente sobre tais indicações das realidades da vida interior e, se possível, despertar assim sua intuição.

Independente do testemunho dos videntes e sábios, a evidência dada pela Ciência, se estudada de mente aberta, indica a existência de um mundo mais real em nosso interior. Vimos quando estudamos o mundo físico e sua natureza, no último capítulo, que um número infinito de pontos, movendo-se em grande velocidade, produz em nossa mente o mundo maravilhoso que percebemos objetivamente em torno de nós, como um mundo de forma, cor e delicada beleza. Obviamente, é absurdo supor que um número infinito de pontos em movimento possam produzir ou trazer à existência, por si mesmos, esse mundo. Eles podem somente estimular a percepção de tal mundo e, portanto, um mundo muito mais real, independente dos pontos em movimento, deve existir em nosso interior. Analogamente, com relação

---

[21] COLLINS, *Luz no Caminho*, Brasília, 7ª edição, 2020. (N. ed. bras.)

[22] *Cartas dos Mahatmas para A. P. Sinnett*. Editora Teosófica, Brasília, 2001. (N.ed. bras.)

[23] TAIMNI, I. K. *A Ciência do Yoga, Yoga-Sūtras* de Patañjali, III-55. Editora Teosófica, Brasília, 7ª ed. 2018. (N. ed. bras.)

à ilusão criada pela sucessão de estados que chamamos tempo, deve haver um mundo de Realidade existente no interior do Universo e no nosso, que se desdobra como fenômenos no tempo e no espaço. Como é possível que este vasto panorama mostrando inteligência e planejamento por toda parte, que vemos em torno de nós se desdobrando em espaço e tempo, sair do nada como resultado de movimento de pontos sem vida em diferentes trajetórias e com diferentes velocidades? Entretanto, é a este absurdo que está reduzido o materialismo científico e com o qual tem de se conformar a fim de justificar sua procura irrefletida de conhecimento e poder sem dar atenção aos problemas fundamentais da vida e sem tentar aprofundar-se nas causas que produzem os fenômenos da Natureza. O materialismo científico não mede consequências e adota seja lá o que for para não considerar a existência de uma Realidade oculta dentro do Universo, até mesmo como uma hipótese experimental.

A Doutrina Oculta, baseada na experiência direta dos grandes Adeptos e não em mera especulação filosófica, fornece a verdadeira explanação e reconcilia a existência de ambos os mundos, o mundo da matéria e o mundo da mente. A Doutrina Oculta expõe claramente que ambos os mundos são expressões de – e têm raízes em – um mundo real que por suas diferenciações produz fenômenos baseados no relacionamento sujeito-objeto. A Doutrina Oculta declara ainda que é possível transcender o mundo fenomenal e conhecer o mundo real que projeta suas sombras na forma desses fenômenos.

Quando vemos na tela sombras provenientes de uma fita cinematográfica e nos interessamos no jogo dessas sombras é porque estamos conscientes do fato de que elas foram produzidas por realidades correspondentes a homens, mulheres e crianças que produziram a fita. Sabemos também que o drama que está sendo representado diante de nós não é somente uma peça produzida por meros atores, mas corresponde a situações reais que encontramos na vida humana. São estes fatos, ligados à nossa vida diária, os responsáveis pelo extraordinário interesse que temos pela fita, e não apenas a movimentação das sombras na tela.

Isso nos dá uma indicação para o fato de termos tanto interesse pelo mundo irreal e impermanente em que vivemos e nos movemos. Esse interesse pelo mundo fenomenal é proveniente do fato de que esses fenômenos são as sombras das realidades que estão em nosso interior, ainda que não visíveis. É também este fato que comunica o sentimento de realidade às sombras e nos faz tomá-las como reais até descobrirmos que são apenas sombras. O mundo da ilusão é a sombra de um mundo real, e quando embarcamos na viagem do Autodescobrimento estamos somente tentando abandonar a sombra a fim de captar a Realidade pela qual as sombras são projetadas em nossa consciência. Se nós, por desconhecimento, corremos atrás de uma sombra e compreendemos subitamente que isto é apenas sombra, que motivo há para ficarmos perturbados? Esse sentimento de nada, de vazio, que algumas vezes se apossa de nós quando nasce o discernimento, é parte da ilusão e deve passar com o decorrer do tempo. Deveríamos ficar contentes de ser perturbados em nossa complacência e também agradecidos pela oportunidade de tirar os olhos das sombras e erguê-los para ver a Realidade que está produzindo a sombra. Quando uma criança vê a sombra de um avião movendo-se no chão, imediatamente ergue os olhos para o céu a fim de ver o verdadeiro avião que está projetando a sombra. Assim, quando vemos a vida em torno de nós como uma série de fenômenos que são irreais, deveríamos procurar em nosso interior a Realidade que produz esses fenômenos. Pois é do centro de nossa Consciência que essas sombras são projetadas no exterior.

Profunda reflexão sobre a natureza dessa Realidade, como retratada nas escrituras ou nos ensinamentos dos místicos e dos ocultistas, pode dar-nos certo incentivo para entrarmos em nós mesmos e começarmos a explorar o profundo recesso de nossa mente, mas isso geralmente não nos dá incentivo adequado, pois a maior parte deste trabalho está no plano do intelecto. O que realmente necessitamos é o desenvolvimento de uma forte atração para a Vida Divina dentro de nós que, atraindo-nos para Si, propicia-nos a força motriz que geralmente nos falta. Essa força de atração nada mais é que o amor a Deus ou *Bhakti.* Assim, se desejamos ter um forte impulso espiritual dentro de nós, antes de mais nada temos de despertar amor Àquilo que queremos descobrir. Esse amor, combinado com o pensamento profundo, estimulará a faculdade intuitiva dentro de nós; e com o desenvolvimento de *Buddhi* e sua infiltração em nossa mente, não somente nossos problemas começarão a resolver-se, mas também nossa vida interior passará a desdobrar-se com segurança.

É supérfluo dizer que o amor é a atração entre um fragmento da Divindade e outros fragmentos, ou para o Todo, do qual estes fragmentos são derivados. É uma atração que é sentida quando esses fragmentos são cobertos por camadas separadas de mente e matéria. É assim o inverso da força que mantém esses fragmentos separados na manifestação. Por sua própria natureza, o amor tende, portanto, a tirar-nos da manifestação e assim readquirimos o estado integrado em que estamos conscientes de nossa unidade com o Todo, e também com os fragmentos que são parte do Todo. Seja realçado, além disso, que essa reunião ou essa atração dos fragmentos é sempre acompanhada de prazer, felicidade ou bem-aventurança, palavras diferentes denotando a mesma coisa em níveis diferentes. Quanto mais profundo o nível em que essa unificação é atingida ou sentida, mais pura e delicada a experiência resultante.

Pode-se perguntar: O que acontece ao amor e à concomitante bem-aventurança, quando é atingida a completa percepção da consciência integrada e o fragmento torna-se uno com o Todo? Obviamente, o amor pode existir somente entre os seres separados e, quando a união é atingida, a relação que existe entre eles não pode ser chamada amor. Em que então é transformado o amor? Por um lado, na pura percepção da Unidade e, por outro, no estado que está refletido na forma de bem-aventurança, felicidade ou prazer nos planos inferiores. A esse estado chamamos *Ānanda* em sânscrito. *Ānanda* é a fonte e a contraparte da bem-aventurança, felicidade e do prazer no plano onde não há separação, mas unificação. É um aspecto da Consciência Divina em seu estado mais elevado, correspondente ao prazer, à bem-aventurança ou à felicidade que podem ser considerados suas formas degradadas. Não há em nossa língua uma palavra com o mesmo significado. A palavra "Paz" é frequentemente usada para indicar o estado mais elevado de bem-aventurança, mas não traduz por completo a palavra *"Ānanda"*.

A questão do amor é aqui mencionada com a finalidade de afastar dúvidas que às vezes existem na mente de algumas pessoas, com relação ao lugar do amor na vida espiritual. Parecem pensar que é possível trilhar o caminho para o Autoconhecimento sem que de todo aí figure o amor. Elas podem citar exemplos de sábios que não mostraram muito amor emocional em suas vidas, ainda que tivessem mostrado um notável grau de serenidade e paz. Demostra isso que o amor não representou um papel em seu desenvolvimento? Absolutamente não. O amor emocional talvez não, mas o amor não é necessariamente emocional. Sua expressão depende do meio através do qual ele se expressa. Se a expressão é através do corpo astral, toma a forma de um forte sentimento usualmente associado ao amor. Se encontra expressão apenas através do puro intelecto, possivelmente irá faltar-lhe sentimento emocional, mas tomará a forma de entusiástica pesquisa intelectual que pode empenhar-se na procura da Verdade e obter sucesso pelo puro esforço de penetração discernidora. Eis o caminho da *Jñāna Yoga.* Se encontra expressão através do terceiro aspecto da natureza humana – Vontade – rompe todas as barreiras que separam o indivíduo do Objeto de sua procura tão só pela força da vontade e os une concentrando e depois transcendendo a mente nos diferentes níveis. O estudante discernidor verá o mesmo princípio de atração e reunião em todos os três casos, mas tomando as formas segundo o meio pelo qual opera. Não é necessário que a expressão através de um determinado meio permaneça sempre o mesmo no caso de um indivíduo. Ele pode mudar e muda de acordo com a fase e o desenvolvimento pelo qual passa, algumas vezes na mesma vida, mas geralmente em diferentes vidas.

A mesma espécie de mudança pode ocorrer quando muda o nível em vez de mudar o meio. Mesmo o amor emocional muda seu caráter quando transferido para um nível mais profundo, por exemplo, o Plano *Búddhico.* Ele se torna mais profundo, mais sutil, menos violento e menos demonstrativo. Eis porque os *Bhaktas* ou santos, que mostram explosões emocionais violentas nos primeiros estágios de *Bhakti,* tornam-se serenos e equilibrados quando seu amor amadurece. A intensidade do amor não decresceu, aumentou muito, mas está agora fluindo em canal mais profundo e assim mais controlado e menos demonstrativo.

O mesmo acontece também quando o amor é transferido para um nível ainda mais elevado na consciência integrada, quando toma uma forma que dificilmente podemos imaginar, ainda que a denominemos *Ānanda,* paz, etc. Posto que nesse estado integrado de Consciência ou Realidade temos uma mistura de todos os aspectos de nossa natureza, todas as formas de amor, aparentemente tão diferentes nos níveis inferiores, tomam a mesma forma, tendo talvez um ligeiro colorido devido à unicidade específica da individualidade.

Não vamos supor assim que o amor possa expressar-se apenas sob a forma emotiva, ainda que isso geralmente aconteça nos estágios iniciais do desenvolvimento. Mas, qualquer que seja a forma que o amor tome, tem a qualidade essencial de reunir irresistivelmente aquele que procura e Aquele que é procurado, e assim provê a necessária força motriz ou anelo espiritual[24], que se chama *Mumukshatva* em sânscrito. Vimos assim a necessidade e o lugar do amor no processo de Autodescobrimento. Consideraremos sua natureza e alguns dos métodos de desenvolvê-lo nos capítulos 20 e 21.

Abordemos agora a segunda espécie de dificuldade que muitos aspirantes sentem após terem adquirido a convicção e a vontade necessárias para trilhar o caminho do desenvolvimento interior: a dificuldade na escolha de um determinado caminho mais apropriado ao seu temperamento e estágio de desenvolvimento. Esta dificuldade tem realmente suas raízes na crença de que para cada indivíduo só há um caminho a ser trilhado do princípio ao fim. Ele tem a escolher um dos caminhos: o do conhecimento, o do amor, o da ação ou qualquer outro que possa ser recomendado por um Guru. É difícil de se entender como tal erro é comum, quando há indicações muito claras do contrário. Veja, por exemplo, estas duas afirmativas em *Luz no Caminho*[25]

> "Cada homem é para si próprio absolutamente o caminho, a verdade e a vida". (20)
>
> Não o busques por qualquer via especial. Para cada temperamento existe uma estrada que parece a mais desejável. O caminho, porém, não é encontrado só pela devoção, só pela contemplação religiosa, pelo progresso ardoroso, pelo trabalho com autossacrifício, pela atenta observação da vida. Nenhuma destas coisas isoladamente é capaz de levar o discípulo mais do que um passo adiante. Todos os degraus são necessários para formar a escada." (20)

Não poderíamos ter uma afirmativa mais clara, e esta vinda também de um Adepto do Ocultismo.

Mas, à parte tão claras indicações sobre esta questão, a própria natureza do homem, sua origem, seu método de evolução e destino final excluem a ideia de uma perfeição total seguindo um determinado caminho. Um homem tem muitos aspectos em suas naturezas inferior e superior. Como é possível desenvolver-se uma perfeição global seguindo um determinado método de desenvolvimento? Pode alguém imaginar

---

[24]No original em inglês: *spiritual urge*. (N. ed. bras.)

[25]COLLINS, Mabel. Editora Teosófica, Brasília, 7 ª ed., 2020. (N. ed. bras.)

um ser humano perfeito sem amor, ou conhecimento, ou vontade, ou capacidade para a ação eficiente, desenvolvido em alto grau? Podem esses diferentes aspectos da Natureza ser desenvolvidos em sua perfeição sem adestramento nas diferentes linhas, em diferentes ambientes e adotando diferentes espécies de métodos e técnicas em oportunidades diferentes? Se não é possível, é então óbvio que devem ser adotados diferentes métodos de tempos em tempos, no decorrer de sua evolução. É natural que a pessoa concentre-se em um método de cada vez, porque, em primeiro lugar, uma determinada qualidade pode ser desenvolvida melhor pela intensa concentração nela por algum tempo; e, em segundo lugar, porque o ambiente e as circunstâncias em que um indivíduo está colocado são geralmente mais convenientes para o desenvolvimento de um determinado aspecto de sua natureza. É essa necessidade de concentração em um aspecto de nossa natureza em uma vida, ou em um período de uma vida, que nos faz parecer temperamentalmente mais apropriados para seguir um determinado caminho. Mas nosso ambiente pode mudar, ou podem mudar nossas necessidades internas, e um diferente método ou linha de desenvolvimento pode vir a ser não só desejável, mas também inevitável.

Assim a concentração num determinado aspecto de nossa natureza, seguindo um determinado caminho, deve ser considerada como uma fase de nosso desenvolvimento e não à luz da unicidade individual, e devemos estar preparados para trocar por outra linha quando as necessidades do desenvolvimento interior assim obrigarem. Mesmo quando nos estamos concentrando em um determinado aspecto, cumpre não cometermos o engano de deliberadamente negligenciarmos os outros que também devem ser desenvolvidos. A vida não pode ser dividida em compartimentos estanques e não é possível desenvolver-se um aspecto a um alto grau sem o desenvolvimento colateral dos outros. Se tentarmos fazer isso, estaremos sujeitos a pender para um lado, a nos desequilibrar, e nossa eficiência será enormemente reduzida. Nosso objetivo deve ser uma perfeição global e um desenvolvimento equilibrado, mesmo que a concentração no desenvolvimento de um determinado aspecto venha a exigir uma ênfase extraordinária por algum tempo.

O desenvolvimento da consciência humana e a Perfeição Divina num ser humano é um processo individual tão requintadamente delicado que designá-lo com a palavra "caminho" parece um sacrilégio. Todas as almas abrem-se de dentro para fora, de acordo com a lei de seu próprio ser e ninguém pode predizer como irá abrir-se e qual a fase por que passará em seu próximo estágio. Fixar esse processo num padrão ou fazer que a abertura se dê, forçando-a de certa maneira, assemelha-se a dilacerar o botão de uma rosa para que se abra como um lírio. Onde está o caminho quando vemos um botão de rosa desabrochar e transformar-se na flor completa? Podemos dizer que a rosa está seguindo um determinado caminho de desenvolvimento? De certa maneira, sim, porque ela segue uma série de transformações semelhantes, uma após a outra, sob a influência de forças operando interna e externamente. Mas esse caminho não é um conduto confinando sua atividade, é uma série de transformações que acontecem de dentro para fora. No caso de uma rosa, a natureza e a ordem de tais transformações são predeterminadas, até certo ponto, pois ela tem que se conformar ao arquétipo. Mas no caso do ser humano é diferente. Ele não se adapta ao arquétipo e consequentemente todos os seres humanos não evoluem da mesma maneira e não seguem uma série predeterminada de transformações. Se assim fora, ao homem não seria dada a faculdade de libertar-se quando bem entendesse. Todos teriam de esperar a sétima ronda como muitos de nós decidiram fazer. Mas isso não é assim. Toda alma é única e tem de expressar a perfeição única que está eternamente presente na Mônada. Como essa perfeição expressa-se no mundo fenomenal, não está predeterminada. Não é necessário ventilar esta questão aqui, pois já foi bastante discutida no comentário sobre o *Sūtra* IV-12 em *A Ciência do Yoga.*[26]

Voltando ao assunto, pode-se dizer, portanto, que não temos realmente de escolher um caminho para todo o sempre. Ao contrário, temos de seguir um determinado método por algum tempo, de acordo com as necessidades de nosso desenvolvimento interno. Como saber qual a nossa necessidade e qual o método a seguir é o que nos leva à terceira dificuldade que geralmente têm os aspirantes, isto é, a orientação no caminho. Esta questão é tratada no capítulo 26.

---

[26]TAIMNI, I. K. Editora Teosófica, Brasília, 7ª ed., 2018. (N. ed. bras.)

19

Os Estágios do Conhecimento, da Sabedoria e da Realização

Já estudamos a constituição total da Mônada. Vimos que ela se expressa nos planos espirituais como a Individualidade imortal e nos três planos inferiores como a personalidade temporária. Como a personalidade é apenas uma expressão temporária para a aquisição de experiências e desenvolvimento das faculdades mental e espiritual da Individualidade, desaparecendo completamente no fim de cada encarnação depois de passar à Individualidade a essência de sua vida, ela não pode ser considerada como evoluindo, ainda que se vá tornando cada vez mais rica, mais complexa e eficiente à medida que a evolução progride. A personalidade pode ser considerada tão somente como um instrumento temporário da Individualidade e nada mais. É a Individualidade ou *Jīvātmā* que sobrevive de vida para vida e evolui gradualmente, desenvolvendo suas faculdades mental e espiritual e servindo como instrumento permanente da Mônada.

Sabemos que a Individualidade se expressa através de três princípios conhecidos como *Ātmā – Buddhi – Manas* e estes encontram expressão predominantemente nos planos denominados respectivamente *Átmico, Búddhico* e Mental Superior. É o desenvolvimento destes três princípios através dos veículos correspondentes que realmente constitui a evolução humana e que, na verdade, concerne ao aspirante. A evolução dos três veículos da personalidade apenas serve à evolução mais elevada. Pelo menos, nesta tarefa de Autodescobrimento, estamos ocupados principalmente com os três veículos e princípios superiores, ainda que naturalmente não possamos ignorar os veículos inferiores.

Um ponto importante que devemos notar sobre os três veículos e princípios superiores é que o seu desenvolvimento e a evolução dos veículos correspondentes processam-se geralmente de baixo para cima, isto é, na ordem: Mente Superior, *Buddhi* e *Ātmā.* O raio ou tipo fundamental do indivíduo é também um fator na ordem da evolução, mas podemos dizer, geralmente, que é a Mente Superior a primeira a desenvolver-se, depois *Buddhi* e por último *Ātmā.* A ordem em que devemos tentar desenvolver esses princípios deve praticamente seguir a linha indicada acima, tanto quanto possível.

Devemos começar com o estudo das concepções teóricas em relação à natureza da Realidade e suas manifestações, bem como os métodos adotados no descobrimento desta Realidade em nosso interior. O esforço para atingir e compreender estas concepções filosóficas concernentes às realidades ocultas da vida ativará e desenvolverá nossa Mente Superior.

No estágio seguinte, devemos tentar traduzir em ação os ideais da vida espiritual, baseados nessas concepções e assim transmutar nosso conhecimento intelectual em sabedoria. Devemos tentar também desenvolver, ao mesmo tempo, a devoção ou o amor e fazê-lo parte integrante de nosso caráter, porque é o método mais poderoso de desenvolvimento da faculdade *Búddhica* e de aquisição da verdadeira sabedoria. O conhecimento adquirido com referência aos ideais da vida espiritual e o esforço de traduzir esses ideais espirituais no viver prático devem nos possibilitar desenvolver a faculdade *Búddhica* e adicionar sabedoria ao conhecimento. Este é o segundo estágio necessário na tentativa de solução sistemática e eficiente do problema do Autodescobrimento.

Há diversas razões para o desenvolvimento de *Buddhi* pela devoção, e a Autocultura deve ser adequadamente completada antes de passarmos ao terceiro estágio em que são removidos, um a um, os véus da ilusão e os revestimentos que ocultam a Realidade, e as verdades da vida superior são verificadas diretamente, culminando no atingimento da Autorrealização. A primeira dessas razões é que devemos encontrar, desde o início, a Luz que pode guiar-nos no caminho, de maneira infalível, segura e direta, até o fim. Esta luz só pode vir de nosso *Buddhi.* A segunda é que devemos tornar-nos autossuficientes e independentes de fontes externas de felicidade. Somente o amor de Deus ou devoção pode dar-nos esta autossuficiência. O despojamento da personalidade e a resultante criação de um vácuo interior que tem lugar no voo do solitário para o Solitário não é fácil de ser suportado, a menos que tenhamos a fonte interna de alegria em atividade dentro de nós. Muitos aspirantes retrocedem e mais uma vez empenham-se nas buscas da vida mundana, por falta de recursos interiores de apoio nos estágios intermediários. A terceira razão é que somente a sabedoria pode dar a alguém todas as qualidades necessárias para trilhar o Caminho com segurança e firmeza, isto é, a perspectiva exata, a maturidade de julgamento e visão e a libertação das tendências que arrastam uma pessoa e às vezes lhe arruínam a vida quando está entrando nos novos reinos da experiência, do conhecimento e do poder.

A sabedoria é, portanto, um *sine qua non* e deve ser desenvolvida, tão completamente quanto possível, no segundo estágio. Pode ser mencionado aqui que a verdadeira sabedoria, em grau suficiente, não somente é necessária, mas sua posse significa um estágio bem avançado na solução do problema do Autodescobrimento. Primeiro, porque requer um esforço bem prolongado e intenso para atingi-lo e isso é talvez tudo quanto pode o aspirante pretender atingir em uma vida. Segundo, porque os frutos da sabedoria não são desprezíveis. Infelizmente nossas ideias sobre sabedoria não são totalmente corretas, além de coloridas pelas concepções populares. Geralmente supomos que se trata apenas da maturidade do julgamento e da capacidade de organizar nossa experiência. Mas sabedoria, como é entendida em Ocultismo, é algo bem diferente. É o estado mental que se atinge quando a mente é completamente iluminada pela luz espiritual da faculdade chamada *Buddhi.* Ninguém pode compreender a paz que ultrapassa o entendimento; a compreensão que pode penetrar as ilusões da vida, o conhecimento infalível que começa a fluir do interior em nossa mente; a carinhosa simpatia com toda a vida; o delicado sentimento de perceber nossa unidade com todos os seres humanos; a fonte de alegria que, inexplicavelmente, vibra em nosso interior; a segurança que sentimos quando percebemos que Nele vivemos, nos movemos e temos nosso ser; a certeza que nos advém quando nos tornamos conscientes embora vagamente, de que Ele, delicada e poderosamente, ordena todas as coisas, a harmonia interior em que vivemos com os outros, mesmo quando exteriormente lhes fazemos oposição; ninguém pode entender tudo isso até ter a experiência da iluminação da mente pela luz de *Buddhi.* Não são pequenos os benefícios obtidos

dos esforços e sacrifícios requeridos para o desenvolvimento da sabedoria. Na verdade, estes benefícios são de natureza tão satisfatória que muitos aspirantes permaneceriam de boa vontade nesse estágio sem qualquer esforço para progredir ainda mais. Eles se aproximam muito do ideal, de uma vida espiritual iluminada. Mas esse não é o objetivo; é apenas um estágio em nossa jornada, a fundação sobre a qual assentará a superestrutura de uma vida espiritual iluminada, a vida espiritual de um Ser Autorrealizado e liberto, meta da evolução humana.

Passemos agora à consideração do próximo e último estágio em que a Sabedoria é transmutada em Autorrealização, quando, então, não somente "sentimos" a Realidade através da faculdade de *Buddhi,* mas a conhecemos diretamente através de nosso *Ātmā,* fundindo nossa consciência com Ela e assim nos tornando uno com Ela. A realização pode ser definida como "conhecer por vir a ser". Esse é o campo do verdadeiro *Yoga*. Trataremos do aspecto uno do *Yoga* em nosso estudo sobre a devoção. Veremos que nos mais altos estados de devoção a consciência do devoto torna-se mais e mais una com a consciência de seu *Ishta-Devatā* ou o Objeto de sua devoção, e esta é a razão de ser o caminho da devoção também chamado *Bhakti Yoga.* Consideraremos, então, a técnica do verdadeiro *Yoga* chamado *Raja Yoga* ou *Yoga* Real como delineada nos *Yoga Sūtras* de Patañjali. Este sistema de *Yoga* é baseado na vontade e é pelo uso da Vontade Espiritual que a mente é purificada, colocada sob controle e então as suas modificações são completamente inibidas em *Samādhi.* É o que possibilita a consciência do iogue a transcender os diferentes níveis da mente, associados com os diferentes veículos até que a última barreira do Plano *Átmico* é transposta e a consciência emerge do reino da mente e unifica-se com a consciência da Mônada eterna ou *Purusha.* Isso, olhando o processo de baixo, do ponto de vista da personalidade. Se olharmos o problema de cima, do ponto de vista da Mônada, podemos dizer que a Mônada desprende-se dos níveis inferiores da mente, um a um, até que a consciência liberta-se de seu veículo *Átmico* e permanece livre em sua verdadeira natureza Divina, Autorrealizada e tendo, entretanto, sob seu comando todos os veículos nos planos inferiores. Isto é *Jīvanmukti,* Libertação, *Nirvāna* ou qualquer palavra que se prefira usar para definir o exaltado estado de consciência que o iogue atinge quando completou sua evolução humana.

No terceiro estágio, em que a técnica do *Raja Yoga* é utilizada para obter a Autorrealização, a Vontade Espiritual do *Ātmā* é usada para atingir a meta final tal como o segundo estágio é o Amor usado para atingir a Sabedoria. Este é o mais elevado princípio agindo na Individualidade.

Vemos assim como os três princípios do homem são desdobrados, um após o outro, em três estágios: o intelecto no primeiro, o amor no segundo e a Vontade Espiritual no terceiro. O amor adicionado ao intelecto desenvolve sabedoria. A Vontade Espiritual guiada pela sabedoria leva à Autorrealização. As relações dos três princípios, funções e métodos de desenvolvimento podem ser representados como no quadro a seguir:

Princípio	*Intelecto*	*Buddhi*	*Ātmā*
Veículo	Corpo causal	Veículo *Búddhico*	Veículo *Átmico*
Produto do desenvolvimento	Conhecimento superior	Sabedoria	Autorrealização
Método de desenvolvimento	Estudo, profunda reflexão, meditação	Construção do caráter, Amor	*Rāja Yoga*

Tendo compreendido o papel do *Bhakti Yoga* e do *Rāja Yoga* em nosso desenvolvimento espiritual, podemos continuar a discutir sucintamente de maneira geral estes dois importantes sistemas de *Yoga*.

20

A Natureza da Devoção

O *Bhakti-Sūtra* de Narada é um pequeno livro que contém 84 *Sūtras* ou aforismos e trata dos vários aspectos de *Bhakti* ou devoção. Ainda que o assunto não tenha sido tratado sistematicamente e do ponto de vista mais profundo, o livro traz luz para muitos aspectos da devoção e é geralmente considerado como um compêndio clássico sobre *Bhakti Yoga.* Podemos considerar alguns *Sūtras* dados nesse livro, tratando da natureza da devoção e dos meios de desenvolvê-la, a fim de termos uma ideia geral sobre a filosofia e técnica do *Bhakti Yoga.*

(1) *Anirvachanīyam prema – svarūpam (51)*
A natureza do amor a Deus não pode ser descrita.

(2) *Mukasvadanavat (52)*
Tal qual o paladar de uma pessoa que é muda.

Esses *Sūtras* são geralmente tomados como significando a natureza da experiência de alguém que, em estado de intenso amor a Deus no êxtase, não pode expressar-se em palavras. Certamente isso é verdade, mas é o significado superficial, pois a natureza de qualquer espécie de experiência não pode ser descrita em palavras a uma pessoa que não tenha tido experiência semelhante. Mas, como todos nós já tivemos experiências semelhantes na vida, podemos descrevê-las uns aos outros.

Qual é então o verdadeiro significado? Vejamos. Durante o curso de nossa evolução somos levados a ter contato com diferentes pessoas em diferentes relacionamentos, muitas e muitas vezes, e nesses repetidos contatos desenvolvemos diferentes espécies de amor, tais como os de mãe para o filho, de filha para o pai, de marido para a mulher, de amigo para amigo. À medida que crescemos emocionalmente, os tipos de amor, com os quais nos tornamos familiares, tornam-se cada vez maiores em número, e a intensidade do amor que somos capazes de sentir aumenta *pari passu.* O espectro de nosso amor vai-se tornando mais completo e brilhante à medida que progredimos. Mas de onde deriva esse espectro? DAQUILO, donde tudo deriva, toda faculdade, todo poder. Este espectro de amor contendo todos os tipos diferenciados de amor é derivado da luz branca do Amor Divino por um processo de diferenciação semelhante a todas as outras coisas, também derivadas dessa maneira. Essa diferenciação ajuda-nos a desenvolver nossa natureza emocional mais facilmente por ser mais fácil responder a um determinado tipo de amor e desenvolvê-lo de uma vez, assim como a diferenciação da mente em cinco sensações ajuda-nos a desenvolvê-la muito mais facilmente. Mas a luz branca não é a mesma coisa que as cores, mesmo que o espectro das cores seja completo. Um indivíduo que viveu somente no reino da manifestação, no reino das cores, não pode ter ideia da luz branca da Realidade, senão ao transcender a manifestação e penetrar na Luz da Realidade. Analogamente, um indivíduo que experimentou todos os tipos de amor que encontramos no relacionamento humano não pode verdadeiramente ter uma ideia do Amor Divino do qual derivam todos os amores, enquanto ele próprio não experimentar o Amor Divino. Assim, ainda que estejamos familiarizados com o amor em suas formas diferentes, diferenciadas, não conhecemos o Amor Divino, e a pessoa que o experimentou não pode descrever ou comunicar a outra a natureza desse amor. Podemos ter somente uma espécie de vaga ideia qualitativa desse Amor, tirada das formas de amor mais intensas e mais puras de que sejamos capazes e que tenhamos sentido. Mas para conhecer o Amor Divino devemos experimentá-lo desenvolvendo-o dentro do nosso próprio coração.

(3) *Sa tv asmin param premarupa* (2)
É a forma de intenso amor a Ele.

(4) *Santi-rupat paramananda-rupac ca (60)*
Porque toma a forma da mais profunda Paz e *Ānanda.*

(5) *Amrita-svarupac ca (3)*
Sua natureza mais íntima é néctar.

O primeiro desses *Sūtras* apenas descreve a natureza geral da devoção e define-a como intenso amor dirigido a Deus. É claro que, no começo, é inevitável que esse amor seja semelhante a qualquer dos diferentes tipos de amor com os quais estamos familiarizados e somos capazes de sentir. Eis por que na Índia a um devoto é permitido adotar qualquer tipo de atitude em relação a Deus e tentar desenvolver a classe de amor correspondente a um grau intenso. Ele pode encarar Deus como amigo, Mestre, Pai, Mãe ou Bem-Amado. Realmente, nos primeiros estágios não importa a natureza da atitude. O que importa é a intensidade do amor. Pois tudo depende, neste como em qualquer outro campo de empreendimento espiritual, da intensidade ou do potencial. A fusão da consciência que tem lugar no êxtase – a fusão da consciência do devoto com a consciência de seu Bem-Amado – pode ser comparada ao efeito do raio ao atingir a terra num temporal. Mas a reunião das cargas positiva e negativa na nuvem e na terra depende da enorme diferença de voltagem que se deve desenvolver previamente, de modo que a resistência do ar seja rompida. A diferença de voltagem é, em algumas ocasiões, muito grande, podendo chegar a um milhão de volts. Isso explica a natureza destrutiva e aterradora do fenômeno. Assim também, somente quando o amor entre o devoto e Deus chega a um alto grau, é que se dá a fusão da consciência, e o devoto compreende realmente em que consiste o Amor Divino. Através dessa compreensão o amor eleva-se para níveis ainda mais altos e o devoto tem a bem-aventurança correspondente a esse nível elevado. Isso acontece mais e mais vezes e ele experimenta mais e mais intensas formas de amor e níveis cada vez mais sutis de bem-aventurança correspondente a esses níveis.

Esses êxtases em que o devoto penetra nos níveis mais profundos de consciência e de amor correspondem aos diversos níveis do *Samādhi* no *Rāja Yoga.* Os estágios finais dessas experiências são completamente diferentes do amor emocional sentido nos primeiros estágios, por intenso que seja. Esses estágios são geralmente mencionados como *Paramananda* na literatura das Escolas *Bhakti,* ou como Paz ou *Shanti* na terminologia do *Jñāna Yoga.* Ainda que o amor seja intenso e todo abrangente, ele flui num canal muito profundo, havendo assim paz, serenidade e equilíbrio perfeitos, sem as perturbações e agitações dos estágios iniciais.

Enquanto se está neste assunto seria bom tratar de uma questão que, às vezes, perturba muitos aspirantes. Diz-se que um devoto pode adotar qualquer espécie de atitude em relação a Deus, e desenvolver seu amor nessa linha. Essa é outra maneira de dizer que o devoto pode adorar a Deus de qualquer forma que preferir ou que mais lhe agradar. Muita gente preocupa-se desnecessariamente com a forma que deve escolher no desenvolvimento de sua devoção. O fato é que a forma não importa, desde que atraia o devoto e possa despertar somente pensamentos e emoções puros e santos. Se há muitas portas abertas para o santuário interno de um templo, que importância tem a que usamos para entrar, se nosso objetivo não é parar no limiar, mas chegar até a presença da Deidade?

Embora eu tenha exposto o assunto de maneira um tanto simplificada, este é um ponto muito importante e nele devemos tentar aprofundar-nos e compreender o significado interno do que foi dito, isto é, a forma para a qual a devoção é dirigida não importa muito.

A fim de termos maior compreensão do fato, devemos tentar verificar que o amor é um estado da mente, enquanto que a forma da Divindade ou do Objeto de adoração é apenas uma imagem da mente. O que é realmente importante na efetivação da fusão da mente do devoto com o Objeto de devoção não é a imagem, mas o estado da mente, o qual é inteiramente independente da imagem e não é afetado pela forma desta. Não importa que seja uma imagem de Cristo, Krishna, Rama, Shiva, Durga, Buda ou de um Mestre. O que importa é a intensidade da devoção, a autoentrega e a pureza da mente que a torna apta a estar unida ao Objeto de devoção e a atrair a sua graça e a sua bênção sobre o devoto.

Pois, ao final, a consciência do devoto funde-se, não com a imagem, mas com a Consciência que a imagem representa. A união não está na região da mente concreta inferior com nomes e formas, mas na região da consciência no Plano de *Buddhi* no nível mais baixo. A imagem mental desaparece e é transcendida nessa união. Na meditação, por outro lado, a imagem serve apenas como um foco através do qual a aspiração passa para cima e a graça, bênção ou as forças fluem para baixo. É como uma porta pela qual se faz a comunicação, mas Aquele a quem o devoto procura está no outro lado da porta e ele deve cruzá-la a fim de encontrá-Lo. Pode-se ver assim como a forma da imagem é de importância secundária, e sua importância e valor dependem inteiramente da aspiração e atração que ela possa evocar devido a impressões passadas desta e de vidas anteriores. A condição da mente, sua vigilância, intensidade de amor, pureza e autoentrega são os fatores de maior importância.

A esse respeito pode-se assinalar que isso é verdadeiro, não somente em relação ao objeto de nossa devoção, mas também em nossas relações humanas comuns. Você pensa que, quando amamos alguém ou mesmo quando conversamos com alguém, amamos ou nos comunicamos somente com o corpo físico externo ou com a mente do indivíduo? Absolutamente não. É o Espírito que se comunica com o Espírito através dos véus do corpo e da mente. Se você tem dúvida, tente imaginar a pessoa com quem se comunica no Plano Físico sem a Mônada ou o *Ātmā* o qual está animando o Espírito que se oculta em todos os corpos. Toda a estrutura ou todo o mecanismo de comunicação do físico para o *Átmico,* ao ser abandonado por *Ātmā,* torna-se inoperante, cessa de funcionar e vem a ser inexpressivo para nós. Verificamos isso, até um certo ponto, quando os princípios superiores abandonam o corpo físico na morte. O corpo, que era tão querido por nós, transforma-se num mero aglomerado de matéria no qual não temos o mínimo interesse. É o *Ātmā* ou o Espírito, habitando o grupo de veículos, que não somente é o conhecedor, mas é o objeto de nosso amor, e também o amante.

Essa ideia foi expressa com grande beleza em um dos *Upanishads.* Em tradução livre, diz: "Não por causa da esposa é a esposa querida, mas por causa do Eu é a esposa querida. Não por causa do marido é o marido querido, mas por causa do Eu é o marido querido. Não por causa do filho é o filho querido, mas por causa do Eu é o filho querido." E assim continua o *mantra*, repetindo muitas vezes a afirmativa relativa aos outros relacionamentos humanos, a fim de gravar a ideia na mente do leitor. Você pode ver o sentido fundamental da afirmativa. Embora imaginemos que todo nosso relacionamento é baseado no nível pessoal, ele o é realmente no nível do Espírito, e os corpos interferentes são meros véus que ocultam os verdadeiros participantes nas ações e reações que acontecem.

Esse fato mostra que não é a imagem de nossa mente o objeto de nossa devoção, mas a Vida Universal e a Consciência Divina que nela se ocultam e que são as mesmas para todas as imagens. Eis porque Shri Krishna diz na *Bhagavad-Gitā* que Ele recebe todos os devotos por qualquer caminho que venham ou em qualquer forma através da qual o devoto O adore.

Mas, é claro que, enquanto vivemos no reino dos nomes e das formas, não haverá razão para não aproveitarmos da atração e da resposta que nomes e formas nos tragam, possibilitando-nos fortificar nossa devoção. De qualquer maneira, não é necessário que nos preocupemos, como acontece a algumas pessoas, com a escolha da forma à qual dirigimos nossa devoção. Aquela que naturalmente nos atrair e despertar nossa devoção é a forma que nos convém.

Chegamos então ao *Sūtra* 5, segundo o qual a natureza mais interna da devoção é *Amrita* ou néctar. Esta é uma afirmativa um tanto misteriosa e requer explicação. Néctar ou *Amrita,* em sânscrito, é um símbolo da Imortalidade ou Vida Eterna, como mostra a própria palavra, *Amrita,* "acima da morte". Assim se alguém toma *Amrita,* mesmo uma vez, supõe-se que se torne imortal, ultrapassando o domínio da morte. Obviamente não há tal líquido, ou Elixir da vida que torne imortal o homem ao tomá-lo. *Amrita* claramente simboliza o estado da consciência que está acima da manifestação, e atingindo-o, o homem liberta-se da ilusão do nascimento e da morte, i.é., torna-se um *Jīvanmukta.* Uma vez que alguém tenha atingido esse estágio, não necessita voltar a encarnar, embora possa fazê-lo para ajudar seus irmãos que ainda lutam na região de nascimentos e mortes.

O medo do nascimento e da morte tem raízes na identificação da consciência com os veículos, e uma vez tendo o indivíduo ascendido à região do Espírito ou pura Consciência, e compreendido que ele é pura consciência ou uno com a Divina Consciência, a ilusão que o leva a identificar-se com os veículos é destruída para sempre e não haverá apenas o destemor da morte e do nascimento, mas também não haverá necessidade de compulsoriamente encarnar nos níveis inferiores. Eis a verdadeira Libertação ou Imortalidade.

Esse é o estado atingido quando a consciência do devoto, entrando em formas cada vez mais intensas de êxtase, finalmente se une à Consciência Divina e nela se estabelece permanentemente. Uma vez que essa Consciência é Eterna e confere imortalidade, o mais alto estado de devoção em que o devoto vive é chamado *Amrita.* É claro que a mesma consciência pode ser atingida pelo caminho da *Jñāna* ou do *Rāja Yoga.*

Esse foi o método que nossos sábios ou *Rishis* adotaram para obter a imortalidade. Mas consideremos alguns dos métodos que nós, sua descendência "mais sábia", adotamos para adquirir imortalidade nos dias atuais. A fim de que o nome de nosso corpo possa perdurar, tentamos desesperadamente associá-lo a uma instituição, se somos suficientemente importantes, ou, pelo menos, a uma estrada ou mesmo a uma alameda. Não compreendemos que o nome de uma estrada pode permanecer por algum tempo, mas quem o associará conosco quando partirmos? Mesmo que voltemos em outra encarnação, não saberemos que a instituição traz o nome de nosso corpo de uma vida anterior. Escrevemos livros; tentamos arranjar um lugar na história como líderes políticos; fazemos muitas coisas e, às vezes, coisas não desejáveis, na cruel ilusão e na vã esperança de tornarmo-nos imortais. Não compreendemos que em tais casos é tão só um nome ou uma forma que pode perdurar no máximo alguns séculos, não nós. A onda do tempo avança implacavelmente, destruindo não somente nomes de pessoas atualmente famosas, mas tudo em seu caminho, mesmo civilizações e Globos, Sistemas Solares e Universos. Quanta ilusão!

(6) *Sa na kamayamana nirodha-rupatvat (7)*
Ele não é motivado por desejo pessoal egoísta, porque encontra expressão na inibição de tais desejos.

Este *Sūtra* obviamente se refere não aos estágios inferiores de *Bhakti* ou devoção, onde há mistura com desejo pessoal, mas aos estágios mais elevados onde o devoto tornou-se absolutamente sem egoísmo e ama a Deus tão somente por amor a Ele. O *Sūtra* acentua que esta forma de devoção não é motivada por desejo egoísta pessoal, a prova está em que ela leva à eliminação de todos esses desejos. Qual é então a força motriz neste caso? O puro Amor que atrai um fragmento da consciência separada para o Conjunto do qual se separou, de modo que as duas possam unir-se outra vez.

Uma das características mais notáveis do amor é que ele nos liberta dos apegos e desejos comuns, natural e facilmente.

Vemos isso até certo ponto nas expressões inferiores do amor. Quando, por exemplo, um homem apaixona-se por uma mulher, no momento o conforto e a felicidade da amada é a única preocupação do amante e ele se torna livre da maioria de seus desejos inferiores. É claro que esses desejos não são realmente eliminados, mas não podem encontrar expressão enquanto o estado exaltado de amor perdura. O mesmo acontece no caso de uma mãe. Seu amor pelo filho torna-a completamente indiferente ao próprio conforto e ela fica livre de muitos desejos inferiores que possivelmente a dominaram antes.

Podemos perguntar: O que causa a transformação que tem lugar numa pessoa cujos desejos são naturalmente afastados, por assim dizer, quando ama? A fim de entender isso devemos lembrar-nos de que *Ānanda* ou bem-aventurança é nossa natureza essencial mais íntima, sem a qual não podemos viver. Devemos tê-la de qualquer maneira. Se não podemos tirá-la de nosso interior, tratamos de obtê-la do exterior pela satisfação de nossos desejos comuns. Sempre que um desejo é satisfeito, a mente fica tranquila por um curto intervalo, e nessa mente tranquilizada e harmonizada infiltra-se um pouco de *Ānanda* proveniente de nosso interior. Eis a razão da satisfação, do prazer ou da felicidade que sentimos temporariamente com a realização do desejo. Mas isso não dura. Logo a mente perde o seu equilíbrio. O desejo novamente surge e nos faz procurar satisfação em outras coisas e, assim, continuamos a correr atrás de objetos no mundo exterior ainda que a fonte da felicidade esteja dentro de nós.

Quando amamos, estamos parcial e temporariamente em contato com a fonte de *Ānanda* dentro de nós, pois, como já foi dito, amor e *Ānanda* são inseparáveis, como as duas faces da mesma moeda. Em contato direto, ainda que parcial, com a fonte de *Ānanda,* estamos, até certo limite, independentes de objetos externos que nos fornecem o prazer e a felicidade comuns. Ficamos de momento parcialmente autossatisfeitos, tornamo-nos autossuficientes, mesmo que o objeto do amor esteja fora de nós. No caso do amor comum esse estado exaltado não dura e assim revertemos à procura da felicidade nos objetos externos e nas buscas. Mais uma vez perdemos nossa autossuficiência. Mas quando o verdadeiro amor Divino nasce em nós e começa a fluir firme e fortemente em nosso coração, estabelecemo-nos permanentemente na própria Fonte do Amor e de *Ānanda* e tornamo-nos permanente e completamente Autossuficientes. A fonte de bem-aventurança e alegria está eternamente em ação dentro de nosso coração e nada necessitamos do mundo externo e no mundo externo, embora possamos estar trabalhando nele para ajudar nossos irmãos e levar adiante o trabalho do *Logos,* que nos foi confiado. Tornamo-nos semelhantes ao próprio *Logos,* que está no mundo, trabalhando através dele, porém sem dele depender. Ele é o próprio Oceano de Amor e *Ānanda* , do qual derivamos nosso *Ānanda.* Vemos assim como o amor encontra expressão na eliminação natural e rápida de todos os desejos, sendo o método mais fácil e agradável de fazer que nossa mente fique pura, tranquila e autossuficiente. Isso nos ajuda de duas maneiras. Aumenta a atração do indivíduo para a Vida e Consciência Divinas no Centro e, ao mesmo tempo, reduz sua atração pelos objetos externos na periferia.

(7) *Guna-rahitam kamana-rahitam pratiksana vardhamanam avicchinnam suksmataram anubhavarupam (54)*
Sem *Gunas* (as três qualidades fundamentais na Natureza), livre do desejo egoísta, a todo momento crescendo em volume e intensidade, e tendo um fluxo incessante, tem a forma de experiência interior.

Esse *Sūtra* procura também descrever a devoção que um devoto sente em relação a Deus quando atingiu um grau avançado de união com ele. *Gunarahitam* significa que o devoto está sem *Gunas,* ou transcendeu as *Gunas.* Num *Sūtra* posterior (56) que examinaremos, são mencionados os estágios inferiores de *Bhakti.* Veremos que essa *Bhakti* inferior é *Rajásica, Tamásica ou Sáttvica,* e tem um objetivo ulterior em vista. A *Bhakti* inferior não procura Deus por Deus somente e é por isso classificada como secundária. A mais alta classe de *Bhakti* ou devoção referida neste *Sūtra* está acima das *Gunas* ou livre dos condicionamentos de consciência que resultam da associação com as *Gunas.*

Kamanarahitam significa que a devoção está livre do desejo egoísta inferior e é motivada por puro Amor – a já mencionada atração dos fragmentos para o Conjunto. Como já tratei deste ponto no último *Sūtra,* não é necessário repeti-lo.

Pratiksana vardhamanam significa que a devoção aumenta continuamente. Não há ponto final em relação a qualquer coisa ligada com a Vida e Consciência Divinas. Há profundidades nas profundidades *ad infinitum.* "Serão levantados véus após véus, mas haverá véu sobre véu sucedendo". Sempre que um véu é levantado, e o devoto atinge uma união mais profunda com a Vida Divina dentro dele, o amor cresce. É uma espécie de círculo virtuoso. Quanto mais amamos a Deus mais O conhecemos, e quanto mais O conhecemos mais O amamos.

Avichchinnam significa fluxo incessante. Devemos lembrar-nos de que estamos tratando do mais alto estágio de devoção, onde a consciência do devoto fica permanentemente unida com a do Senhor, e o fluxo de amor é, portanto, ininterrupto. O devoto, nos primeiros estágios, obtém um vislumbre do Bem-Amado e seu amor o coloca em êxtase. Mas aí, então, ele perde contato e isso lhe acarreta completa depressão. Essa depressão consequente da separação ou *Viraha,* como é chamada, por sua própria intensidade, traz novamente a união. Esse fluxo e refluxo é assim parte da vida de um místico em seus estágios e, na verdade, mesmo em estágios bastante avançados. Mas chega um tempo ou estágio em que ele não pode mais escorregar para trás, separando-se, então permanece continuamente estabelecido na Consciência do Bem-Amado. O fluxo de amor é, assim, naturalmente contínuo.

Suksmataram significa em nível mais profundo ou sutil. Como foi mencionado antes, nos estágios avançados da devoção, o amor flui num canal muito profundo e assim não encontra expressão em veementes sintomas exteriores nem em perda de equilíbrio como nos estágios iniciais. Um rio raso faz muito barulho e facilmente transborda, mas um rio fluindo num canal muito profundo não faz barulho nem transborda. Não devemos, portanto, julgar o amor de uma pessoa pelos sintomas externos, nem por sua capacidade de demonstração.

A última expressão, *Anubhava-rupam,* significa então que esse amor fluindo, num nível mais profundo, é da natureza de uma experiência. Não é uma emoção, nem um pensamento, nem mesmo uma percepção da Mente Superior ou de *Buddhi.* É uma conscientização – conscientização da Vida e Consciência Divinas no centro de consciência do indivíduo. Esta conscientização é o resultado da fusão dos dois. Mas é uma fusão de consciência ainda com dualidade ou sentimento de separação, suficiente para possibilitar ao devoto sentir a bem--aventurança do amor. É óbvio que, quando os dois estão fundidos por completo, unidos em perfeito estado de integração de consciência, não pode existir amor no sentido comum da expressão, pois amor é o resultado da relação entre aquele que ama e o Bem-Amado e, quando aquele que ama e o Bem-Amado fundem-se em Um estado perfeitamente integrado, o amor deve desaparecer e somente *Ānanda* pode permanecer. Eis por que os devotos nas escolas *Vaishanava* não desejam tornar-se completamente unidos com o Senhor. Eles constantemente pedem ao seu Senhor que permaneçam suficientemente separados para ter a bem-aventurança do Amor Divino, seu objetivo de vida.

(8) *Gauni tridha guna-bhedad artad-bheaad va (56)*

A devoção que está associada com desejos egoístas pessoais torna-se tríplice segundo se classifique o adorador em uma das três classes seguintes: a dos que sofrem *(Arta),* a dos que procuram conhecimento *(Jinyasu),* e dos que desejam fortuna ou qualquer outro objeto mundano *(Artadi).*

(9) *Bhakta ekantino mukhyah (67)*
Os verdadeiros devotos são aqueles que têm somente um fim em vista, que são absolutamente sinceros.

Esses dois *Sūtras* estabelecem a distinção entre as duas classes de devotos. Aqueles que pertencem à primeira classe são devotados ao Senhor, mas têm alguma finalidade ulterior em vista e sua devoção está contaminada em diferentes graus por estes desejos egoístas pessoais. Eles não amam o Senhor por Seu amor somente, mas com a finalidade de obter alguns benefícios pessoais através de Sua graça. Os devotos pertencentes à segunda classe não têm absolutamente qualquer finalidade egoísta em vista. Eles amam a Deus porque não podem deixar de amá-Lo. Deus é a vida de sua vida, o Centro mesmo de sua consciência, que os atrai irresistivelmente, inexplicável e intensamente para Si, e os devotos nada podem fazer a não ser renderem-se a essa poderosíssima atração. Não há motivos ulteriores, somente a alegria de amá-Lo. Não há outro desejo senão o de encontrá-Lo e tornar-se uno com Ele. Pode a mãe que ama seu primogênito e está preparada para tudo sacrificar por seu amor dizer por que o ama? Pode aquele que ama uma pessoa e que de momento está esquecido de seu próprio conforto e de seus desejos dizer por que ama a pessoa amada? Entretanto, esses amores nas relações humanas, convém lembrar, não passam de reflexos de reflexos. Eles são baseados em grande parte em associações estabelecidas em vidas passadas, ainda que, por trás dessas associações, esteja também o laço espiritual que une um fragmento do Conjunto com outro fragmento, e também a afinidade entre Mônadas que os une em suas vidas nos mundos inferiores em antecipação à preparação para sua colaboração com amor nos vastos dramas em que tomarão parte em futuro remoto. Se reflexos de reflexos podem temporariamente evocar autoabnegação em tão alto grau em seres humanos comuns, imersos nas ilusões e nos interesses do mundo inferior, pode você imaginar qual deve ser a natureza e intensidade da autoentrega e da devoção que o devoto sente, quando se ergue acima das ilusões e limitações comuns da vida para se oferecer e colocar seu amor sincero aos pés de seu Senhor? É a estes devotos que se refere o segundo dos *Sūtras* citados.

O primeiro dos dois *Sūtras,* mencionando os devotos do segundo tipo cujos motivos não são por completo destituídos de egoísmo, é importante não só por nos possibilitar classificá-los satisfatoriamente, mas por chamar nossa atenção para os estágios inferiores da devoção. O *Sūtra* levanta algumas questões sobre os estágios inferiores da devoção que devemos tentar entender, de modo a podermos utilizá-los como degraus para nos erguer mais e mais, transcendermos esses estágios e atingirmos o nível de devoção mencionado no segundo *Sūtra.*

Antes de tratar dessas questões, consideremos primeiro as três subdivisões de devotos pertencentes ao segundo tipo. Nesses *Sūtras* as subdivisões estão apenas sugeridas. Para termos melhor ideia dessas subdivisões podemos referir-nos aos *Slokas* 16,17 e 18 no capítulo 7 da *Bhagavad-Gitā.* Os devotos são divididos no *Sloka* 16 nas seguintes classes: (1) aqueles que estão em dificuldades e sofrendo dirigem-se a Deus em busca de auxílio em sua conjuntura; (2) aqueles que procuram Deus em busca de conhecimento, inferior ou superior; (3) aqueles que O procuram em busca de bens materiais de diversas espécies neste mundo, para seu prazer ou sua felicidade; e (4) os sábios que O procuram por amor a Ele e não por motivos ulteriores. Esta classificação é baseada na doutrina hindu das *Gunas* que não necessitamos discutir aqui. Quem quiser maiores detalhes pode ler o Discurso 14 da *Bhagavad-Gitā.*

O que aqui nos compete não é a classificação dos devotos, mas o que representam os estágios inferiores da devoção na vida do devoto. Pois praticamente todos nós temos de começar do mais inferior dos estágios e trilhar nosso caminho através dos diferentes estágios até o mais elevado, mencionado no segundo *Sūtra.* Por muito tempo temos de permanecer no estágio inferior do *Gauni Bhakti* e devemos, por conseguinte, procurar entendê-lo e utilizá-lo para aumentar a intensidade de nossa devoção e libertá-la da mancha do egoísmo Você notará que no *Sloka* 18 do Discurso 7, Shri Krishna não fala com desprezo das três classes de devotos no estágio inferior. Ele os chama nobres, mas naturalmente ele denomina os devotos na quarta classe, os sábios que O adoram por puro amor, os Seus mais queridos. Ele não diz que não responderá ao chamado daqueles que O procuram em busca de conhecimento ou daqueles que, em suas aflições, apelam para Seu socorro, ou mesmo daqueles que O procuram, não por conhecimento nem para alívio de seus sofrimentos, mas pura e simplesmente por motivos egoístas. Veja esta magnanimidade, esta grande generosidade, que responde não somente ao sofrimento dos aflitos, mas mesmo ao desejo de gente que procura os agradáveis, ainda que ilusórios, prazeres deste mundo. Considero esta última classe de resposta a mais sublime e realmente a divina em sua natureza. Mesmo nós, cegos pelas ilusões e pelo egoísmo como somos, podemos comover pelo sofrimento e pela miséria, e responder em diferentes graus a um apelo de ajuda, mas somente Deus e os que se assemelham a Deus podem responder a todos os apelos sinceros, qualquer que seja a sua natureza. Ninguém pode ficar fora de seu vasto e amoroso abraço. Como uma mãe que não pode recusar quando uma criança deseja um brinquedo ou um chocolate, assim Deus não pode recusar quando uma alma, parcialmente desenvolvida, deseja coisas deste mundo para sua satisfação e seu crescimento. Estejamos assim atentos, em não olhar farisaicamente para as almas que ainda são jovens e necessitam dos prazeres do mundo para seu crescimento. Mesmo que não estejamos aptos a atender a seus apelos de auxílio podemos adotar a atitude correta e não pensar mal delas por causa disso.

Temos qualquer dúvida se Deus atende ao chamado de todos os indivíduos por algo que desejem? Sabemos ou não que há uma lei operando na região das questões humanas que a todos traz, cedo ou tarde, o que quer que desejem? Não lhe é possível ter imediatamente qualquer coisa desejada, mas é possível que finalmente a tenha, desde que continue a desejá-la e a fazer os necessários esforços. Somos filhos do Supremo e, por conseguinte, nossa vontade, mesmo expressa sob a ilusão, na forma de desejo, deve ser respeitada e portanto satisfeita com o decorrer do tempo. Podemos desejar as coisas erradas e sofrer em consequência, mas isso não importa. É parte de nossa educação. Aos poucos começamos a desejar as coisas corretas e, finalmente, não mais coisas, mas Ele. Ele somente é a única e real Fonte de toda a verdadeira felicidade que erradamente procuramos através das coisas.

Mas voltemos ao tema e façamos a pergunta: "Qual é o verdadeiro significado desses dois *Sūtras*, à luz do que Shri Krishna diz na *Bhagavad-Gītā* sobre os devotos que se dirigem a Ele e amam-No mesmo que seja com um motivo ulterior?" Penso que isso claramente indica que devemos aprender a apelar para Ele em prol do que desejarmos, mesmo que nossos desejos, no princípio, sejam egoístas. Pois é virando nossa face em Sua direção que damos o primeiro passo para Ele. Não importa se Lhe pedimos satisfazer nossos desejos comuns. O simples fato de Lhe pedirmos tal coisa significa que começamos a confiar Nele e Dele depender. Nesta atitude de confiança e dependência está o grande segredo do desenvolvimento do amor a

Ele. Quanto mais acreditamos Nele e dependemos Dele mais nosso amor cresce, e nosso desejo pelas coisas comuns vai-se transformando lenta e constantemente no desejo por Ele, que sempre atende nossas necessidades. Nesse processo há uma Divina alquimia envolvida. Discutiremos este assunto com maiores detalhes quando estudarmos a questão dos meios de desenvolver a Devoção. Dentre estes tem lugar predominante *Ananyata* ou "dependência somente Dele", mencionado no *Sūtra* 10.

21

Os Meios de Desenvolver a Devoção

Como os aforismos tratando dos meios de desenvolver a devoção são dados nos *Bhakti-sūtras* de Narada de maneira um tanto desordenada e esparsa pelas diferentes partes do texto, escolheremos os aforismos importantes relacionados com determinado aspecto do assunto e os discutiremos juntos antes de prosseguir no estudo dos demais aspectos.

(10) *Tasmin ananyata taci virodhzsu udasinata ca (9)*
Devoção exclusiva a Ele e indiferença a tudo que com Ele conflite.

(11) *Anyasrayanam tyagah ananyata* (10)
Devoção exclusiva a Ele significa renúncia a qualquer outro apoio.

(12) *Loka vedesu tad anukulacaranam tal virodhisudasinata* (11)
Indiferença a tudo que conflite com Ele significa conduta correta de acordo com as obrigações sociais, morais e espirituais.

O grupo de três aforismos (9,10 e 11) dados acima projeta luz sobre dois requisitos básicos para o percurso do caminho do Amor, e com estes começaremos. O *Sūtra* 10 enumera os dois requisitos básicos e os dois seguintes indicam a natureza geral desses requisitos. Esses dois requisitos são indicados pelas expressões sânscritas *Ananyata* e *Tad virodhisudasinata.* Tomemos primeiro *Ananyata.*

Ananyata foi traduzido como devoção exclusiva a Deus e explicado como a desistência de qualquer outro apoio. Estas frases indicam o significado geral como é compreendido pelas pessoas comuns, mas aqueles que desejam pôr em prática essas ideias devem aprofundar-se no significado da palavra *"Ananyata"*. Levando em consideração o significado literal da palavra, bem como as tradições e práticas correntes entre místicos e santos, penso que o significado da palavra é melhor expresso pela frase "completa dependência de Deus para tudo". É claro que todo aspirante concordará prontamente com esse piedoso ideal e tentará traduzi-lo em sua vida tanto quanto possível. Mas a parte crucial de todo o problema está nas duas palavras "completa" e "tudo". É fácil depender de Deus sempre que é conveniente, mas é extremamente difícil desenvolver a atitude e o hábito mental de depender Dele completamente e em tudo. Eis a razão por que esse potentíssimo meio de desenvolver devoção permanece infrutífero no caso de grande número de devotos que se julgam dependentes de Deus e, no entanto, não denotam mudança apreciável em sua vida e mente. Se você depende de Deus quando conveniente e depende de você mesmo ou de outrem na maior parte do tempo, isto não é realmente depender Dele. É apenas um expediente, é usá-lo como uma conveniência do mesmo modo que você usa qualquer outra pessoa. Isto não funciona.

Certamente que não é possível desenvolver *Ananyata* subitamente com uma simples resolução. É um processo lento envolvendo um círculo virtuoso. Quanto mais você confiar em Deus e Dele depender, mais pronta e completamente Ele responderá a sua confiança e atenderá suas necessidades. E, quando realmente você verificar que suas verdadeiras necessidades estão sendo atendidas, por vezes quase que miraculosamente, sua fé e confiança em Sua generosidade e em Seu carinho crescerão rapidamente. Começa então a jorrar de dentro de seu coração a verdadeira devoção que se derrama em pura alegria e adoração sem esperar qualquer coisa em retribuição, mas apenas o desejo de ser digno do amor e da ternura que Ele lhe dá. Como já foi dito, este é um processo lento. Quão lento ou rápido depende de nós e não Dele, pois Ele espera para tudo dar, dar até mesmo a Si próprio, mas ainda não somos dignos de recebê-Lo. Contudo, sendo a natureza humana o que é, devemos ser pacientes e perseverar no esforço, conservando o ideal de completa dependência constantemente em vista, ainda que nem sempre tenhamos sucesso. Devemos estar preparados para testes difíceis a fim de verificar se nossa confiança é realmente sincera e não somente uma pseudodependência que se evapora e mesmo se transforma em desapontamento e ressentimento quando nossos desejos e nossas necessidades não são satisfeitos. Pois Ele faz o que é realmente bom para nós e não o que nós, em nossa ignorância, pensamos ser bom.

Estamos tratando aqui apenas do princípio geral. Como *Ananyata* deve ser desenvolvido completamente na vida de alguém, é um problema pessoal que cada indivíduo deve resolver por si mesmo. Na verdadeira vida espiritual, distinta da religiosa comum, não pode haver regras fixas, rígidas e repetitivas a serem seguidas de maneira mecânica e pouco inteligente, que tragam o resultado desejado. Devemos colocar todo nosso coração na tarefa, estar sempre alerta, experimentar as diferentes linhas e estar preparados para falhar. Somente então poderemos ter sucesso no atingimento de nosso objetivo. Mas se perseverarmos sinceramente o sucesso virá afinal, pois vivemos num mundo de leis imutáveis tão fidedignas quanto as leis do mundo físico e, o que é mais importante, Aquele que procuramos está por trás de nosso esforço e mais ansioso que nós por esta união. Todavia são indispensáveis sinceridade e fé perfeitas. É inútil tentar fazer essas coisas com meia atenção, descuidadamente, como usualmente as fazemos. A dúvida é a grande inimiga do progresso espiritual, anulando todos os esforços e minando o edifício de nossa vida espiritual de maneira insidiosa. A dúvida é arma útil e necessária nos primeiros estágios da procura. Mas devemos tentar considerar todas essas coisas, ponderá-las, testá-las e então chegar a conclusões e convicções definidas, no que foi denominado *Nis'chaya,* em capítulo anterior. Se nossos esforços nessa direção tiverem sucesso e se realmente desejamos ingressar no Caminho, deveremos orar e purificar nossa mente para a luz de *Buddhi,* pois a verdadeira fé nada mais é que a iluminação da mente inferior com a luz de *Buddhi* que dá certeza e confiança porque parcialmente faz refletir as realidades da vida interior em nossa mente.

Uma vez que decidimos ingressar no Caminho, devemos eliminar por completo a dúvida de nossa mente e não continuar conservando-a, pensando que isso é bom, que é sinal de intelectualidade. Não é sinal de intelectualidade. É sinal do fato de que nossa mente não está iluminada pela luz de *Buddhi* e assim estamos oscilando entre uma multidão de ideias e linhas de ação e não estamos aptos a decidir o que é correto e justo. Se não acreditamos nisso e estamos convencidos de que a dúvida é parte necessária de nosso progresso na vida espiritual temo que, por enquanto, não haja lugar para nós nesse campo de empreendimento Divino. Nosso lugar apropriado é entre os assim chamados intelectuais dos tempos modernos que pensam estar na vanguarda da civilização, não acreditam em nada e insistem em seu direito de duvidar de tudo.

Veja o que Shri Krishna diz na *Bhagavad-Gitā* [27], sobre aquele que duvida e o homem que tem o verdadeiro *Shraddhā*.

> "Mas o eu ignorante, incrédulo, duvidador segue para a destruição; para o eu que duvida não existe nem este mundo, nem aquele mais além, nem felicidade" (IV-40).
>
> "O homem que está pleno de fé e também domina seus sentidos obtém sabedoria; e após obter a sabedoria, segue rapidamente para a suprema Paz" (IV-39).

Penso que, sobre as afirmativas acima, não pode haver equívoco e devem aquietar-se para sempre as dúvidas de todos os que habitualmente as têm em relação à sabedoria e necessidade de duvidar das coisas concernentes à vida superior.

Ainda que o hábito de duvidar afete em alto grau especialmente certas pessoas, todos nós sofremos com um tanto de dúvidas emboscadas em nossa mente das quais, na maior parte, estamos inconscientes. São essas dúvidas que nos impedem de seguir com sinceridade e de todo o coração as instruções de nossos grandes Instrutores, bem como de fazer um julgamento justo dos métodos preconizados para o desenvolvimento de nossa natureza espiritual. Aceitamos essas coisas mentalmente, mas não com inteira sinceridade. Temos reservas mentais das quais não estamos conscientes. O próprio fato de que não estamos preparados para experimentá-las seriamente mostra a existência de dúvidas escondidas.

Como nos escapam os maiores dons que a vida tem em reserva para nós por nem mesmo experimentarmos esses métodos tão bem experimentados por outros, que tentaram e tiveram sucesso! Lembro-me a esse respeito de uma história, que li em algum lugar, sobre dois ingleses, dos quais um era um grande crente no ceticismo das pessoas em geral e outro não. Fizeram uma aposta. O que tinha fé implícita na tendência à dúvida do homem comum disse: "Ficarei na Ponte do Tâmisa com cem soberanos de ouro autênticos, num prato, durante quinze minutos, e tentarei vendê-los por um "shilling" cada um a quem estiver disposto a comprá-los. Se nesse ínterim conseguir vender um só soberano a vitória será sua. Se não conseguir vender nenhum, você perderá." Ele ficou na ponte como estava com-

[27] Editora Teosófica, Brasília, 2ª edição, 2020. (N. ed. bras.)

binado. As pessoas chegavam, achavam muito engraçado, mas julgavam-se bastante inteligentes para não cair nessa. "Deve haver uma armadilha em algum lugar", pensavam. Foi assim que nenhum "soberano" foi comprado por nenhuma das centenas de pessoas que passavam e a quem era feito o oferecimento honesto.

Muitos de nós se assemelham àquelas pessoas que passavam na ponte. Os grandes instrutores da humanidade, os santos e sábios que trilharam o Caminho e atingiram a meta, oferecem-nos as preciosas verdades da vida espiritual com toda a seriedade, mas não levamos a sério esses oferecimentos. Eles nos falam sobre a estupenda Realidade oculta em nosso coração, e que pode ser para nos um fato, desde que façamos o necessário esforço e estejamos preparados para sacrificar os prazeres ilusórios do presente em benefício da Vida Eterna que nos espera. Nós Os homenageamos com palavras, mas nada fazemos e, mesmo se fazemos alguma coisa, é sem o necessário entusiasmo. A razão? Dúvidas ocultas em algum ponto de nossa mente. É claro que em muitos casos a razão é, provavelmente, não estarmos ainda prontos para o glorioso destino que nos está reservado, e esse despreparo também se manifesta pela dúvida. Não há nada que, com tamanha eficiência, guarde uma verdade e a faça inacessível às pessoas como o ceticismo. Eis por que um dos Mestres disse que a melhor salvaguarda contra o mau uso do conhecimento e dos poderes ocultos é o ceticismo das pessoas que possam usá-los mal. É esta a razão de não estarem Eles entusiasmados em que todos no mundo aceitem essas verdades ocultas.

Ananyata é uma das tais preciosas verdades dotadas de enormes potencialidades no desenvolvimento da devoção. Mas quantas pessoas a levarão a sério e a experimentarão de mente aberta?

Passemos agora ao segundo requisito mencionado no terceiro *Sūtra.* Na forma exposta parece ser ele aplicável somente aos hindus que tomam os *Vedas* como autoridade em questões ligadas à vida religiosa. Os *Vedas,* considerados baseados na revelação, são as escrituras dos hindus ortodoxos. Contêm em suas várias partes ensinamentos convenientes a todos os estágios do desenvolvimento humano, desde o mais alto até o mais baixo. Há rituais destinados aos que desejam as alegrias deste mundo ou do celestial, e também o ensinamento dos *Upanishads* para os que compreenderam a natureza ilusória deste, bem como do mundo celestial, e estão prontos a empreender a árdua tarefa de descobrir a Verdade eterna da Realidade oculta dentro de si. Todos são realmente livres para escolher o caminho que lhes aprouver, ainda que a ortodoxia procure impor restrições de várias espécies, mas atualmente ninguém as leva a sério.

Se você examinar o *Sūtra* cuidadosamente, tirando-lhe a veste externa do pensamento e da tradição hindus, verificará que ele preconiza nada mais nada menos que uma vida correta, tomando a palavra "correta" em seu sentido mais amplo e universal. A palavra "correta" do latim *correctu* significa "isento de erros" (1) uma vida vivida, estrita e escrupulosamente, de acordo com o que, no âmago de nosso coração, sabemos ser correto e não vista através dos véus de nossos desejos. É também possível que tenha alguma conexão com a misteriosa palavra sânscrita *"Rita"*, que denota na religião e na filosofia hindu a ordem moral dinâmica que fundamenta o universo e de acordo com a qual ele se desdobra no reino do espaço e tempo. *Rita* é a Lei oculta do Divino desdobramento, enraizada na Concepção e Vontade Divinas, e que determina a retidão de todas as ações e todos os movimentos em tempo e espaço, em seus aspectos individual e coletivo. Se alguma coisa está de acordo com *Rita,* é correta; se não está, é errada.

Não prosseguiremos no aspecto filosófico da correção, mas consideraremos seu aspecto prático como uma qualificação necessária para todos aqueles que trilham o caminho da Perfeição e Libertação.

Mesmo que decidamos regular nossa vida e nossa conduta de acordo com os ditames da retidão, como vamos determinar o correto num certo conjunto de circunstâncias? Não há regras mecânicas que possam guiar-nos neste assunto. A única maneira de sabermos o que é correto é através da luz de *Buddhi* que faz refletir na mente a consciência espiritual que está em contato com *Rita.* Essa capacidade de ver o correto à luz de *Buddhi,* como já foi mencionado, só pode vir do hábito invariável de fazer, a todo custo, aquilo que é escrupulosamente correto, qualquer que seja no momento a inconveniência ou perda para nós. Aqui temos novamente um círculo virtuoso. Quanto mais pautamos nossa vida com o que julgamos correto, mais correta e facilmente podemos ver o que é correto, e quanto mais aptos estivermos para ver corretamente o que é correto à luz de *Buddhi,* mais facilmente traduziremos essa percepção em ação correta. Esta é a única maneira pela qual podemos adquirir a verdadeira retidão e torná-la parte de nossa natureza, de modo que possamos praticar o correto sem luta, hesitação e mesmo sem esforço. Naturalmente, no começo, podemos e mesmo temos de seguir certas regras bem definidas de conduta, pois há algumas linhas de comportamento que são sempre certas e outras que são erradas em todas as circunstâncias. Esta disciplina purifica nossa mente e possibilita à luz de *Buddhi* iluminá-la bastante, mas não podemos sempre depender dessas regras e temos que acabar por depender de nossa intuição nos estágios mais avançados que se seguem.

O ponto importante a ser compreendido aqui é a indispensabilidade de uma vida correta para o aspirante que seriamente tenciona desenvolver sua vida espiritual, quer seja por *Bhakti Marga,* quer seja pelo caminho do *Rāja Yoga.* A importância da vida correta deve-se a diversos fatos que comportam repetição e recapitulação. Primeiro, é a única coisa que pode garantir nossa segurança especialmente nos estágios mais elevados, quando os poderes começam a aparecer naturalmente como resultado do atingimento desses estágios superiores de consciência, e há possibilidade de seu mau uso quando empregados para finalidades pessoais. Segundo, é a única coisa que pode assegurar a ausência de conflito interior que constantemente perturba a mente e torna impossível acalmá-la e harmonizá-la. Terceiro, sem retidão não é possível abrir a mente à influência e iluminação da luz de *Buddhi* e, por último, é somente através da mente baseada numa vida perfeitamente correta, que a Vida e a Consciência Divinas podem funcionar. Como é possível uma vida incorreta se coadunar com a pura e transcendente Vida de Deus, e como pode Ele descer ao nosso coração se não estamos preparados para Sua recepção, fazendo-o absolutamente puro pela retidão? Verificaremos que é na rocha da incorreção que as vidas de muitos ocultistas ou místicos em botão geralmente naufragam.

(13) *Yah karma-phalam tyajati karmani samnyasyati tato nirdvandvo bhavati* (48)

Quem renuncia ao fruto de suas ações, quem dedica todas as ações a Deus (ou quem em tudo faz a Vontade de Deus) verdadeiramente se torna livre da influência dos pares de opostos.

Este é outro *Sūtra* de importância fundamental que devemos tentar entender integralmente. Ele trata do problema da ação, como praticar ações e, entretanto, não ficar atado por seus efeitos cármicos. Como Shri Krishna menciona na *Bhagavad-Gitā*, ninguém pode ficar sem agir, mesmo por um momento, tomando a ação em seu sentido mais amplo que inclui não somente nossas atividades físicas, mas também nossos desejos e pensamentos. É igualmente verdade que qualquer ação de qualquer espécie amarra-nos produzindo *Karma*, tendências ou potencialidades de satisfação de nossos desejos no futuro. Todas essas coisas estão continuamente forjando cadeias para nós. Cumpre-nos esgotar os *Karmas*, atravessar as experiências tornadas necessárias por nossos desejos, erradicar as tendências desenvolvidas e nesse processo de atravessar todas essas experiências geramos novos *Karmas*, novas tendências, novos desejos. Assim esse processo parece sem fim, uma espécie de círculo vicioso que nos amarra à roda de nascimentos e mortes e a todas as ilusões e limitações que são parte da roda. Não há então uma saída desse círculo vicioso? Sim, há e é a indicada no *Sūtra* que estamos discutindo. O método aí prescrito não somente nos livra do efeito agrilhoado de nossas ações, mas também desenvolve nossa devoção e faz de nós instrumentos conscientes da Vida Divina. E, consequentemente, livra-nos da influência dos pares de opostos que causam constante perturbação em nossa mente. Detalhemos essas coisas um pouco mais e tentemos alcançar seu significado interior. Pois o que estamos realmente tratando neste *Sūtra* é do *Karma Yoga,* que é uma preparação e uma base indispensável para todos os sistemas avançados de *Yoga*. A menos que aprendamos as técnicas de praticar ações de tal ordem que não produzam *Karma* que nos prenda continuamente a uma série de causas e efeitos, que esperança pode haver de chegarmos à Libertação? Somente quando tivermos aprendido essa técnica e cessado de criar novos *Karmas* para o futuro é que o caminho abrir-se-á para a exaustão de nossos *Karmas* passados em preparação para a Libertação. Esse *Karma Yoga* já foi extensamente tratado na *Bhagavad-Gitā*, mas vamos examiná-lo aqui salientando alguns trechos.

O que primeiro devemos compreender claramente é a necessidade de aprendermos a técnica do *Nishkama-karma,* isto é, a ação praticada de tal maneira que não deixe efeitos cármicos para o futuro e não nos prenda aos mundos inferiores de ilusão e limitações. *Kama,* como todos sabemos, significa desejos que podem ser satisfeitos somente nos três mundos inferiores em que a personalidade opera e *Nishkama-karma* é, portanto, ação não associada com tais desejos. Obviamente, quando praticamos uma ação motivada por um desejo pessoal inferior, o que está errado com a ação é somente o motivo. É este motivo que nos amarra ao futuro. Não é o mero fato de que haja um motivo por trás da ação, mas que o motivo seja tal que vá produzir *Karmas* somente esgotáveis nos mundos inferiores, o que é a causa de seu efeito de cativeiro. Obviamente não é possível praticar-se uma ação sem um motivo, mas é possível substituir o motivo inferior que traz resultados indesejáveis por outro mais elevado que não os traga. Isto pode ser feito quando se aprende a técnica do *Nishkama-karma. Ntshkama-karma* não é, portanto, uma ação sem motivo, nem mesmo sem desejo, como muita gente erroneamente pensa, mas a ação sem desejos inferiores da personalidade que podem ser satisfeitos apenas nos mundos inferiores. Deve haver, necessariamente, um motivo e um desejo por trás de toda ação, mas este desejo deve ser espiritual, se assim posso expressar-me. Consideremos o que está escrito em *Luz no Caminho.* Os seis primeiros aforismos são:

I "Mata a ambição.
II Mata o desejo de viver.
III Mata o desejo de conforto.
IV Mata todo o sentimento de separação.
V Mata o desejo de sensação.
VI Mata a fome de crescimento."

Segue-se outro grupo de seis aforismos:

VII "Deseja somente o que está dentro de ti
VIII Deseja somente o que está além de ti.
IX Deseja somente o que é inalcançável.
X Deseja ardentemente o poder.
XI Deseja fervorosamente a paz.
XII Deseja posses acima de tudo
XIII Procura o caminho"

O primeiro grupo de desejos são desejos da personalidade enquanto os do segundo pertencem à Individualidade espiritual ou do Eu Superior. Ver-se-á, portanto, que não são todos os desejos que devem ser eliminados mas somente os desejos inferiores. Você pode desejar poder e posses, porém, estes devem ser os da Alma pura ou do Eu Superior.

Voltando ao tema, podemos perguntar: "Que motivo ou desejo deve ser substituto para os desejos pessoais inferiores que estão geralmente por trás de nossas ações, para destruir sua potencialidade, produzindo *Karmas* indesejáveis no futuro? A resposta na *Bhagavad-Gitā,* destinada àqueles que trilham o Caminho da Devoção é bastante clara. Dedique todas as ações a Deus ou, em outras palavras, que todas as ações estejam a Seu serviço ou que Lhe sejam oferecidas. Esta mudança de motivo elimina a potencialidade de ação para produzir *Karma* pessoal inferior. Mas não é tudo.

Isso introduz outro poderoso efeito que redunda em auxílio positivo ao devoto em seu progresso na direção de sua meta de união com seu Amado. Considere o efeito de colocar todas as ações aos pés de seu Senhor. Se você Lhe oferece um flor ou uma prece com sinceridade seu coração é elevado imediatamente e a devoção brota nele em medida maior ou menor segundo a sua atitude. Mas oferecer todas suas ações por todo dia pode se tornar um estado contínuo de adoração que, em resposta, deve trazer Sua graça e fazer com que sua devoção cresça rapidamente. Muita gente considera *Nishkama-karma,* destituída de todo o seu motivo pessoal, como um cumprimento seco e sem atrativo de um dever e, portanto, o evitam. Essas pessoas não compreendem que, para o verdadeiro devoto, trata-se de uma oferta feliz de sua vida ao seu Senhor. É uma perpétua festa de amor, se verdadeiro amor existe em nosso coração. Isso tira de nossa vida toda apatia, frustração, todo enfado que muita gente sofre, e desse modo ficamos aptos a executar o mais enfadonho e desagradável trabalho com uma canção no coração se sentimos que estamos fazendo-o para Ele.

Com a continuação desse processo e com o aperfeiçoamento na técnica de *Nishkama-karma,* você sentirá começar uma mudança muito sutil em seu interior, verificando que está se tornando mais e mais um instrumento de Sua vida e de Seu amor. Verificará ainda que Seu poder, Seu amor, Seu auxílio é passado através de você para aqueles com quem e para quem você trabalha, independentes de você. Você se torna um canal, mas por esse canal fluem Sua Vida e Seu amor. Vem então uma outra realização num estágio ainda mais elevado, quando você verificar que é Ele quem está sediado em seu coração e dirigindo todas as suas ações. Ele assim sempre fez, mas em seu egoísmo e sua falsa consciência de ser ator, você não compreendeu isso e criou toda espécie de obstáculos em Seu caminho e obstruiu o fluxo de Seu poder e amor. Mas agora você sabe e submete-se completamente a essa direção e a esse fluxo que vêm do interior. Ele agora lhe governa em seu interior e você é feliz de ser Seu instrumento. Eis a consumação do *Karma Yoga.*

(14) *Tat tu visaya-tyagat sanga-tyagac ca (35)*

A devoção desenvolve-se pela renúncia aos objetos e ao apego a eles.

Este *Sūtra* fala da necessidade de libertar nossa mente do apego a toda espécie de objetos do mundo. Esta condição preocupa e mesmo alarma muitos aspirantes porque parece implicar na desistência de todas as coisas que possuem e que consideram necessárias ao seu conforto ou prazer. Sem dúvida é verdade que a mente apegada por laços internos a mil e um objetos dificilmente estará em condições de ser usada como instrumento na Divina aventura da Autodescoberta. Esses laços exercem uma constante e forte atração para baixo e conservam a mente ligada ao mundo inferior, apesar de nossa aspiração e nosso desejo de nos libertarmos de suas limitações.

Contudo temos de ser bem claros em nossa mente quanto ao que nos cumpre realizar e devemos adotar os meios adequados para atingir nosso fim. O apego da mente ao mundo inferior depende do número de coisas que cercam a pessoa e às quais está apegada? A pessoa que tem uma centena de coisas está necessariamente mais apegada do que a que tem somente dez ? Um mendigo, que nada tem, é desapegado? Obviamente não. Segue-se, por conseguinte, que nosso apego ao mundo não depende do número de coisas, mas de nossas atitudes e do funcionamento de nossa faculdade de discernimento, de quão longe ela vê o mundo e seus problemas na correta perspectiva e sem as ilusões que o desejo tece em torno de nossas posses e ambições mundanas. O estado da mente é o fator mais importante quanto ao problema e não o ambiente e aquilo que ele contém. É verdade que se o discernimento fosse suficientemente desenvolvido em nós, não nos rodearíamos de todas as espécies de coisas desnecessárias que implicam em perda de tempo e energia, primeiro para adquiri-las e depois para conservá-las. Mas às vezes o *Karma* coloca-nos em circunstâncias onde essas coisas surgem naturalmente em nosso caminho e, algumas vezes, apesar de nós mesmos. O nosso trabalho pode requerer o uso de muitas coisas que a outros podem parecer desnecessárias. Abrir mão dessas coisas com a ideia de que assim fazendo nos tornaremos menos apegados é uma esperança falsa. Se não há amor em nosso coração e nossa faculdade discernidora não foi despertada, nada lucraremos adotando a vida de um faquir. Nossos desejos, cedo ou tarde, irão impelir-nos de volta para o mundo que pensamos ter abandonado. Tenho visto pessoas irem para os Himalaias, aí viverem em grutas por muitos anos e voltarem tão pobres e miseráveis quanto antes. O fato é que as coisas externas são realmente sem importância. O que importa é o amor em nosso coração, o discernimento que vê as ilusões da vida com clareza e a conseqüente determinação de sobrepujar essas ilusões. Quando a luz do discernimento brilha através de nossa mente e o amor do Divino enche o nosso coração, realmente não importa como vivemos e o que possuímos no mundo físico. Nós nos consideraremos meros procuradores de nosso Senhor e estaremos preparados para tudo abandonar sempre que as circunstâncias o tornarem necessário ou desejável.

O verdadeiro problema, nesse assunto, é adquirir a atitude correta e desenvolver aquele desapego interior que tudo abrange, que é baseado num agudo senso de discernimento e numa vida interior rica, que nada necessita do exterior para seu preenchimento. Não digo que não se renuncie a certas coisas para aliviar a carga e desenvolver a correta atitude. Podemos, se isso ajuda, mas devemos conservar nossa mente fixa nas atitudes interiores e nos estados da mente e não confiar nas mudanças externas em nosso ambiente e modo particular de vida no mundo exterior. Basta-nos olhar em torno e aprender a lição com a vida das pessoas que colocam sua fé nos objetos externos e compreendem tardiamente que essas coisas de todo não importam. De fato, elas algumas vezes geram um falso sentimento de segurança e mesmo orgulho, permitindo-nos dormir no sentido espiritual. A esse respeito é necessário considerar a questão do amor àqueles que nos estão próximos e que nos são caros. Tal amor se não for acompanhado de discernimento, pode também ser causa de dependência. De fato essa espécie de amor geralmente exerce uma atração muito mais poderosa e pode nos atar com muito mais firmeza aos mundos inferiores do que as coisas inanimadas. O que devemos fazer com esses amores que desenvolvemos durante o curso de nossa evolução, devido às associações repetidas, às diferentes almas? Temos que extingui-los como muitos pseudovedantinos advogam?

É um problema difícil: como preservar e desenvolver os germes do amor em nosso relacionamento pessoal e, ao mesmo tempo, não permitir que se tornem obstáculos? E através desses amores pessoais que nossa capacidade de amar se desenvolve e matá-los seria realmente um passo para trás, pois nos faria menos sensitivos e menos aptos a trilhar a Senda que leva à Libertação. E, entretanto, é isso que muita gente na Índia tenta fazer sob inspiração e guia de seus Gurus, fazendo-se assim duros de coração e indiferentes ao grito de sofrimento da humanidade e aos pedidos de afeto humano.

Obviamente, essa é uma tentativa de solução completamente errada para o problema e aqui, mais uma vez, a chave está na faculdade do discernimento. Devemos amar, mas amar sabiamente. O que está errado com o amor humano comum não é o amor em si mas os liames à personalidade a ponto de afetar a liberdade de nossa mente e desviar nosso julgamento. Temos assim de ajustar nossa atitude em relação às pessoas a quem amamos de tal maneira que preservemos o amor intato e, ao mesmo tempo, não permitir que ele se torne um grilhão. Isto é difícil como difícil é todo ajustamento que requeira o uso de nossa inteligência. É muito mais fácil, desenvolvendo o desapego, eliminar todo amor e tornar-nos duros e insensíveis. Mas assim fazendo nós realmente jogamos fora a criança com a água do banho e corremos o risco de, aos poucos, nos desviarmos do caminho da direita.

Não há realmente solução permanente e eficiente para o problema exceto o desenvolvimento da percepção de nossa unicidade com a Vida Divina, que nos possibilita ver Deus em tudo e ver tudo em Deus. Pois, quando como resultado dessa percepção nasce o grande Amor em nosso coração todos os amores menores são colocados em seus lugares apropriados e são vistos e sentidos contra o fundo desse Amor maior. Certa ocasião, um discípulo perguntou ao Buda se o *Tathāgata* ainda amava seu filho. Buda respondeu afirmativamente, e como o discípulo parecesse um tanto confuso, ele disse: "O Amor maior contém o amor menor". Há o segredo de amar sabiamente – a capacidade de ver todos os amores menores, mesmo amores pessoais, como reflexos daquele Amor que tudo abrange, e liga entre si todos os seres viventes. Assim, não nos preocupemos em demasia com esses amores pessoais. Concentremos todo nosso esforço no desenvolvimento do Amor maior. Quando tivermos conseguido isso, mesmo limitadamente, o problema dos amores pessoais estará resolvido, automática e naturalmente.

Há muitos aforismos nos *Bhakti-sūtras* de Narada que dão os nomes de certas características morais e mentais a serem desenvolvidas pelo aspirante que trilha o Caminho da Devoção. Como essa questão já foi discutida na parte 2 não necessitamos comentá-la aqui.

22

Samādhi – *A Técnica Essencial do* Yoga

O *Yoga-Sūtras de Patañjali* é um livro de 196 *Sūtras* ou aforismos, divididos em quatro capítulos. O primeiro capítulo trata em geral da natureza do *Yoga* e sua técnica. *Samādhi* é a técnica essencial do *Yoga* e, por conseguinte, mesmo sendo de difícil compreensão, foi estudado no primeiro capítulo. O segundo capítulo trata do problema das limitações, ilusões e conseqüentes misérias humanas e da filosofia dos *Kleshas,* que formula o método geral para libertar a alma humana dessas aflições. Ele estuda também a preparação preliminar para uma vida ióguica e as cinco primeiras das oito partes da técnica em que se divide o sistema de Patañjali. Esse capítulo inteiro trata assim da filosofia básica e das práticas preliminares que o *Sadhaka* deve dominar antes de ficar apto a manejar a mente com seriedade e eficiência. Esse é o capítulo mais importante para o principiante. O terceiro capítulo é sobre as práticas puramente mentais que culminam em *Samādhi* e as realizações possíveis através da sua prática bem-sucedida. Nestas estão incluídas não somente os poderes psíquicos do *Yoga*, chamados *Siddhis,* em sânscrito, mas também a liberação final da consciência em relação às limitações e ilusões da mente, o que leva à *Kaivalya.* O último capítulo trata da Filosofia e da Psicologia do *Yoga* de maneira geral e também os estágios finais da técnica do *Yoga* que levam à Autorrealização ou *Kaivalya.* Ver-se-á, assim, que o livro abrange vasta área e trata de todos os problemas concernentes ao Autodescobrimento e à Autorrealização por meio do *Rāja Yoga*. Como, porém, o assunto foi tratado sob a forma de *Sūtras,* o verdadeiro conhecimento deve ser extraído, aos poucos, da mente de cada um por pensamento e reflexão cuidadosos. Mas o assunto é tão fascinante e importante para o aspirante que vale bem o trabalho.

Não nos esqueçamos que a técnica do *Rāja Yoga* trata dos últimos estágios autodirigidos da evolução humana, que encontram sua consumação na Libertação ou transcendência de todas as limitações e ilusões humanas. Assim, não se deve esperar que sejam fáceis quer no estudo teórico quer na aplicação prática dessa técnica. Mas para aqueles cujo discernimento espiritual tenha sido desenvolvido, ainda que parcialmente, a técnica fornece meios eficientes e bem experimentados de libertar o indivíduo de suas limitações e de seus sofrimentos, não somente nesta vida, mas também para todos os tempos vindouros. Mesmo que o aspirante não possa pôr imediatamente em prática toda a técnica, considerando que lhe dá uma ideia geral de todo o campo de trabalho em todos os seus aspectos e do começo ao fim, ele deve se assenhorear cuidadosamente dessa técnica pelo menos em seus aspectos teóricos e, aos poucos, ir tentando ampliar o alcance de sua aplicação prática, à medida que seu interesse no assunto cresça e sua capacidade aumente. Essa é a Estrada Principal para nosso verdadeiro Lar e devemos conhecê-la, pelo menos teoricamente, mesmo que estejamos inclinados a demorar no percurso e tenhamos ainda um longo caminho a percorrer.

Como nosso objetivo neste livro é somente dar uma ideia geral do assunto, escolheremos os *Sūtras* mais expressivos que servem para esclarecer nossas ideias sobre os aspectos importantes do *Rāja Yoga* e estudá-los sucintamente. O livro *A Ciência* do *Yoga* [28] trata dos *Sūtras* de maneira sistemática, e os que desejam fazer um estudo completo do assunto podem consultar esse comentário ou qualquer outro livro sobre os *Yoga-Sūtras* de Patañjali.

O primeiro *Sūtra* que podemos tomar para exame é o *Sūtra* muito conhecido do capítulo 2 que define a técnica do *Yoga* em quatro palavras:

> *Yogas'citta-vrtti nirodhah (I-2)*
> *Yoga* é a inibição das modificações da mente.

No comentário foi feito um esforço para explicar o significado das quatro palavras que constituem o *Sūtra,* mas não se pode realmente com-

[28]TAIMNI, I. K. Editora Teosófica, Brasília, 7ª ed. 2018. (N. ed. bras.)

preender a importância do *Sūtra* simplesmente conhecendo o significado das palavras. Alguém que queira entender este *Sūtra* tem antes de compreender todo o livro. Pois esta compreensão significa entender a técnica do *Yoga* como um todo. Um principiante deve, portanto, contentar-se em compreender o significado geral do *Sūtra* e não se preocupar demasiadamente com seu significado mais profundo até que tenha percorrido o livro do princípio ao fim.

Mas podemos considerar a este respeito, uma ilustração científica que talvez nos dê uma ideia mais clara sobre o sentido deste *Sūtra* do que pode fazê-lo um longo comentário. Suponhamos um depósito de vidro cheio de água límpida. Suspensa na água está acesa uma lâmpada elétrica de mil velas e no lado invisível para nós está uma pequena turbina operada por um mecanismo elétrico com o poder de revolver a água em velocidade variável. Podemos ver a lâmpada elétrica claramente enquanto a água estiver perfeitamente tranqüila e, nessas condições, não podemos ver a água. Suponhamos que ligamos o motor e a água começa a se agitar em velocidade crescente. O que acontecerá como resultado dessa agitação produzida na água? No momento em que a água começa a ser agitada a lâmpada já não é vista como realmente é, mas um tanto distorcida. Quanto maior a agitação, mais distorcida a aparência da lâmpada, e ao mesmo tempo, a água, que antes era invisível, e que não assimilava qualquer luz emanada da lâmpada, começa a assimilar a luz e torna-se cada vez mais visível. À medida que aumentamos a velocidade do motor, cresce a agitação da água e nela começam a aparecer desenhos, que sucessivamente vão se formando e se dissipando com rapidez. Esses desenhos, temporariamente produzidos na água, são visíveis e sua visibilidade é devida ao fato de terem assimilado um pouco da luz emanada da lâmpada. Eles não brilham por sua própria luz, mas com a luz da lâmpada. Se a velocidade do motor aumenta e a agitação atinge um certo limite, os desenhos tornam-se tão numerosos e densos que apagam por completo a visão da lâmpada. De todo não podemos ver a lâmpada. Vemos somente os desenhos na água, que rapidamente aparecem e desaparecem, desenhos brilhando com a luz da lâmpada, que, no entanto, está invisível. Invertamos agora o processo, deixemos que o motor vá, aos poucos, reduzindo sua velocidade e a agitação da água lentamente diminua. Os desenhos tornam-se menos densos e, à medida que a velocidade diminui, a lâmpada começa a aparecer ainda que em forma distorcida. À proporção que o motor vai parando e a agitação da água cessando, a lâmpada torna-se mais claramente visível. Quando a água volta a ficar perfeitamente tranqüila, a lâmpada pode ser vista sem distorção, os desenhos desaparecem e a água não mais é visível. Reverte-se todo o processo e nós voltamos à condição original.

Pode-se ver imediatamente a admirável semelhança desse fenômeno com o processo de obscurecimento da Realidade pelas agitações e distorções produzidas em nossa mente, bem como o método pelo qual esses obscurecimentos podem ser eliminados, tornando-nos assim outra vez perceptivos à Realidade que está em nosso interior. Mas talvez seja necessário chamar a atenção do leitor para certos pontos que requerem esclarecimento.

O primeiro ponto a ser notado refere-se às agitações, às distorções, e às modificações comuns na mente e chamadas *Citta-vrttis,* que obscurecem a Realidade e nos ocultam nossa natureza divina. Se as modificações são removidas por algum método, a mente torna-se pura e calma por completo, sem qualquer modificação, transparente, por assim dizer, e nós nos apercebemos da Realidade que brilha dentro do centro de nossa consciência. No *Yoga*, as agitações e modificações da mente, que existem em diferentes graus de sutileza vão progressivamente cessando, pouco a pouco, até que a mente torna-se tranqüila, transparente e límpida como a água no reservatório, que está presente, mas desapercebida. Este é o estado de Autorrealização. Mas devemos compreender que, embora, em princípio, o processo de remoção das agitações e dos obscurecimentos da mente, e a conseqüente percepção da Realidade fundamental pareça muito simples, na prática não o é, por causa de fortes tendências presentes, dos impulsos do passado, das impressões sob a forma de *Karmas*, e da lentidão das transformações que devem ser operadas nos veículos. Eis a razão de ser necessário um longo período de disciplina e prática das técnicas ióguicas. O objetivo não pode ser atingido por métodos ultra-simplificados e fáceis, que algumas vezes são recomendados. Os resultados são seguros, mas devemos estar preparados para pagar o preço sob a forma de esforços e sacrifícios.

O segundo ponto a ser notado é que a mente brilha com a luz da Realidade e não é autoiluminadora. A Realidade é como o Sol enquanto a mente é como a Lua. É a absorção da luz da Realidade oculta no interior da mente que lhe dá o sentimento de realidade que temos, vivendo em nosso mundo individual de imagens mentais. Nosso mundo mental, em que verdadeiramente vivemos, seria um mundo morto se não contivesse a luz e a vida da Realidade iluminando-o e energizando-o.

Entretanto devemos ter o cuidado de lembrar que a consciência da Mônada é assimilada e desaparece nas modificações da mente tão só no reino da manifestação. Em seu próprio plano ela permanece autoconsciente tal qual a lâmpada elétrica ligada que brilha mesmo quando no estado agitado da água a luz desaparece e a lâmpada não pode ser vista do exterior.

Tento tratado do princípio geral de encobrimento e descobrimento da Realidade oculta em nossa mente, prosseguiremos agora estudando a técnica específica empregada no *Yoga* para levantar o véu dessa Realidade. Essa técnica chamada *Samādhi,* é a própria essência e o próprio âmago do *Yoga*. Todas as outras práticas ou técnicas empregadas no *Yoga* são preliminares, preparatórias e servem à técnica de *Samādhi.*

A palavra *Samādhi* é usada para designar o mais elevado estado de meditação quando há consciência somente do objeto da meditação e não propriamente da mente. O *Samādhi* é a culminância da meditação sobre um objeto cuja realidade tem de ser compreendida diretamente, sendo precedido por dois outros estágios chamados *Dhāranā* e *Dhyāna.* O iogue começa com *Dhāranā*ou concentração. Quando *Dhāranā* tornou-se perfeita transforma-se em *Dhyāna* ou contemplação e quando a contemplação é perfeita transforma-se em *Samādhi* ou êxtase. Assim, os três constituem um processo contínuo de profundidade progressiva de concentração como está definido nos *Sūtras* 1,2 e 3 do capítulo III, abaixo transcritos:

> *Des'a – bandhas cittasya dhāranā (III-1)*
> Concentração é o confinamento da mente dentro de uma área mental limitada (definida pelo objeto de concentração).
>
> *Tatra pratyayaikatānatā dhyānam (III-2)*
> Fluxo ininterrupto (da mente) na direção do objeto (escolhido para meditação) é contemplação.
>
> *Tad evārthamātra-nirbhāsam svarūpa-s'ūnyam iva samādhih (III-3)*
> A mesma (contemplação), quando há consciência somente do objeto da meditação, e não de si mesma (a mente), é *Samādhi.*

A diferença entre os três estados progressivos de meditação, e como um estado leva a outro, podem ser compreendidos pelo estudo dos comentários. Aqui estamos interessados apenas na natureza essencial de *Samādhi,* e para sua compreensão é necessário começar pelo *Sūtra* 41 do capítulo I dado a seguir.

Ksīna-vrtter abhijātasyeva maner grahītr-grahana-grāhyesu tastha-tadañjanatā samāpattih (I-41)

No caso de alguém cujas *Citta-vrttis* foram quase completamente aniquiladas, ocorre a fusão ou completa absorção recíproca do conhecedor, do conhecimento e do conhecido, como no caso de uma joia transparente (colocada sobre uma superfície colorida).

Eis um *Sūtra* um tanto enigmático, mas que ilustra o estado de *Samādhi* de maneira muito eficiente por meio de um exemplo simples. Como foi dito, *Samādhi* é a técnica para a compreensão da realidade de qualquer objeto, usando a palavra "objeto" em seu mais amplo sentido como algo que pode ser percebido ou compreendido pela mente. Sabemos também que a compreensão é "conhecer pelo tornar-se", i.é., a mente identifica-se com a própria natureza do objeto cuja realidade tem de ser compreendida. É também sabido que a percepção comum ou compreensão baseia-se na relação sujeito-objeto, em que está presente uma triplicidade – o conhecedor, o conhecimento e o conhecido – e a realização é baseada na fusão dos três num estado integrado de consciência. Todas estas ideias contidas no *Samādhi* estão ilustradas no *Sūtra* dado como exemplo. Este, por conseguinte, ilustra eficientemente o estado essencial de *Samādhi* e deve ser ponderado muito cuidadosamente para que seja alcançado seu significado real.

Tentemos primeiramente entender o que a ilustração dada no *Sūtra* quer dizer e depois sua importância para o estado de *Samādhi.* Suponhamos uma bonita gravura aberta sobre uma mesa e que cobrimos com uma placa de vidro opaco. A gravura desaparecerá sob o vidro opaco e nenhuma de suas partes será visível para um observador que a olhe de cima. Imaginemos que, por um processo científico qualquer, podemos, aos poucos, ir tornando perfeitamente transparente uma certa parte do vidro opaco. Marcamos assim um círculo no topo da placa de vidro e aplicamos o tratamento à área compreendida no círculo. Lentamente a porção do vidro opaco sob o círculo vai ficando menos opaca e finalmente se torna inteiramente transparente. Qual o resultado disso? A porção da gravura sob a parte transparente do vidro aparece, fica claramente visível, e o resto continua oculto. A porção do vidro sobre essa parte tornou-se completamente transparente e não causa qualquer obstrução, à luz como faz o resto da placa. O vidro lá está, mas identificou-se com a porção, agora visível, da gravura. Podemos marcar outro círculo na placa e, repetindo o processo, tornar visível outra porção da pintura. O que devemos notar é que a porção do vidro perdendo sua obstrução e distorção fica completamente assimilada ou desaparecida na porção correspondente da gravura, e assume, por assim dizer, a aparência da gravura, mesmo que não tenha desaparecido, e ainda esteja ali. Uma certa área do vidro liberta-se da obstrução e distorção o que lhe dá a capacidade de assumir a cor, forma e beleza da área da gravura sobre a qual repousa e a revela tornando-se uma com ela. Você poderá também ver que, tratando diferentes áreas da placa, trazemos à luz diferentes porções da pintura e assim o processo torna-se seletivo. Um terceiro ponto a ser notado é que a "individualidade" de qualquer porção do vidro opaco depende das obstruções que produzem a opacidade, sem as quais o vidro cessa de ter sua existência separada, embora continue a existir. Uma parte do vidro opaco difere da outra pela quantidade e disposição do material obstrutivo. Mas, quando o vidro perde sua obstrução, adquire uma transparência pura, que será a mesma para qualquer porção tratada da mesma maneira. Assim podemos dizer, metaforicamente, que a assimilação do vidro com a pintura ou sua unificação com ela depende da perda de "individualidade" ou de sentimento de "eu" que o vidro opaco possa ter.

Aqueles que tiverem estudado um pouco a técnica de *Samādhi* verão quão belamente o exemplo ilustra o processo de "conhecer por identificação". Em *Sabīja Samādhi,* distinto de *Nirbīja Samādhi,* o objetivo não é a compreensão da própria Realidade, mas de uma realidade limitada, isto é, a compreensão de uma realidade oculta num determinado objeto, qualquer que seja. Eis por que um objeto é selecionado para a realização de *Samyama* e é a realidade por trás do objeto que é revelada em *Sabīja Samādhi.* A realidade de todos os objetos em manifestação está presente na Mente Universal ou Mente Divina que "idealizou" o sistema manifestado em questão, em seus múltiplos aspectos. Quando selecionamos um objeto para realizar *Samyama,* a fim de descobrir a realidade que ela encerra, o que estamos fazendo é marcar na placa de vidro uma determinada área da pintura que desejamos revelar, a porção do aspecto da Mente Universal que desejamos revelar e que, contendo as realidades de todos os objetos manifestados, corresponde à gravura completa. Nossa mente corresponde à placa de vidro opaca. O objeto sobre o qual nos concentramos em *Sabīja Samādhi* corresponde a uma área que marcamos na placa. E, finalmente, o processo de realização de *Samyama* sobre um determinado objeto corresponde ao tratamento do vidro opaco nessa determinada área a fim de torná-la transparente para que possa revelar a porção correspondente da pintura. À medida que o vidro de nossa mente vai se tornando menos opaco, começamos a ver a realidade por trás do objeto sobre o qual nos concentramos cada vez com mais clareza até que o vidro, nessa área, torna-se completamente claro e a realidade do objeto oculta nessa determinada área da Mente Universal é revelada em sua plenitude. Eis o segredo de "conhecer por identificação", i.é., tornar a mente praticamente inexistente e una com o objeto do *Sabīja Samādhi.*

É como se estivéssemos num pavilhão circular situado entre magníficas montanhas com lindas vistas em torno. O pavilhão dispõe de pequenas janelas em todo seu perímetro, mas todas estão fechadas. Abrindo uma das janelas descortinamos um belo panorama que lhe fica em frente. Fechando essa janela e abrindo outra, apresenta-se outro panorama. Podemos repetir o processo e obter diferentes vistas da paisagem circundante, uma a uma, abrindo uma janela após a outra. Em *Sabīja Samādhi* abrimos diferentes janelas de nossa mente sobre a paisagem da Mente Universal e obtemos visões das realidades ocultas por trás dos diferentes objetos que selecionamos para a concentração desta maneira.

Até agora temos tratado de realizações de natureza limitada, isto é, de realidades correspondentes a determinados objetos de qualquer natureza que sejam. Mas, e sobre a Própria Realidade? Este é o nosso objetivo final e não a descoberta de realidades ocultas por trás de determinados objetos em manifestação. Como será Aquilo que está revelado no interior de nossa consciência? Para saber temos que mergulhar mais fundo em nossa mente. De fato, cumpre-nos transpor o reino da mente, atingindo o da Própria Realidade.

Em *Sabīja Samādhi* tornamos nossa mente una com a Mente Universal. Mas a Mente Universal não é a Realidade. Ela é o produto da Ideação Divina. Ela vem da Realidade por diferenciação em Eu e não Eu como um quadro provém da consciência de um artista quando ele o imagina em sua mente. É obvio, portanto, que temos de ir além da Mente Universal para atingir a Própria Realidade. Temos de transpor a Ideação Divina e unificar-nos com o Idealizador ou Sujeito, a fim de conhecer o Sujeito em Sua Natureza Real. Eis a técnica de *Nirbīja Samādhi,* descrita não no primeiro, mas no último capítulo dos *Yoga Sūtras.* Há nesse capítulo um *Sūtra* que estudaremos agora porque projeta luz na natureza de *Nirbīja Samādhi* e na sua distinção de *Sabīja Samādhi.* O *Sūtra* é o seguinte:

Citer apratisamkramāyās tad-ākārāpttau
sva-buddhi-samvedanam (IV-22)

O conhecimento de sua própria natureza, através da autocognição (é obtido) quando a consciência assume aquela forma na qual não muda de lugar para lugar.

Este *Sūtra* é muito esclarecedor, mas para entendê-lo temos de usar outra espécie de símile que dá o significado do *Sūtra* com muita eficiência.

Suponhamos que temos uma lâmpada elétrica no centro de alguns globos concêntricos de vidro, que são translúcidos, por conseguinte reduzem progressivamente a luz emanada da lâmpada elétrica. A luz vai-se tornando cada vez mais fraca à medida que passa pelos sucessivos globos e, portanto, o mais externo dos globos aparece quase escuro, comparado com a luz brilhante da lâmpada elétrica, por causa da absorção dos globos intermediários. Além disso, imaginemos que não somente os globos são translúcidos, mas têm diferentes tipos de desenhos e pinturas gravados ou pintados em sua superfície, de modo que a luz, brilhando através de um determinado globo, ilumina as pinturas nele gravadas. Imaginemos agora que esses globos são retirados um a um, começando pelo mais externo. À medida que cada globo vai sendo retirado, a luz vai se tornando mais forte e o novo globo aparecerá, com seu próprio desenho. Cada vez que um globo é retirado, o seguinte aparece com uma nova pintura mais iluminada do que o que foi retirado. Se continuarmos o processo até a retirada do último globo, somente restará a lâmpada elétrica brilhando com sua luz própria.

O que devemos notar é que, enquanto os globos estão em seus lugares, a luz emanada da lâmpada elétrica ilumina os globos remanescentes. Quando todos os globos forem retirados e nada restar, a lâmpada iluminará a si própria. O mesmo acontece no caso da consciência oculta sob os diferentes níveis da mente, sendo a mais externa a consciência de nosso cérebro físico. Enquanto houver mente para iluminar, a consciência a iluminará, pois, como já foi dito, a mente funciona ou percebe através da luz de *Buddhi* e não é autoiluminante como a Realidade. Quando todos os níveis da mente tiverem sido transcendidos nos diferentes estágios de *Samādhi,* e todos os veículos da Mônada tiverem sido deixados para trás, o que poderá a luz da consciência iluminar? Não há mente para iluminar, assim ela deve iluminar a Si própria, sendo como é Autoiluminante e de nada dependendo para sua iluminação. Eis o processo de *Nirbīja Samādhi,* mencionado no *Sūtra,* que leva à Autorrealização e à consumação da técnica do *Yoga.*

O que o *Sūtra* visa descrever é a ascensão da consciência através dos diferentes planos nos diferentes estágios de *Samādhi* tratados no *Sūtra* 17 do capitulo I. Quando a consciência atinge o Plano *Átmico,* o mais elevado plano no sistema manifestado, somente resta uma barreira ou um delgado véu. Atingimos aqui uma situação peculiar. Nos estágios intermediários havia sempre um nível ulterior mais profundo da mente onde mergulhar. Mas aqui atingimos a barreira que separa o reino mais sutil da mente do reino da Realidade. Portanto, o resultado de qualquer outro mergulho mais profundo na consciência só pode significar mergulhar na Realidade, o que quer dizer Autorrealização.

Chegamos então a outro aspecto de *Samādhi,* que é o último que podemos tratar neste breve apanhado. Eis a diferença entre *Samprajñāta* e *Asamprajñāta Samādhi,* estágios mencionados nos *Sūtras* 17 e 18 do capítulo I.

> *Vitarka-vicārānandāsmitānugamāt samprajñātah (I-17)*
> *Samprajñāta Samādhi* é aquele que é acompanhado por raciocínio, reflexão, bem-aventurança e sentimento de puro ser.
>
> *Virāma-pratyayābhyāsa-pūrvah samskāras'eso'nyah (I-18)*
> A impressão remanescente que perdura na mente com a supressão do *Pratyaya,* após a prática anterior, é a outra (isto é, *Asamprajñāta Samādhi).*

Estes dois *Sūtras* já foram bastante estudados no comentário e, portanto, não entraremos em detalhes sobre eles aqui. Mas podemos tentar alcançar a ideia geral que encerram, de modo que possa ficar mais clara a nossa concepção do estado de *Samādhi.*

No *Samādhi* a mente está absolutamente fechada a qualquer distração ou distúrbio externo e a intensidade de concentração vai aumentando à medida que aumenta a profundidade do mergulho no objeto da concentração. A mente nada mais contém que o objeto no qual está concentrada e cuja realidade procura conhecer. Ela encontra o limite máximo que pode atingir e não pode ir além. Foram esgotados todos os aspectos do objeto sobre o qual está meditando. A mente tem então que permanecer imóvel, em condição de extrema concentração. Não pode recuar nem avançar. É neste estágio, e neste estado, que o objeto da concentração ou *Pratyaya* é abandonado e a mente se faz permanecer na condição de concentração, estabilizada num vácuo, por assim dizer. Sua retirada foi cortada de todas as fontes externas de contato pela intensa concentração de *Samprajñāta Samādhi.* Assim, a única maneira de escapar é através do seu centro para o plano superior seguinte. Ela escapa, mais cedo ou mais tarde, através do Centro comum de todos os veículos para o veículo imediatamente superior e um novo mundo surge no horizonte da consciência, e nesse novo mundo é revelado um aspecto mais profundo do objeto da concentração numa dimensão mais elevada. O processo de *Samādhi,* até que o objeto ou *Pratyaya* ocupe o campo da consciência, é chamado *Samprajñāta Samādhi* ou *Samādhi* com consciência e também um objeto. O processo no qual o objeto ou *Pratyaya* é abandonado e não há mais objeto na consciência é chamado *Asamprajñāta Samādhi* ou *Samādhi* com consciência, mas sem objeto. Esse é apenas um passo no processo de mergulho. O processo deve ser repetido sucessivamente nos diversos planos até que o Plano *Átmico* seja atingido. Mais um mergulho, como vimos, levar-nos-á ao Reino da Própria Realidade.

23

Preparação Para o Yoga

O estudo sobre a natureza do *Samādhi* e os processos mentais sutis aí envolvidos podem muito bem dar a impressão de que a técnica do *Yoga* não seja para o homem comum e que ele possa, na melhor das hipóteses, fazer somente um estudo teórico do assunto e deva adiar a aplicação prática à sua própria vida para uma futura encarnação quando as condições forem mais favoráveis e suas faculdades mental e espiritual estiverem mais plenamente desenvolvidas. Esta impressão, ainda que natural, é baseada em concepção errônea. Aqueles que formularam a Filosofia do *Yoga* e delinearam sua técnica esmerada não ignoravam as fraquezas da natureza humana e as limitações e ilusões em que vive o homem comum. Eles não poderiam expor a necessidade e urgência do homem de se libertar dessas limitações e então apresentar-lhe um método para atingimento deste objetivo que pareça acima de sua capacidade. Eles conheciam as dificuldades que isso envolvia, mas sabiam também que poderiam ser vencidas pela adoção de um curso progressivo de preparação que é científico e de acordo com as leis do crescimento e da evolução humanos. Mesmo para atingir um objetivo mundano que valha a pena uma pessoa tem de proceder sistematicamente e preparar-se para um esforço prolongado e intenso. Se deseja ser um grande matemático tem que começar pelas quatro operações de aritmética e, aos poucos, ir abrindo seu caminho até se assenhorear da ciência. A pessoa não começa por assistir às aulas de um curso de cálculo integral e diferencial numa Universidade. Está preparada para um longo curso de treinamento, mas também sabe que o sucesso final é certo, se não desistir de seu esforço. Mas quando chega à questão de atingir o mais elevado objetivo do esforço que é o cume da evolução humana, são esquecidas todas essas coisas baseadas na experiência e no bom-senso. As pessoas começam por se preocupar com a dificuldade da prática do *Samādhi* e a cogitar quando estarão aptas a se elevarem aos estados superiores de consciência, o que é possível por meio do *Samādhi*. Tais pessoas imaginam que lhes basta principiar e todos os frutos da vida ióguica serão seus, ou deverão ser antes de passado muito tempo. Assim, ou não começam, ou, se começam, ficam desiludidas e cedo desistem, pensando que, no final das contas, não há muito que ver na tão propalada Ciência do *Yoga*, ou então são incapazes de empreender uma tarefa tão difícil. Vamos assim protelando o esforço e nos encontrando praticamente no mesmo estágio, vida após vida. Não adotamos uma atitude e bom-senso em relação ao problema como fazemos no caso de problemas semelhantes ligados às nossas atividades mundanas.

A Ciência do *Yoga* pode ser dominada como todas as outras por meio de um curso de treinamento gradual. Começamos com coisas simples, que todos podem fazer, e prosseguimos, passo a passo, dos problemas simples para os complexos, das práticas fáceis para as mais difíceis. Devido às diferentes potencialidades ocultas nos diferentes indivíduos, nosso processo é regulado não por anos de trabalho, mas pelo aumento das capacidades e mudanças em nossa mente e em nossas atitudes. Tratemos primeiro das práticas e disciplinas preliminares que preparam o aspirante para as práticas mais avançadas que constituem o *Yoga* Superior.

O *Sūtra* seguinte, do capítulo II, nos dá condensadamente o esboço oral do treinamento preliminar ou preparatório com o qual todo aspirante pode começar logo e lançar uma fundação sólida da vida ióguica, de maneira sistemática e dinâmica.

> *Tapah-svādhyāyes'vara-pranidhānāni kriyā-yogah (II-1)*
> Austeridade, autoestudo e entrega a *Ishvara* ou Deus constituem o *Yoga* preliminar.

O estudante verá que os três diferentes tipos de atividades que o *Sūtra* prescreve são destinados a desenvolver os três aspectos fundamentais a natureza humana: vontade, intelecto e amor. Como vimos no capítulo precedente, o conhecimento intelectual lança as bases da vida ióguica por uma sólida preparação teórica. O desenvolvimento de amor ou devoção e a transformação e purificação da vida que isto inclui adiciona sabedoria ao conhecimento. E então, pela aplicação da Vontade Espiritual, controlando e inibindo as modificações da mente, o iogue passa do estágio de sabedoria para o da Realização. Todo treinamento e toda autodisciplina culminam na Autorrealização e Libertação. A importância dos três elementos da autodisciplina preliminar foi explicada detalhadamente no comentário e não necessitamos entrar aqui em considerações minuciosas a este respeito. Mas há alguns pontos de interesse geral que devemos trazer ao conhecimento do aspirante.

O primeiro a ser notado é que todos os três tipos de atividades constituem um começo real da vida ióguica e depende do próprio aspirante e de como ele os utiliza para uma transição rápida de um estágio preparatório de progresso para um avançado. Se ele ataca com energia e seriedade os problemas ligados a essas atividades, pode em pouco tempo adquirir controle sobre sua natureza inferior e a concentração de propósito que o tornará apto às práticas mais avançadas do *Yoga* Superior.

Tapas, Svadhyaya e *Ishvara-pranidhāna* parecem práticas misteriosas, mas não há nelas nada de misterioso. *Svadhyaya* é apenas o estudo intensivo dos problemas mais profundos da vida de modo que possamos ter uma base teórica adequada e adquirir uma ideia correta e global de todos os problemas envolvidos na prática do *Yoga* e dos métodos empregados na solução desses problemas. Mas esse estudo pode ser feito por nós mesmos de tal maneira que possamos aos poucos ir desenvolvendo a capacidade de extrair todo o conhecimento de nosso interior e nos tornarmos independentes de auxílio externo nesse assunto. O estudo deve ser feito em nível mais profundo e não consistir apenas no acúmulo de informações de segunda mão tiradas de livros, etc. O principal propósito de *Svadhyaya* é abrir as portas do nosso interior para o verdadeiro conhecimento e ter a capacidade de utilizá-lo sempre que necessário. Tendemos a esquecer que todo conhecimento está realmente em nosso interior, na Mente Universal, e é possível lançar mão dele, pelo menos até certo limite, abrindo a passagem entre a mente inferior e a Mente Superior. Não me refiro ao conhecimento das Realidades, que é adquirido através dos processos mais elevados de *Samādhi.* Refiro-me ao conhecimento intelectual comum, que está presente no Ego ou Individualidade, operando através do corpo causal do qual pode ser extraído, se a mente inferior estiver purificada e sintonizada com o Eu Superior. Este é mais elevado do que o conhecimento de segunda mão adquirido nos livros, na observação, etc., porque se origina de fonte mais elevada e está isento de erros, incertezas e distorções comuns, característicos do conhecimento indireto derivado pela mente concreta de fontes externas. Assim todos os meios, métodos e todas as práticas tais como reflexão, meditação, *Japa,* etc. que têm o efeito de abrir o canal entre a mente inferior e a Mente Superior, vêm sob a denominação *Svadhyaya* e o principiante deve usá-los cada vez mais, à medida que crescem seus interesses e suas capacidades.

Tapas é geralmente traduzido como austeridade, mas isto dá uma impressão errada sobre a natureza real e essencial desta parte do *Yoga* preparatório. Esta palavra é derivada do vocábulo sânscrito *"Tapa"*, que significa aquecer até alta temperatura. Se o ouro impuro é aquecido até uma alta temperatura, todas as suas impurezas aos poucos são queimadas e eliminadas e somente permanece o metal puro, perfeito. Esta é a ideia essencial fundamentando *Tapas,* que, num significado amplo, quer dizer disciplinar nossa natureza inferior a fim de purificá-la, de remover todas as escórias de fraquezas, de impurezas, de modo que nosso corpo e nossa mente tornem-se puros e obedientes à nossa vontade e possam servir como instrumentos eficientes do Eu Superior. *Tapas* é assim a transmutação da natureza inferior em superior por um processo de autodisciplina. As austeridades de várias espécies podem ser usadas, e devem sê-lo, se absolutamente necessário, mas não são parte essencial do processo. A purificação e o controle podem ser produzidos por métodos mais inteligentes e eficientes do que pela observância de votos rígidos e da submissão do corpo a desconfortos e sofrimentos desnecessários. Cada aspirante deve usar com inteligência seu método individual.

Quanto a *Ishvara-Pranidhāna* comumente traduzida como autoentrega a Deus, é realmente um aspecto da devoção e um método eficiente para desenvolver a devoção. Estudamos em outro capítulo o problema do desenvolvimento da devoção ou amor a Deus e foi-nos possível ter, não somente umas ideias do objetivo do caminho do amor e da natureza da devoção, mas também dos métodos adotados no desenvolvimento desse lado de nossa natureza. Todo este conhecimento tem apenas que ser usado com seriedade e perseverança para produzir resultados. Mas requer prática, sinceridade e determinação indômita para haver sucesso. Pois a devoção não aparece em nós com facilidade. Somos testados e experimentados até o limite máximo, e isto pode nos pôr em desespero muitas e muitas vezes. Mas, quando aparece, transforma nossa vida, enche-nos de alegria e exaltação a ponto de sentirmos que os sacrifícios, esforços e sofrimentos que passamos nada são se comparados com a bem-aventurança que recebemos e a graça de Deus que desce sobre nós.

Assim, pode-se ver que este *Sūtra* de cinco palavras tem uma finalidade muito ampla e nos dá um método muito abrangente de nos prepararmos para os estágios superiores da vida ióguica. O método praticamente abrange todos os aspectos de nossa natureza e, se os métodos que são sugeridos em sua tríplice disciplina forem seguidos com sinceridade, cuidado e entusiasmo, não somente transformarão nossa natureza e nossos corpos inferiores em instrumentos adequados ao Eu Superior, como também abrirão novas perspectivas de realizações e liberarão novas energias e potencialidades ocultas que dificilmente suspeitamos haver em nós.

Se começamos a praticar essa coisas que aprendemos, a vida para nós será imediatamente transformada e cessaremos de cogitar se é possível praticar *Samādhi* se somos capazes de desenvolver o amor a ponto de conseguirmos atingir, em certo grau, a união com o Objeto de nossa devoção. Tomando novamente o exemplo do estudante resolvido a tornar-se um grande matemático, lembramos que foi começando por fazer somas na aritmética comum que ele ficou interessado em matemática e deixou de preocupar-se com o cálculo integral e diferencial que aprenderá mais tarde, no devido tempo. Embora tenha sempre em mente o seu objetivo, ele não perde tempo e energia pensando em coisas que de momento não lhe competem. O trabalho em que está empenhado é tão absorvente e interessante que por ora lhe basta.

É o trabalho criativo que dá alegria à vida, e a transformação de nossa natureza por métodos do *Yoga* preparatório é um trabalho criativo da mais alta ordem, mais real e mais dinâmico do que pintar um quadro ou esculpir uma estátua. Os artistas lidam com matéria inerte. O homem que está esculpindo a imagem do seu Eu verdadeiro para emergir de sua natureza inferior está trabalhando com alguma coisa viva, real. Um problema da vida está sendo resolvido. Um quadro vivo do que deveremos ser no futuro está sendo pintado. Uma nova estátua corporificando nossa futura perfeição está sendo esculpida no mármore bruto de nossa natureza inferior. É a criatividade divina neste trabalho que transforma nossa vida numa canção, apear de todas as perturbações e tribulações que passamos na periferia de nossa consciência no mundo externo. É semelhante ao processo de um botão tentando abrir-se em flor com toda a alegria natural sempre presente em tal processo de desenvolvimento na natureza. Estamos tentando trazer o futuro para o presente. Estamos nos tornando aquilo que somos. Não sabemos como a estátua será, mas Aquele que é o Eu interior sabe e sentimos sua mão guiando-nos ao tomarmos o buril e começarmos a modelar o bloco de mármore de nossa natureza bruta. Os que são artistas e conhecem a alegria de pintar um quadro ou de escrever um poema, podem avaliar o que seria a felicidade de produzir uma imagem divina viva, que potencialmente está oculta em nosso interior. Um quadro é coisa morta, uma estátua é coisa morta, mas aquilo que tem vida, que aos poucos vai surgindo do nosso interior, é um Ser Divino de infinito potencial, que se torna cada vez mais um veículo do amor, da sabedoria e do poder divinos. A imagem completa pode estar ainda no futuro, invisível e desconhecida, mas é este trabalho criativo de trazê-la à existência que dá alegria e entusiasmo ao trabalho no *Yoga* preparatório.

Neste trabalho não importa a idade, não importam as circunstâncias, mesmo a morte não importa. O trabalho pode continuar sem interrupção, mesmo depois da morte, se estamos orientados nessa direção, pois nosso objeto ou meta está dentro de nós e conosco permanecerá onde quer que estejamos. Pois todas essas exterioridades pertencem ao mundo fenomenal e nós engatamos nosso carro à Estrela eterna de nossa Alma, oculta dentro de nós e guiando-nos para Si mesma. Isto é o que o *Yoga* preparatório significa potencialmente e pode realmente significar para quem empreende o trabalho com seriedade.

O segundo capítulo dos *Yoga-Sūtras* não somente dá uma ideia sobre a natureza da preparação necessária para a prática do *Yoga* avançado, mas também delineia muito lógica e sistematicamente a filosofia sobre a qual está baseada sua técnica. Esta Filosofia do *Yoga* supõe-se ser derivada da Filosofia *Samkhyan,* um dos seis maiores sistemas de Filosofia hindu. Não há dúvida que o *Yoga* lembra em grande parte o Sistema *Samkhyan* de Filosofia, embora haja certas diferenças fundamentais que não podem ser ignoradas, o que leva muitos eruditos a duvidarem da existência de uma real conexão entre as duas. Quando dois sistemas de filosofia chegam-nos de um passado distante, coexistindo lado a lado por milhares de anos, sem que haja evidência definida e acessível de suas origens, torna-se muito difícil decidir tais questões, que interessam somente ao filósofo acadêmico. São questões sem grande importância para o aspirante. O que lhe interessa é a técnica prática, que resistiu à prova e ao experimento do tempo, por milhares de anos, e pode ser utilizada com confiança para o atingimento do objetivo. A Filosofia do *Yoga* dá uma base adequada para essa técnica e isto é tudo o que importa.

A teoria em que se baseia uma ciência experimental é necessária e importante para correlacionar e integrar as diferentes técnicas nela incluídas, num conjunto coerente, mas a verdade ou a validade da teoria não afeta de maneira nenhuma a eficiência das técnicas que são utilizadas para finalidades práticas. Durante muito tempo as leis da eletricidade e os fenômenos elétricos foram usados para toda espécie de finalidades com muita eficiência, ainda que a teoria então aceita para explicação desses fenômenos fosse muita incompleta e insatisfatória. Se toda a teoria da eletricidade fosse dada agora como insustentável, em conseqüência de descobertas que pudessem ser feitas no futuro, o conjunto da ciência fundamentado na aplicação das leis da eletricidade e seus fenômenos no desenvolvimento científico e industrial, permaneceria incólume ao resultado dessa descoberta, porque essas leis e esses fenômenos são baseados em fatos experimentais e não em especulação ou teoria de qualquer espécie. Assim também no caso da Filosofia do *Yoga*. Ainda que seja uma filosofia magnífica e muito razoável, sua validade ou não validade, não afeta a técnica ou utilidade do *Yoga* como uma ciência para desvendar os mistérios mais profundos da Vida e descobrir a Realidade dentro de nós.

Tentemos agora obter uma ideia geral e clara acerca da filosofia na qual se baseia a técnica do *Yoga* de Patañjali. Esta filosofia está delineada no capítulo segundo, passo a passo, nos 26 *Sūtras,* do 3º ao 28º. Não é possível estudá-los em detalhe neste momento e somente pode ser dado aqui um esboço em traços gerais das ideias que fundamentam esses *Sūtras* e dos elos da cadeia de raciocínio que são a base da filosofia.

Esta filosofia começa com o problema das misérias, limitações e ilusões em que estão envolvidos todos os seres humanos, com poucas exceções. O *Sūtra* que resume esse fato patente da vida humana é o II-15: "Para quem desenvolveu o discernimento, tudo é miséria, por causa da dor resultante das mudanças, ansiedades e tendências, bem como dos conflitos que permeiam o funcionamento dos *gunas* e das *vrttis* (da mente)" Algumas pessoas tenderão a considerar esta afirmativa como um tanto radical e bastante pessimista, mas já examinamos bem a questão em capítulo anterior e não necessitamos retomá-la. Todos os Grandes Instrutores do mundo começaram por esse fato básico da vida humana, e podemos assim adotar como correta a afirmativa do *Sūtra.*

A pergunta que surge em seguida é: Aceitando-se que toda a vida humana seja de miséria, é possível evitá-la ou nos livrarmos dela? A resposta à pergunta é absolutamente clara, inequívoca e enfática. Está dada no II-16: "O sofrimento que ainda não chegou pode e deve ser evitado". Eis a resposta que uma verdadeira filosofia de vida deve dar. Qual é a utilidade de uma filosofia que indica as misérias e limitações da vida e não oferece a solução, a esperança da libertação dessas misérias? No entanto, muitas das nossas filosofias modernas são assim. Levantam as questões e as deixam sem resposta, oferecem remédios que são meros paliativos ou não os oferecem de todo. Mas prossigamos.

Após afirmar que as misérias da vida podem ser evitadas ou transcendidas, a filosofia prossegue analisando a causa da miséria. Aqui está outra prova de sua perfeição e eficiência. Se você sofre de qualquer mal, de qualquer doença, pode tentar duas soluções: ou usar paliativos que removerão temporária e parcialmente os sintomas desagradáveis da moléstia, ou adotar o caminho mais eficiente e razoável de ir à causa da doença e então atacá-la. Somente desta maneira é possível erradicar o mal por completo e para sempre. A Filosofia do *Yoga* adota a última solução, indo à causa, à raiz das limitações e dos sofrimentos humanos, e sugerindo o remédio que remove a causa do mal completa e definitivamente. A análise da causa do sofrimento humano é dada na teoria dos *Kleshas,* que forma uma cadeia de causas e efeitos com cinco elos. Estes são denominados: *Avidyā* ou Ignorância primordial; *Asmita* ou identificação da pura consciência, que é livre, autossuficiente e autoexistente, com a parafernália através da qual a consciência manifesta-se quando envolta na manifestação. Os terceiro e quarto elos são *Raga* e *Dvesa,* que significam atração e repulsão das várias espécies que resultam da identificação da consciência com seus veículos e seu ambiente. O último elo é o efeito final desta cadeia de causas e efeitos. Este se chama *Abhinivesha* que quer dizer apego instintivo à vida mundana e aos gozos corpóreos, e o medo de ser separado deles pela morte. Você pode ver assim que a primeira causa é *Avidyā* ou ignorância e o último efeito é a vida humana vivida em limitações e ilusões de várias espécies. Não entraremos em mais detalhes. Mas há um ponto que pode ser esclarecido antes de continuarmos. *Avidyā* não é a ignorância na acepção comum do termo, nem mesmo a ignorância como é considerada no sentido filosófico. É um termo técnico que significa realmente a falta de percepção da nossa verdadeira natureza. É devido a termos perdido a percepção da nossa verdadeira natureza divina que fomos envolvidos na manifestação. *Avidyā* é assim a causa instrumental da involução da Mônada na manifestação. Como e por que foi a Mônada envolvida na manifestação são indagações finais que estão fora do reino do intelecto e talvez tenhamos uma resposta à pergunta somente quando readquirirmos nossa percepção da Realidade na Libertação. Por enquanto, tomemos como fato que estamos envolvidos e é necessário e desejável que saiamos dessas condições e limitações em que nos encontramos.

É obvio que se a falta de percepção de nossa verdadeira natureza ou Realidade é a causa real de nossa servidão subjetiva, ou de nosso envolvimento na manifestação, o único remédio real e permanente será a recuperação dessa percepção da Realidade, ou conhecimento de nossa verdadeira natureza. Este é o elo seguinte na cadeia de raciocínio no qual se baseia a Filosofia do *Yoga*. Ela mostra que o efeito final sob a forma de misérias na vida humana tem por causa primária a perda de percepção da Realidade e que, conseqüentemente, o único meio de transcender as misérias da vida é reconquistar permanente e completamente a percepção da Realidade. É o que expressa II-26, como segue: "A prática ininterrupta do percebimento do Real é o meio para a dispersão de *Avidyā"*. Este não é oferecimento de paliativos ou soluções temporárias como faz a maioria das filosofias modernas.

A questão seguinte é, naturalmente, como praticar a percepção da Realidade. A resposta é dada no *Sūtra* II-28, como segue: "Da prática dos exercícios que compõem o *Yoga*, da destruição da impureza, brota a iluminação espiritual, que evolui para o percebimento da Realidade". Este é seguido pelo *Sūtra* 29 que dá os bem conhecidos oito exercícios ou práticas da técnica do *Yoga*.

Eis em síntese a Filosofia do *Yoga*. Ela mostra como a Mônada envolve-se na manifestação através da perda da percepção de sua natureza real, o que a leva a identificar-se com seus veículos e com tudo o que se acha associado a eles. Esta identificação acarreta o desenvolvimento de toda espécie de ligações pessoais, laços de atração e repulsão com gente e coisas do mundo. Estes produzem as diferentes espécies de experiências que são a fonte de miséria, em ação ou em potencial. A Filosofia mostra então os meios, que são naturalmente o reverso de todo o processo da involução, e que terminam com a Mônada readquirindo o percebimento de sua real natureza. A Ciência do *Yoga* é somente a técnica pela qual isto pode ser feito sistemática e cientificamente.

24

As Oito Subdivisões da Técnica do Yoga

O sistema do *Yoga* estudado nos *Yoga-Sūtras* de Patañjali é chamado *Astanga* que significa "com oito membros". A palavra *Anga* quer dizer "membro" ou parte constituinte de um corpo. No presente contexto obviamente designa as oito subdivisões em que a técnica do *Yoga* está dividida. O número de subdivisões, bem como a natureza das partes constituintes diferem nos vários sistemas de *Yoga*.

As oito subdivisões da técnica do *Yoga* estão enumeradas no capítulo II, *Sūtra* 29, como segue:

Yama-niyamāsana-prāṇāyāma-pratyāhāra-dhāraṇā-dhyāna-samādhayo'ṣṭāvaṅgāni (II-29)

Autorrestrições, observâncias, postura, controle da respiração, abstração, concentração, contemplação e êxtase são as oito partes (da autodisciplina do *Yoga*.

Consideremos resumidamente cada umas dessas práticas a fim de termos uma ideia geral da técnica. Para detalhes o estudante pode consultar um comentário sobre os *Sūtras* importantes. Uma pergunta pode ser feita e deve ser respondida antes de se prosseguir nas considerações destas diversas práticas, uma a uma. A pergunta é se estas devem ser consideradas como estágios progressivos na prática do *Yoga*, ou como técnicas independentes que podem ser levadas a efeito separadamente. Da própria natureza das práticas é evidente que há uma certa relação seqüencial entre elas. Por exemplo, concentração *(Dhāranā)*, contemplação *(Dhyāna)* e transe *(Samādhi)* devem ser praticados nessa ordem, pois são três estágios progressivos do mesmo processo. De maneira semelhante, autodomínio *(Yama)*, regras estritas para autodisciplina *(Nyama)*, posição *(Āsana)*, regularização e controle da respiração *(Prānayāma)* e abstração *(Pratyāhāra)* devem também vir na mesma ordem, pois a prática com sucesso dessas técnicas depende do domínio, pelo menos parcial, das técnicas que antecedem. Não se pode, por exemplo, praticar *Prānayama* sem que antes se tenha praticado *Yama-Niyama* e adquirido um certo grau de controle sobre as emoções e os desejos. Similarmente, concentração *(Dhāranā)*, contemplação *(Dhyāna)* e transe *(Samādhi)* não podem ser praticados sem completo controle do corpo físico e a eliminação, pelo menos, dos desejos comuns que exercem grande pressão na mente. Mas, para alguém que não tencione passar à prática sistemática do *Yoga* superior, é possível praticar qualquer das técnicas independentemente, ainda que verifique ser isto difícil. Ele logo compreenderá que tem de estender a área de seu esforço e atender a outras práticas correlatas. De qualquer maneira trataremos das diferentes técnicas na ordem em que são apresentadas no *Sūtra* acima.

Começaremos, assim, com *Yama* e *Nyama*, que lançam as fundações para a vida ióguica. Eles têm por objetivo edificar o tipo correto de caráter e produzir o estado correto da mente, sendo ambos condições *sine qua non* para a prática séria do *Yoga*. A linha de demarcação entre *Yama* e *Niyama* não é muito bem definida, porque ambos se destinam a transmutar a natureza inferior num instrumento puro, harmonizado, calmo e completamente controlado do Eu Superior. Eles trazem esse resultado por diferentes caminhos, mas o objeto é o mesmo. São dado abaixo dois *Sūtras* enumerando as características e os estados da mente que devem ser desenvolvidos a fim de provar-se a necessária base moral, intelectual e espiritual para o adestramento ióguico. Em cada um destes *Sūtras* são dadas cinco características ou práticas e, até certo ponto, definida a finalidade de *Yama* e *Nyama*.

Ahimsā-satyāsteya-brahmacaryāparigrahāh (II-30)
Os votos de autorrestrições compreendem abstenções de violência, de falsidade, de roubo, de incontinência e cobiça.

> *S'auca-samtosa-tapah-svādhyāyes' vara-pranidhānāni niyamah (II-32)*
> Pureza, contentamento, austeridade, autoestudo e autoentrega a Deus, constituem as observâncias.

Para o estudo detalhado das práticas estabelecidas em *Yama* e *Niyama,* o estudante pode consultar qualquer comentário sobre os *Yoga-Sūtras.* Aqui podemos considerar somente alguns pontos de interesse geral referentes a elas.

Embora essas práticas toquem em diferentes aspectos de nossa natureza e desenvolvam diferentes características e atitudes, não deve ser esquecido que a vida do homem não pode ser dividida em compartimentos, e todos os aspectos de nossa natureza estão intimamente interligados, não podendo realmente ser tratados separadamente, como já foi dito anteriormente. O problema de nossa mente e nosso caráter tem de ser tratado como um todo, ainda que possamos dar especial atenção a um determinado aspecto de nossa natureza para remover uma certa fraqueza ou tendência. Isto quer dizer que, lidando com nossa natureza inferior, não devemos confinar nossos esforços às fraquezas comuns mencionadas nos dois *Sūtras.* Por exemplo, não podemos supor que estejamos livres de cair em ira, ciúme, etc. por não estarem essas fragilidades especificamente mencionadas nos *Sūtras* sobre *Yama, Niyama.* Se assim fizermos todas as energias que encontram expressão em certas tendências abrirão para si novos canais, e aparecerão numa nova colheita de tendências indesejáveis que nunca pensamos existirem em nós. O fato é que as duas qualidades mentais chamadas *Sauca* e *Santosa* ou pureza e contentamento, em *Niyama* abrangem a maior parte das restantes tendências indesejáveis não mencionadas especificamente em *Yama,* e se estas duas qualidades são adquiridas em grau adequado, desenvolveremos nossa mente e nosso caráter em todos os seus aspectos e não desequilibradamente.

O segundo ponto a ser notado é que não é necessária qualquer percepção introspectiva na erradicação das tendências indesejáveis, acima mencionadas. São instruções para se cumprirem sem discussões ou análises sobre nossos motivos. Por exemplo, se somos tentados a dizer uma mentira, não devemos debater em nossa mente se as circunstâncias especiais justificam que digamos algo não verdadeiro, ou investigar nossos motivos para dizer uma mentira, ou tentar tornarmo-nos perceptivos quanto à condição de nossa mente no momento. Devemos simplesmente afastar todos os pensamentos hesitantes e dizer ou fazer o correto sem mais questionamentos. Para isso bastam a percepção comum de nossas atividades e as tendências mentais; se estamos resolvidos a praticar o ato correto, estaremos aptos a fazê-lo sem qualquer dificuldade. É por essa razão que, no *Sūtra* II-31, Patañjali não deixou qualquer brecha por onde possamos escapar. Esses votos devem ser observados em todas as circunstâncias e não se deve deixar que interfira qualquer hesitação ou dúvida na prática da ação correta ou no pensar o pensamento correto ou no sentir a emoção correta. Esta nossa natureza inferior é uma entidade muito arguta e imaginará toda espécie de estratagemas para nos compelir a fazer coisas erradas e continuar em nosso caminho do mal. Ela apresentará à nossa mente todas as espécies de justificativas para o erro, usará um manto de virtude para ocultar motivos e ações viciosos, disfarçará ódio com amor, e tentará enganar-nos de várias maneiras se estivermos habituados a hesitar, debater ou fazer concessões às várias modalidades do mal. Foi este fenômeno que deu nascimento ao mito do demônio constantemente nos tentando e fazendo-nos pecar. O remédio claro e muito eficiente é: decidam-se de uma vez por todas a praticar sempre o correto sob qualquer circunstância, não admitindo o mal ou o erro, sejam quais forem as consequências que daí advenham. Permaneçam então firmes em sua decisão por algum tempo e verão quão rapidamente as tentações desaparecem de sua vida e a prática da ação correta torna-se a mais fácil e natural das coisas. Dúvida, hesitação e debate em nossa mente não apenas retardam a prática da ação correta, mas criam constante conflito interno que perturba a vida daqueles que permitem em certas ocasiões complacência com o mal. Mesmo no mundo externo pode ser encontrado um fenômeno psicológico muito comum. Aqueles que fazem concessões ao mal são sempre tentados por outras pessoas a praticar erros de vários graus e espécies, ao passo que aqueles que não cedem são deixados em paz. Um homem corrupto que tem o hábito de aceitar suborno sempre encontrará gente para tentá-lo a fazer toda espécie de coisas por um pouco de dinheiro, enquanto ninguém experimentará tal coisa com um homem realmente honesto e incorruptível. Há uma lei fundamental de moral regulando a vida por toda parte e no caso dos indivíduos suas circunstâncias externas refletem, na maioria das vezes, o estado interno de sua mente e suas atitudes.

Uma grande vantagem em praticar automaticamente e sem hesitação o correto é que os aspectos mais sutis de nossas tendências más começam a se fazer notadas por nós. Isto se deve ao fato de que a purificação gradual da mente e das emoções permite que a luz de *Buddhi* filtre-se com mais facilidade através da mente, e nos leve a ver as coisas com mais clareza e maior senso de discernimento. Assim, o tipo correto de percepção de nossa verdadeira natureza e de nosso real estado de mente vem naturalmente e de maneira eficiente, e ajuda-nos a erradicar mesmo as formas mais sutis de nossas tendências para o mal que antes não podíamos nem mesmo notar.

Considerando superficialmente as cinco qualidades enumeradas em *Yama,* verifica-se que não representam um código muito alto de conduta moral. No final das contas, abster-se de mentir e roubar não representa necessariamente um padrão muito elevado de moralidade. Mas Patañjali propositadamente cita as formas mais rudimentares das más tendências, de modo que todos possam vê-las e, se estiverem empenhados com seriedade, possam eliminá--las. É pela eliminação das formas mais rudimentares que nos tornamos conscientes das formas mais sutis, que podem ser removidas mais tarde. Não há outro caminho. Que essas qualidades devem ser desenvolvidas no seu mais alto grau e que cumpre erradicar mesmo as formas mais sutis está claro nos dez *Sūtras* dados posteriormente, os quais descrevem os resultados do desenvolvimento dessas dez virtudes no seu mais alto estado de perfeição. Nestes dez *Sūtras,* que enfileiram os elementos de *Yama-Nyama,* vê-se não somente o limite ao qual se pode chegar no desenvolvimento das virtudes, mas também as admiráveis potencialidades que jazem ocultas nas coisas comuns. Não é necessário entrar aqui nesta questão tão interessante, mas um estudo cuidadoso do problema ajudará o estudante a compreender que potencialidades estão ocultas na retidão, e o que podemos atingir pelo hábito simples, mas invariável, de praticar o ato correto sob qualquer circunstância, custe o que custar no momento. Estar estabelecido na retidão ou tornar-se *Dharma-nista* é uma grande realização e não somente é necessário para levar-se a vida ióguica, mas constitui em grande parte a vida ióguica, e torna a prática do *Yoga* superior extraordinariamente fácil e segura. É esta retidão que desenvolve a iluminação espiritual mencionada no *Sūtra* II-28, *Jñāna-diptir,* mencionada neste *Sūtra,* é outro nome para Luz no Caminho.

Há outros *Sūtras* sobre *Yama* e *Niyama*, mas não é necessário que se trate deles aqui. Há, entretanto, um *Sūtra* que é de grande importância prática e pode, portanto, ser considerado antes de prosseguirmos. É o *Sūtra* II-33:

Vitarka-bādhane pratipaksa-bhāvanam

Quando a mente é perturbada por pensamentos impróprios, a constante ponderação sobre os opostos (é o remédio).

Qualquer pessoa que empreenda a tarefa de transmutar sua natureza inferior não a achará fácil. A principal dificuldade, evidentemente, é que, apesar de nosso idealismo, apesar de nossa determinação de erradicar as tendências indesejáveis, elas continuam a nos perturbar. O que fazer?

Qual é o melhor método de lidar com uma tendência indesejável? A primeira coisa a observar é que tais tendências estão todas enraizadas na mente, mesmo as que têm expressão puramente física. Toda ação deve ser precedida pelo pensamento, esteja este presente na mente consciente ou na inconsciente. A palavra "inconsciente", em vez de "subconsciente", foi usada propositadamente, pois a força motora das boas ações vem das regiões superiores da mente. E óbvio, portanto, que para erradicar essas tendências, devemos ir à região da mente e tentar neutralizá-las ali e não apenas lutar para evitar sua expressão externa. É a neutralização de uma tendência indesejável em sua fonte mental que se recomenda neste *Sūtra.* Mas o que significa a constante meditação nos opostos? Não significa apenas elaborar um pensamento de natureza oposta, mas tentar tomar em cuidadosa consideração um ponto de vista oposto. Assim, se você odeia alguém, procure pensar em seus pontos positivos, em seus pontos de vista sobre diferentes assuntos e nas condições pouco favoráveis em que a pessoa em questão está agindo. Ou, se você está inclinado a ceder a qualquer espécie de indulgência, pense no preço em sofrimento que terá de pagar mais tarde. Este pensar não é mera repetição mecânica de um pensamento, mas uma análise verdadeiramente sincera e inteligente de seus hábitos e suas atitudes. Isto deve ser feito, não quando a tendência está prestes a encontrar expressão, mas quando, em estado mental mais calmo, você pode ponderar friamente o ponto de vista oposto. Nesse momento de expressão, o único método eficiente e seguro a ser adotado é, como está sugerido acima, parar a expressão sem pensar, porque é a coisa certa a ser feita e você decidiu fazer a coisa certa. Não é necessário discutir mais este interessante assunto, e podemos agora passar à prática da técnica ióguica seguinte chamada *Āsana*.

De todas as práticas associadas ao *Yoga,* aquela com a qual o maior número de pessoas está familiarizado talvez seja a *Āsana* ióguica ou atitude corporal. De fato, para um grande número de pessoas o *Yoga* nada mais é que *Āsanas* ou outras atividades físicas que possam ser adotadas para melhorar a saúde. Entretanto poucas pessoas conhecem o papel essencial que *Āsana* representa na vida do iogue. Este papel é apenas eliminar as perturbações causadas pelo corpo físico à mente. A mente e o corpo de todos os indivíduos são interligados e as atividades e os movimentos irregulares do corpo, causa de constantes perturbações à mente, devem ser eliminados antes de *Dhāranā, Dhyāna* e *Samādhi* poderem ser praticados. O corpo é assim imobilizado em uma posição e nesta posição conservado por longos períodos. Verifica-se como resultado que o corpo torna-se insensível a todas as variações externas no ambiente tais como calor, frio, etc., chamados *Dvandvas* (pares de opostos), não produzindo, portanto, na mente, perturbações que têm origem em tais variações. Isto prepara também o corpo para as duas práticas seguintes: *Pranāyāma* e *Pratyāhāra.*

A técnica do *Yoga* que se segue é *Prānāyāma,* também muito mal compreendida, especialmente no Ocidente, onde é confundida com exercícios de respiração cuja finalidade é melhorar a saúde do corpo. *Prānayāma,* se praticado corretamente, aumenta a saúde devido à grande inspiração de oxigênio em algumas de suas formas e também ao seu efeito benéfico sobre o sistema nervoso. Mas este não é o real propósito do verdadeiro *Yoga.* Seu propósito verdadeiro é adquirir controle completo e consciente sobre as correntes *prânicas* do duplo etérico e assim tornar possível dirigi-las para onde sejam necessárias. Isto pode ser feito somente através de *Kumbhaka,* ou interrupção completa, em gradação lenta da respiração. Dominadas, as correntes *praânicas* podem ser usadas para despertar *Kundalinī* e estabelecer a conexão da consciência do Plano Físico com a dos corpos astral e mental. É aqui que está o perigo de *Prānāyāma,* razão pela qual não deve ser praticado sem a direção de um instrutor competente e com preparação prévia e apropriada.

Outra utilidade de *Prānāyāma* é o preparo da mente para a prática da concentração. Não é geralmente conhecido que *Prāna* é o elo entre um veículo e a mente funcionando através dele. É através de *Prāna* que a mente opera num veículo e o veículo pode afetar a mente. Assim, se estamos aptos a controlar *Prāna,* podemos eliminar toda espécie de distúrbios que o veículo pode produzir na mente.

Ver-se-á, por conseguinte, que o desejo e toda espécie de tendências ocultas na mente subconsciente não são a única fonte de perturbação da mente. As irregularidades nos movimentos de *Prāna* no duplo etérico são também causa de tais distúrbios. Os primeiros são eliminados por *Yama* e *Niyama*, enquanto os últimos o são por *Prānāyāma.* O estudante verá agora mais claramente porque seus esforços na meditação diária não têm geralmente sucesso. A Ciência do *Yoga* trata do problema de maneira científica, removendo primeiro todas as fontes de perturbação antes de começar a prática de *Dhāraṇā, Dhyāna* e *Samādhi.* Para as finalidades do *Yoga* não é suficiente o grau de concentração usado para o trabalho intelectual. A intensidade de concentração tem de ser aumentada progressivamente até passar ao estágio seguinte de contemplação e termina no último estágio de transe ou *Samādhi.* Para isso ser feito com sucesso, todas as outras fontes de perturbação, exceto as que têm sua origem na mente, devem primeiramente ser eliminadas de maneira sistemática.

Chegamos agora a *Pratyāhāra,* o quinto constituinte da técnica do *Yoga*, o que vem descrito no *Sūtra* II-54.

Sva-visayāsamprayoge citta-svarūpānukāra ivendriyānām pratyāhārah

Em *Pratyāhāra,* ou abstração, é como se os sentidos imitassem a mente, retirando-se dos objetos.

O significado de *Pratyāhāra* não é geralmente compreendido e têm sido sugeridas variadas interpretações. O verdadeiro significado de *Pratyāhāra* só pode ser entendido se o considerarmos como a prática de cortar por completo as conexões da mente com o mundo externo através dos cinco bem conhecidos órgãos dos sentidos, os *Jñānendriyas*, como são chamados em sânscrito. Todos sabemos como tomamos conhecimento do mundo externo pelos órgãos sensoriais. As vibrações ou várias partículas de várias espécies atingem os órgãos dos sentidos, produzem neles certas respostas, e estas são levadas pelos nervos a determinados centros do cérebro. Aí, por um processo misterioso, os impulsos nervosos são convertidos em sensações. A ciência não passa daí, mas de acordo com as pesquisas ocultas, *Prāna* e certos centros no duplo etérico e no corpo astral também têm sua parte nesse processo. Não é necessário entrarmos nessa questão aqui. Tudo o que temos de notar é a conjunção da mente com os centros do cérebro ou veículos mais sutis que leva à formação das imagens sensoriais na mente. Uma corrente contínua de imagens sensoriais derrama-se na mente enquanto ela está em contato com o mundo externo através dos órgãos dos sentidos. É verdade que a mente não toma conhecimento de todas as vibrações que atingem esses órgãos. Vibrações sonoras de toda espécie atingem constantemente o ouvido, mas não as notamos todas. Sabemos que, quanto mais a mente está absorvida numa espécie de atividade, menos ela nota essas vibrações que estão, no entanto, constantemente atingindo os órgãos dos sentidos. Mas esse isolamento da mente em relação ao mundo externo por sua concentração em qualquer objeto é parcial e involuntário, e a mente pode sempre ser perturbada por um impacto sensório suficientemente forte vindo do exterior. O objetivo de *Pratyāhāra* é isolar a mente completa e voluntariamente do mundo exterior, de maneira que, sempre que o iogue quiser penetrar no interior de sua mente e concentrar-se em qualquer objeto ou problema, possa isolar-se do mundo exterior voluntariamente, fechando, por assim dizer, as portas dos órgãos sensoriais. Ele pode então concentrar-se no problema da mente sem a possibilidade de qualquer distração ou perturbação consequente da atividade de seus órgãos dos sentidos. Os órgãos sensoriais aí estão, mas os sentidos que por eles operam retiraram-se para o interior da mente. Devemos lembrar-nos de que os sentidos são parte da mente e semelhantes a tentáculos que a mente estende no mundo externo, a fim de captar material para seu desenvolvimento. A mente, lenta e laboriosamente, criou e aperfeiçoou os órgãos dos sentidos como instrumento para seu trabalho. Em *Pratyāhāra* a mente retira os sentidos para o interior quando deseja empenhar-se em *Dhāranā, Dhyāna* e *Samādhi,* sem qualquer interferência vinda através dos canais dos órgãos dos sentidos.

Quanto ao *modus operandi* de *Pratyāhāra* depende, como se poderá verificar, do grau de concentração da mente. Se esta estiver suficientemente concentrada, poderá isolar-se do mundo externo automaticamente. Mas em estágios avançados do *Yoga*, onde é necessário um altíssimo grau de concentração por períodos prolongados, é vantajoso o fato de que os sentidos funcionem por intermédio de *Prāna.* Assim, pela manipulação das correntes *prânicas* é possível parar o funcionamento dos órgãos dos sentidos exatamente como pela manipulação da corrente elétrica é possível parar o funcionamento do aparelho de rádio ou de televisão. Eis porque a prática de *Pranayama,* que dá o controle consciente das correntes *prânicas* no duplo etérico, precede a prática de *Pratyāhāra.* Após a compreensão da importância desse *Sūtra,* um tanto enigmático, podemos passar aos três últimos constituintes da técnica ióguica chamada *Antaranga* ou internos, para distingui-los dos cinco precedentes chamados *Bahiranga* ou externos.

Dhāranā, Dhyāna e *Samādhi,* processos puramente mentais, são as técnicas verdadeiras e essenciais do *Yoga*, enquanto que as cinco práticas anteriores, já estudadas, são subsidiárias. Estas apenas asseguram a presença das condições necessárias para a prática de *Dhāranā, Dhyāna* e *Samādhi.*

A impressão de que a prática de *Samādhi* é uma realização extremamente difícil ou quase impossível é baseada numa concepção errônea. Tentamos concentrar nossa mente mesmo com todos os obstáculos e todas as condições desfavoráveis usualmente presentes, e ainda assim falhamos na obtenção de um grau razoável de concentração da mesma na meditação. Daí concluirmos naturalmente que o atingimento de um alto grau de concentração em *Samādhi*, que já foi estudado, deva ser uma tarefa impossível para o homem comum. É uma tarefa quase tão impossível se tentarmos sem uma preparação, como será para um estudante de matemática, cursando uma escola elementar, resolver problemas de cálculo integral e diferencial. Mas se as bases foram lançadas correta e sistematicamente e ele prossegue passo a passo, não encontrará dificuldade insuperável na solução desses problemas ao atingir os estágios avançados. Da mesma maneira, a prática de *Dhāranā, Dhyāna* e *Samādhi* é fácil após ter sido feita a necessária preparação e terem sido satisfeitas as condições requeridas para sua prática. A mente é essencialmente fácil de controlar e manipular quando livre de bloqueios, complexos e pressões que a distorcem e impedem seus movimentos naturais e livres. O propósito *de Bahiranga,* ou *Yoga* Externo, é realizar isto cientificamente. *Yama-Niyama* elimina as perturbações provenientes das emoções e dos desejos, *Āsana* elimina as perturbações causadas pelo corpo físico denso, *Prānāyāma* remove as perturbações que têm origem no *Prānamaya-kosha* ou duplo etérico, e finalmente, *Pratyāhāra* desliga as atividades dos órgãos dos sentidos. Assim, para ser disciplinada, só resta a mente, que já foi liberada dos estorvos e das pressões acima mencionados. O iogue pode, portanto, praticar *Dhāranā, Dhyāna* e *Samādhi* sem qualquer dificuldade extraordinária e atingir, pela inibição das modificações da mente, as realizações mencionadas nos capítulos anteriores. No caso da Ciência do *Yoga*, como acontece em outros campos da Ciência, os resultados mais difíceis são alcançados pelo delineamento e pela aplicação da técnica apropriada.

Já foi assinalado que *Dhāranā, Dhyāna* e *Samādhi* são os três passos progressivos do mesmo processo contínuo, e diferem entre si somente no grau de concentração e na presença de certas condições definidas e bem marcadas que distinguem um estágio de concentração do outro. Todos esses assuntos foram estudados detalhadamente no comentário sobre os *Yoga-Sūtras* e não é necessário tratar deles aqui. Mas há alguns fatos de natureza geral que podem ser realçados a fim de remover certas concepções errôneas comuns e tornar possível ao estudante compreender mais facilmente o comentário.

O primeiro ponto a ser notado é que um determinado objeto no qual a mente esta concentrada no tríplice processo de *Dhāranā, Dhyāna* e *Samā-*

dhi, não é necessário ser um objeto tangível. A palavra "objeto" ou *Visaya,* como é chamado na terminologia ióguica, pode ser qualquer coisa, princípio, lei, fenômeno ou fato da existência cuja realidade tem de ser conhecida pelo processo descrito como "conhecer por vir a ser" em capítulo anterior. O tríplice processo contínuo de concentração que culmina em *Samādhi* é chamado *Samyama* na terminologia ióguica, e no terceiro capítulo dos *Yoga-Sūtras* são dados numerosos exemplos de objetos sobre os quais pode ser aplicado *Samyama.* Um estudo desse capítulo mostra quão variados são os objetos que podem ser tomados para essa finalidade.

O resultado da aplicação de *Samyama* com sucesso é, naturalmente, o conhecimento da Realidade que se procura conhecer. E, como cada fração do verdadeiro conhecimento é associada com o poder correspondente, *Samyama* aplicado num objeto leva ao desenvolvimento de um poder específico associado com esse conhecimento. Esses poderes são chamados *Siddhis,* ou realizações, na terminologia do *Yoga*, e os denominamos também poderes psíquicos. Mas somente os poderes inferiores desenvolvidos por *Samādhi,* como clarividência e outros, podem ser mencionados como poderes psíquicos. Os poderes mais elevados, desenvolvidos pelo *Yoga* Superior, são realmente espirituais em sua natureza e há um mundo de diferença entre eles e os poderes psíquicos que conhecemos. Alguns desses poderes psíquicos inferiores podem também ser desenvolvidos por outros métodos, tais como o uso de certas ervas, *mantras*, etc., citados no *Sūtra* IV-I. Não é necessário recorrer a *Samādhi* para adquiri-los. Mas todos os poderes superiores do *Yoga* podem ser desenvolvidos somente em *Samādhi,* e são resultado da evolução da individualidade e do desenvolvimento dos estados mais elevados da consciência. Estes poderes estão sob o controle e comando individuais, pois ele os obteve em virtude do desenvolvimento de sua natureza espiritual.

O desenvolvimento dos poderes especiais ou *Siddhis,* de grande variedade, não é de causar surpresa. Mesmo no reino da mente inferior sabemos que qualquer espécie de conhecimento, por trivial que seja, confere certo poder ao indivíduo. O conhecimento de qualquer ofício ou profissão dá ao indivíduo o poder de ganhar dinheiro e toda espécie de conforto e luxo para si mesmo. O conhecimento que os cientistas adquiriram sobre a energia atômica conferiu-lhes o poder de elevar o padrão de vida da humanidade, ou de destruí-la. Que admiração haverá de causar se o conhecimento transcendental que vem ao iogue como resultado do desenvolvimento dos estados mais elevados da consciência pelos métodos ióguicos acarretarem poderes muitos maiores que os usuais? Não nos admiramos se com uma bomba de hidrogênio é possível destruir uma cidade, mas nos admiramos como um iogue pode passar através de um muro ou ler a mente de outras pessoas.

25

Autorrealização e a Busca da Felicidade

O último capítulo sobre os *Yoga-Sūtras* é o mais difícil de ser compreendido porque contém algumas das mais sutis concepções nas quais se baseiam a Filosofia e a Psicologia do *Yoga*. Não há muita técnica nesse capítulo, exceto o *Dharma-Megha Samādhi,* a mais alta espécie de *Samādhi,* que coloca o iogue completamente fora do reino da mente e o estabelece permanente e irreversivelmente no reino da Realidade.

Anteriormente já consideramos a Filosofia do *Yoga* num de seus aspectos, isto é, a involução e a evolução da Mônada em manifestação e seu final surgimento da manifestação como um indivíduo Autorrealizado, capaz de permanecer centrado no reino da Realidade e, no entanto, funcionar nos reinos do Relativo através do conjunto de veículos que ele criou e aperfeiçoou para seu uso durante o longo curso da evolução e o desenvolvimento de sua natureza divina em potencial. A Filosofia total do *Yoga* é, porém, de muito maior alcance; é realmente uma parte da Filosofia mais abrangente da Sabedoria Antiga que nos da uma ideia da natureza da Realidade e sua manifestação nos mundos fenomenais do Relativo. O total da Doutrina Oculta, revelada ou não, é assim a base da Filosofia do *Yoga.*

A Psicologia do *Yoga* esta naturalmente relacionada com esta Filosofia superior e, ainda que difiram um tanto segundo a escola a que um determinado sistema pertença, a linha geral e o caráter essencial são praticamente os mesmos para todas as escolas de disciplina ióguica. Estas diferenças na psicologia fundamental dos diferentes sistemas podem parecer marcantes, mas na verdade não o são. São devidas aos diferentes métodos de solução e pontos de vista. Para aqueles que têm percepção intuitiva dessas coisas, elas não parecem ser de caráter fundamental.

Já foi mencionado que a Filosofia do *Yoga* parece basear-se, pelo menos externamente, na doutrina *Samkhyan* e assim, naturalmente a esta doutrina relaciona-se também a sua psicologia, cujas expressões são também em termos da Filosofia *Samkhyan.* Esta Psicologia não é discutida e formulada de maneira sistemática nos *Yoga-Sūtras,* e cumpre arrumar as peças tirando-as dos vários *Sūtras* que versam sobre os diferentes aspectos do *Yoga.* Mas, para o estudante cuidadoso que tenha estudado o assunto detalhadamente, a linha mestra desta Psicologia é claramente discernível e pode ser formulada como um sistema completo e autossuficiente, ainda que não relacionado com os modernos sistemas de Psicologia. A Ciência do *Yoga* trata do Universo manifestado e da Realidade em que ela se baseia, como um todo. Ainda que leve em consideração todos os fenômenos da Natureza, a Ciência do *Yoga* ocupa-se principalmente dos reinos invisíveis do Universo. Por outro lado, a Psicologia moderna está baseada nos fenômenos do Universo visível que é exatamente o revestimento externo que cobre, e parcialmente expressa, as realidades internas. É inevitável que a Psicologia que trata de todos os fenômenos do Universo manifestado, visível e invisível, bem como da Realidade que fundamenta esses fenômenos, deve ter uma base mais ampla e mais profunda do que a Psicologia que toca somente a superfície das coisas, e teme mesmo mergulhar abaixo da superfície. Não se pode esperar, assim, nada de comum entre as duas psicologias, e deve--se estar preparado para considerá-las separadamente e como independentes, por enquanto. Somente quando a Psicologia moderna se tiver aprofundado mais nos fenômenos da vida e aceitado, pelo menos até certo ponto, a Doutrina Oculta, é que se poderá esperar qualquer espécie de relacionamento com a Psicologia do *Yoga.* Por ora, concordemos em divergir e não forçá-las a uma reconciliação como algumas pessoas tentam fazer.

Não é possível neste curto capítulo apresentar, mesmo em linhas gerais, a Psicologia do *Yoga* ou a Filosofia mais elevada da qual é parte. Mas há uma questão importante sobre a qual foi lançada alguma luz no último capítulo dos *Yoga-Sūtras,* isto é, a busca universal da felicidade. Visto basear-se esta questão em nossa experiência comum na vida humana e ser de grande importância para o aspirante, estudaremos os *Sūtras* relevantes.

Se observarmos a vida humana como um todo, desapaixonadamente, e a analisarmos em suas características essenciais, o que verificamos? Verificamos que ela é um contínuo jogo de desejo e mente em diferentes formas e circunstâncias. Todos os seres humanos são levados constantemente pelo desejo de buscar felicidade, e a mente é utilizada de diversas maneiras por esse desejo para suprir os meios de extrair alguma felicidade que possa ser obtida das inúmeras coisas que são os objetos de nossa procura. Patañjali parte do fenômeno universal da vida humana e tenta segui-lo até sua fonte. Ele tentou mostrar a origem do desejo e da mente, e o que constitui a base da interminável e inútil procura da felicidade por todos os seres humanos envolvidos nas ilusões e limitações deste mundo.

Os dois *Sūtras* que dão a chave do conhecimento do fenômeno universal da vida humana são os seguintes:

Sadā jñātas citta-vrttayas tat-prabhoh
purushasyāparināmitvāt (IV-18)
As modificações da mente são sempre conhecidas por seu dono, em razão da imutabilidade do *Purusha.*

Tad asamkhyeya-vāsanabhis' citram api parārtham
samhatya-kāritvāt (IV-24)
Embora matizada por inúmeros *Vāsanās*, ela (a mente) age para outro (*Purusha),* pois age em associação.

O primeiro *Sūtra* significa que todas as mudanças e modificações, que constantemente têm lugar na mente de um indivíduo, acontecem contra o fundo da Consciência da Mônada, chamada *Purusha* nos *Yoga-Sūtras.* Portanto, tudo quanto acontece na mente, em qualquer nível, está presente em sua consciência, ou, em outras palavras, ele o percebe.

O segundo *Sūtra* quer dizer que a mente sempre age como um instrumento do desejo, mas, como o desejo está constantemente mudando, ela não pode realmente agir para o desejo. A mente tem que agir no interesse de algo que seja constante e associado com ela o tempo todo. E o *Sūtra* anterior mostrou-nos que este fator constante é a Mônada ou *Purusha.* Vemos assim ser a Mônada a força motriz por trás de todos os desejos e o agente que presencia todas as modificações ou mudanças da mente.

Consideremos primeiro mente e desejo separados e vejamos sua importância na vida humana antes de examinarmos sua ação e interação conjuntas na procura da felicidade.

O que é a teoria do conhecimento, de acordo com a Psicologia do *Yoga*? A mente ou *citta,* como é chamada nos *Yoga-Sūtras,* opera através de uma forma que chamamos corpo mental. Sua função é "conhecer". Mas, de acordo com a Psicologia do *Yoga*, ela não tem capacidade de conhecer porque é inanimada. A capacidade de conhecer lhe é dada por *Buddhi,* que é a luz da consciência derivada do *Purusha.* O conhecimento que surge na mente ante um objeto de percepção é derivado do conhecimento ilimitado, ou onisciente, do *Purusha.* Quando a mente entra em contato com um objeto de percepção, ela é afetada por ambos, a consciência do *Purusha* operando através de *Buddhi*, bem como o objeto que se procura conhecer, e a resposta d'Aquele que tudo conhece, o Onisciente *Purusha,* a este estímulo limitado, é o conhecimento do objeto obtido pela mente. Porque, no fundo, está sempre o *Purusha,* e ele é onisciente. Ele é o fator comum em todos os processos do conhecimento, e também o depósito de toda espécie de conhecimentos que aparecem na mente. Assim, do fundo da onisciência, o objeto desperta uma resposta limitada e é a esta resposta limitada que chamamos conhecimento. Podemos entender isso facilmente se considerarmos como a cor aparece nos objetos em presença da luz branca. A luz branca contém todas as cores. Quando a luz branca incide sobre diversos objetos, produz todas as espécies de cores. Cada objeto absorve alguns constituintes da luz branca e rejeita outros. As cores rejeitadas, que são refletidas de volta, produzem a cor específica do objeto. Da mesma maneira, quando um objeto, não necessariamente tangível, é apresentado ante a Consciência da Mônada pela mente, esta última absorve uma porção da onisciência da Mônada estimulada por esse objeto, e a porção absorvida do conhecimento universal e ilimitado é o conhecimento limitado do objeto presente na mente. Quanto mais for absorvido do conhecimento ilimitado, mais profundo é o conhecimento. Quando o conhecimento total pertencente ao objeto é tirado do conhecimento universal da Mônada, este é a percepção da realidade do objeto em *Sabīja Samādhi.* O símile da mente "colorida" por um objeto no *Sūtra* IV-17 pode assim ser visto como particularmente aplicável a este contexto.

Vemos assim, como resultado do exposto acima, que a Mônada é a fonte de todo o conhecimento, e os objetos que produzem ou estimulam o conhecimento da mente são apenas instrumentos para extração do conhecimento "parcial" em relação ao "global" da Mônada. Exatamente como os objetos físicos coloridos não são a fonte de suas cores, são meramente instrumentos de extração das cores ocultas na luz branca.

Tomemos agora o desejo. Como já vimos, nossa vida em sua maior parte é um jogo de desejos. O que é o fenômeno do desejo? Estamos sempre correndo atrás de objetos produzidos ou fornecidos pela mente na instigação do desejo. De fato, este parece ser o principal propósito da mente, isto é, a satisfação do desejo. Qual é a causa do desejo? Examinemos. A fim de encontrar a causa de um fenômeno universal, cumpre procurar o fator comum a todos os fenômenos. Um fator constante neste drama, representado pela mente e pelo desejo, é o *Purusha.* Ele é o fator constante na busca de objetos vários por meio do desejo. Há algum outro fenômeno associado com a busca de diferentes objetos pelo desejo? Sim, a busca da felicidade. Essa corrida do desejo atrás de objetos, com o auxílio da mente, é a busca da felicidade, consciente ou inconsciente. Nada desejamos que não signifique obter um pouco de felicidade. Temos assim um outro fator constante presente na vida humana – a procura da felicidade.

O argumento desenvolvido nos *Yoga-Sūtras* é este. Estamos sempre desejando objetos na procura da felicidade. Os objetos mudam constantemente, os desejos mudam constantemente. Somente uma coisa neste drama não muda e está sempre presente: é o *Purusha* que está por trás de tudo. É então o *Purusha* o responsável por nosso constante desejar? Para responder temos de considerar dois fatos. Primeiro, que o desejo nada mais é que a vontade, operando sob ilusão e limitação, e a vontade deriva de *Sat*, um aspecto do tríplice *Purusha* Divino. O segundo aspecto do tríplice *Purusha* Divino é *Ānanda.* Sua própria natureza é *Ānanda,* que se reflete em bem-aventurança nos planos inferiores. O terceiro aspecto, naturalmente, é *Chit,* que se reflete na mente. Não vemos aí a importância do desejo e a constante procura da felicidade nos objetos externos? O *Purusha,* cuja própria natureza é *Sat-Chit-Ānanda,* foi rebaixado ou envolvido na manifestação e, como resultado, perdeu a percepção de sua natureza divina. Qual o resultado dessa perda de percepção de sua verdadeira natureza? Ele procurará *Ānanda* no mundo manifestado, nos objetos presentes no mundo, usando a palavra "objeto" em seu mais amplo sentido, como algo que satisfaça seu desejo. Sua natureza *Sat* que deveria encontrar expressão como pura vontade espiritual, mudará esta expressão em desejo devido à sua associação com as ilusões e limitações nos planos inferiores.

Assim a busca da felicidade, através de toda espécie de objetos nos mundos manifestados, visíveis e invisíveis, em que estamos todos empenhados, nada mais é que a Mônada à procura de *Ānanda* nas coisas que estão em seu exterior devido à ilusão ou *Māyā* em que está envolvida. O terceiro aspecto sendo *Chit,* que encontra expressão na atividade e na faculdade de formar imagens da mente, a Mônada cria tirando da multiplicidade de vida que a rodeia, uma forma depois da outra, uma situação depois da outra, buscando *Ānanda* onde ela não está presente, e não pode ser encontrada. *Ānanda* pode ser obtida parcialmente numa forma refletida como felicidade, e o quanto do aspecto *Ānanda* do *Purusha* o objeto está apto a estimular na mente é a medida da felicidade sentida no objeto. Fica assim clara como a luz do dia a importância do drama em que estamos todos empenhados.

Recapitulemos uma vez mais toda a ideia. Somos tríplices em nossa natureza divina essencial. Esses três aspectos são chamados *Sat-Chit-Ānanda* em sânscrito e são refletidos como Vontade, Mente Superior e Bem-aventurança nos planos espirituais, como desejo, mente inferior e felicidade nos planos inferiores. Por estarmos envolvidos na manifestação, perdemos todos os atributos divinos e estes só podem manifestar-se parcialmente nos planos inferiores nas formas comuns de desejo, mente e felicidade. A expressão parcial de nossa natureza divina resulta na corrida atrás de toda espécie de objetos mundanos em busca de felicidade, movidos pelo desejo e supridos pela mente com objetos convenientes a esta finalidade.

É assim que toda a torrente de nossa vida flui e flui sem cessar, lentamente subindo e subindo em direção à sua Fonte. O desejo acaba por transformar-se em vontade, o pensamento em conhecimento direto e a felicidade em pura bem-aventurança. Este é o primeiro estágio de nossa jornada em direção ao alto, resultante da realização parcial de nossa verdadeira natureza e da consequente diminuição dos véus da ilusão. Quando o homem atingiu esse estágio elevado do desenvolvimento espiritual, tudo se tornou mais sutil, tudo está presente em sua forma mais sutil. É essa libertação, obtida pela Mônada, do último e mais tênue véu da ilusão, no Plano *Átmico,* que está descrita na técnica do *Dharma-Megha Samādhi,* estudada no quarto capítulo. Quando é despertada a mais elevada espécie de discernimento, e o homem compreende a ilusão sutil presente, mesmo no Plano *Átmico* decide dar o último mergulho no mundo da realidade que lhe dá o conhecimento de sua verdadeira natureza divina como *Sat-Chit-Ānanda.* O drama de sua evolução está terminado.

A procura da felicidade real e permanente no reino da manifestação está fadada a acabar em fracasso porque a Mônada está destinada a encontrar sua verdadeira natureza e a não permanecer sempre aprisionada no mundo da manifestação. Esta é também a razão de ser o sofrimento o caráter universal da vida humana. O sofrimento é apenas uma expressão do fato de que o desejo de felicidade não pode ser plenamente satisfeito neste mundo, e não o poderia porque um destino muitíssimo maior e glorioso nos espera, futuramente, na Autorrealização. Por que deveríamos ficar tristes de ser universal o sofrimento? Não deveríamos ficar alegres que assim seja, por ser esta a melhor garantia de nossa libertação final das ilusões e limitações da vida inferior, e salvaguarda contra nosso desejo de permanecer indefinidamente como exilados na vida inferior?

26

A Questão da Direção

O verdadeiro propósito da evolução humana, como foi mostrado anteriormente, é o desenvolvimento final do indivíduo que é Autoiluminado, Autodeterminado e Autossuficiente. Tal indivíduo, é óbvio, somente pode evoluir nos estágios finais através da Autodireção. A direção do exterior é necessária e é dada nos estágios primários, porém quanto mais o indivíduo avança no caminho do desenvolvimento interior, mais a direção vinda do exterior é retirada e ele é assim forçado a fazer-se dirigir do seu interior e a acender sua própria lâmpada.

Que tal direção seja acessível ao homem em seu interior resulta da própria natureza de sua constituição. O âmago de seu ser é um centro da Consciência Divina. Sua vida tem raízes na Realidade que está na base do Universo manifestado e é a energia e o guia de sua evolução. O homem é um microcosmo contendo potencialmente dentro de si todos os poderes e todas as faculdades que vemos em forma ativa no Macrocosmo. São essas potencialidades que se desenvolvem de seu interior e gradualmente se tornam ativas, uma após a outra, à medida que a evolução prossegue.

Os grandes Instrutores da Sabedoria Eterna e os livros que tratam da questão da Autorrealização vêm repetindo que a luz que pode guiar o buscador, em sua procura da Verdade, só pode vir de seu próprio interior. Vejamos o que diz *Luz no Caminho*[29] a este respeito:

> "Pois dentro de ti está a luz do mundo – a única luz que pode ser projetada sobre o Caminho. Se fores incapaz de percebê-la dentro de ti, é inútil procurá-la em outra parte". (12)

[29]COLLINS, Mabel. Editora Teosófica, Brasília, 7ª ed. 2020. (N. ed. bras.)

Os *Yoga-Sūtras,* tratando do problema da direção no Caminho do *Yoga*, esclarece o assunto em um *Sūtra:*

> *Yogāngānusthānād as'uddhiksaye jñāna-diptir ā viveka-khyāteh (II-28)*
> Da prática dos exercícios que compõem o *Yoga*, da destruição da impureza, brota a iluminação espiritual, que evolui para o percebimento da Realidade.

É assim bastante óbvio que qualquer pessoa, seriamente empenhada no problema da Autorrealização, deva ponderar sobre a questão da direção no caminho, até não restar mais dúvida em sua mente de que tal direção possa vir somente de seu interior. Só então tentará seriamente e de maneira decidida encontrar dentro de seu coração a Luz que ira guiá-la constante e infalivelmente.

Quando então deve alguém tomar a Luz interior para guia? É desnecessário dizer que o homem é incapaz de aproveitar a vantagem desse guia interior nos estágios iniciais de sua evolução. Por muito tempo, agentes externos de educação desenvolverão sua mente, moldarão seu caráter e estimularão suas faculdades espirituais em botão. Mas chega o tempo no crescimento de toda alma, quando essa direção externa começa a mostrar-se inadequada e faz-se sentir a necessidade de um objetivo espiritual dinâmico e definido e também de meios mais eficientes de atingimento desse objetivo. O aspirante volta-se para o seu interior a fim de descobrir a Realidade que está oculta no interior de seu coração e começa a proceder, em sua mente e em seu coração, às necessárias mudanças que irão lhe possibilitar realizar sua tarefa. Ele entra seriamente no campo da Autocultura. Este é o momento de começar a busca da fonte de luz que iluminará seu Caminho.

O aspirante deve ter duas coisas absolutamente claras em sua mente. Primeira, qual é o objetivo que tem ante si, e segunda, quem o guiará no Caminho que leva a esse objetivo. A resposta à primeira questão dependerá naturalmente do indivíduo, seu temperamento, seus *Samskāras* e o ambiente de sua formação. Mas, ainda que possam diferir os objetivos temporários de um aspirante, dependendo do estágio de sua evolução e da fase que está atravessando no momento, o objeto final de tudo é o mesmo, isto é, Liberação das ilusões e misérias da vida e uma vida de Iluminação e Amor como um indivíduo Autor-realizado. Esta questão foi tratada detalhadamente em vários lugares, não sendo necessário, portanto, discuti-la aqui.

A resposta à segunda questão é dada sem qualquer dúvida nos *Yoga-Sūtras,* no *Sūtra* muito conhecido:

Sa pūrvesām api guruh kālenānavacchedāt (I-26)
Não estando condicionado pelo tempo, Ele é o Instrutor até mesmo dos Antigos.

Ishvara, ou a Deidade que preside o Sistema Solar, é o único e verdadeiro Instrutor das diferentes humanidades que vêm e se retiram no vasto drama que está sendo representado em diferentes estágios e em épocas diferentes. Ele é o *Jagat-Guru* (Instrutor Mundial) que ensina aos "Antigos", que ministra os ensinamentos primeiros às várias raças e sub-raças, de acordo com suas necessidades e circunstâncias. Sua é a Luz da Sabedoria que brilha pura, sem mácula, no coração de todos os verdadeiros Instrutores espirituais da humanidade, e também brilha, ainda que menos, no coração de todos os verdadeiros aspirantes como "Luz no Caminho". Ele é a fonte de poder e inspiração no caso de todos os verdadeiros Instrutores da Sabedoria, e Ele é também o guia invisível de todas as almas que, lenta, mas seguramente, demandam sua meta através do longo ciclo da evolução.

Foi muitas e muitas vezes salientado nas escrituras hindus que Deus e o Guru são um e o mesmo, e o discípulo não deve em qualquer circunstância imaginar que sejam diferentes. Deve ficar bem claro do que acima foi dito em relação à identidade de Deus e do Guru que o mesmo Deus, objetivo de nosso esforço espiritual, é também o guia em nossa busca, quem fala em nosso coração, primeiro como a voz da consciência e depois como a Voz do Silêncio. Esta importante verdade concernente à nossa vida interior tem sido usualmente pervertida nas interpretações ortodoxas, por motivos óbvios, como significando que, mesmo um Guru comum, com todas suas limitações e fraquezas humanas, deve ser adorado como Deus! Ou então...

A ideia da Deidade em Sua função como Instrutor tem sido simbolizada nas escrituras hindus como *Dakshinamurti.* Os seguintes versos, muito conhecidos, descrevem magnificamente em forma gráfica Sua natureza e Suas funções como um *Jagat-Guru:*

Citram vatataror mule vrddhah shisya gurur yuva
Guros tu maunam vyakhyanam shisyas tu
chinnasam-shayah.
Que maravilha! Sob frondosa figueira brava (e próximo à sua raiz)

está sentado o jovem Instrutor entre seus discípulos idosos. O Instrutor permanece em silêncio, entretanto todas as dúvidas dos discípulos são dissipadas.

Em verso, tradicionalmente conhecido, refere-se ao *Dakshinamurti.* Ele contém talvez algumas das mais importantes e profundas ideias pertinentes ao relacionamento *Guru-shishya.*

Consideremos primeiro o nome e a forma com as quais é simbolizada a função divina do Instrutor. A indicação para o nome é encontrada no *Dakshinamurti Upanishad* onde *Daksina* quer dizer *Buddhi,* a faculdade espiritual em nós, que nos possibilita perceber a verdade diretamente, sem o uso do intelecto. Assim, *Dakshinamurti* significa a "Corporificação de *Buddhi",* a representação simbólica da função da Consciência Divina dentro de nós, a qual nos capacita a compreender e vir a ser perceptivos das verdades espirituais diretamente, nas profundidades de nossa consciência.

Chegamos então à forma de *Dakshinamurti* e ao cenário em que Ele se mostra, ambos são altamente simbólicos e nos dão um vislumbre de alguns mistérios das experiências espirituais e das iniciações que a eles levam. O primeiro ponto que temos de notar na simbologia do *Dakshinamurti* é que Ele é mostrado com a mesma forma de *Shiva*, sendo mínimas as diferenças e enfatizando Sua função como *Jagat-Guru.* Isto, sem dúvida, significa que a Realidade, a fonte das funções criadora, preservadora e regeneradora de *Ishvara* simbolizadas em *Brahmā, Vishnu e Mahesha,* é também a fonte do conhecimento e da sabedoria necessários à evolução da humanidade nos diferentes estágios e à iluminação dos indivíduos que procuram a Libertação

Não é possível tratar aqui exaustivamente da simbologia de *Dakshinamurti,* mas podem ser explanados alguns aspectos importantes mencionados na *stanza* dada acima.

Por que é Ele mostrado sob uma figueira brava e próxima à sua raiz? A figueira brava é sabidamente o símbolo do conhecimento humano; suas muitas e ramificadas raízes representam os diferentes ramos do saber, que vão aparecendo à medida que o conhecimento cresce. Mas a árvore é um símbolo do conhecimento intelectual. *Apara-vidyā,* e não de sabedoria ou *Para-vidyā* que é o conhecimento nascido do contato direto com a Consciência Divina. O primeiro é expresso através do intelecto e é capaz de progressiva diferenciação e elaboração. O segundo é integral, eternamente presente, como um todo na Consciência Divina, é conhecido através de *Buddhi,* mas é auxiliado pelo intelecto em sua expressão parcial e imperfeita nos planos inferiores do intelecto. Eis por que *Dakshinamuni* é mostrado sentado próximo à raiz da figueira brava e, entretanto, separado da árvore.

O paradoxo do Instrutor ser jovem e os discípulos velhos apenas simboliza o fato de ser eterna a fonte da sabedoria e assim não sujeita às leis do nascimento, crescimento e da deterioração que se aplica a todas as coisas no reino do tempo e espaço. Essa Sabedoria Eterna tem de ser passada aos Instrutores no reino do tempo e do espaço que, mesmo avançados como são espiritualmente, têm que trabalhar através do meio imperfeito e impermanente do intelecto. Tanto Eles quanto seus ensinamentos estão sujeitos às leis do crescimento e da decadência. Não somente os corpos dos Instrutores envelhecem e morrem como os dos outros, mas Seus ensinamentos deterioram-se com o passar do tempo, pela ignorância e fraqueza daqueles que os transmitem. Mas a Sabedoria Eterna, da qual esses ensinamentos derivam, permanece nova, dinâmica e pura, como a juventude, pois é parte da Consciência Divina do *Logos.*

O outro paradoxo contido no verso, o do Instrutor permanecer silencioso e, entretanto, todas as dúvidas dos discípulos serem dissipadas, é talvez a mais importante mostra da simbologia do *Dakshinamurti.* Para a compreensão deste mistério cumpre-nos recordar o fato de que o conhecimento que pode ser comunicado por intermédio da linguagem é *Apara-vidyā,* pertinente ao intelecto. Os mais elevados e profundos segredos da vida estão além do escopo do intelecto e não podem ser comunicados pela linguagem, mas somente por experiências diretas. A consciência daquele que recebe é elevada para um nível mais alto onde ele pode experimentar diretamente a verdade a ser-lhe comunicada e conhecer a realidade, tornando-se absolutamente consciente dela. O intelecto é um instrumento incompleto para a aquisição de conhecimento, mesmo no que tange à vida inferior. Com relação às coisas dos reinos espirituais é completamente inadequado. O conhecimento da relação entre o *Jīvātmā* e o *Paramātmā,* a natureza do Amor Divino, a razão de *Jīvātmā* vir a ser envolvido no processo mundano e todas estas questões não são realmente matéria para compreensão intelectual, mas para experiência nas profundidades de nossa própria consciência ao transcender o intelecto.

Fora da necessidade de percepção direta na aquisição do conhecimento das realidades transcendentais, mesmo nossas dúvidas comuns, pertinentes à nossa vida interna, são resolvidas melhor através da Luz de *Buddhi* que vem de dentro e que pode ser considerada como um raio de Luz emanado de *Dakshinamurti.* Até que essa Luz ilumine nosso intelecto, o conhecimento intelectual permanece em sua maior parte estéril e sua importância verdadeira e mais profunda permanece oculta.

Depois de ter considerado a natureza do Instrutor Divino, que está presente no coração de todo aspirante, esperando para guiá-lo por meio da Voz do Silêncio, tratemos muito sucintamente das vantagens de estabelecermos nosso contato direto com Ele. Um dos maiores problemas da vida espiritual é encontrar um guia fidedigno que nos possa ajudar a vencer as dificuldades e provações dando-nos força, quando nos sentirmos desencorajados e luz, quando parecemos perdidos nas trevas da ignorância e do desespero. Muitos aspirantes sérios desgastam suas vidas inutilmente procurando um Guru conveniente no mundo externo, ignorando o Supremo Guru que está mais perto dele e cuja sabedoria, força e compaixão são ilimitadas e estão sempre à sua disposição, Aquele que está sempre ciente da mais leve de suas aspirações, do mais ligeiro de seus anseios e responde aos mais fracos de seus sinceros gritos de socorro. A verdadeira dificuldade em tais casos é a falta de confiança, falta de fé no fato de o Guru interior estar em nós pronto para guiar-nos, e falta de confiança em nossa aptidão para estabelecer contato com Ele e receber Seu auxílio. Todas essas dúvidas podem ser resolvidas por um supremo ato de fé, voltando--nos resolutamente para sua direção e chamando-o para ser nosso guia. E, à medida que persistimos em procurá-lo em busca de auxílio de que necessitamos em nossa vida interior, cada vez maior auxílio nos vem, até nos tornarmos independentes de toda ajuda externa. É claro que devemos também fazer o melhor que nos for possível para prover as condições essenciais para a obtenção de auxílio dessa maneira. Pois a luz de *Bhuddi* só pode brilhar na mente pura, tranquila, harmonizada e plena de devoção.

Há mais uma questão que se pode considerar ao discutir-se a função de *Dakshinamurti* como o Supremo Instrutor. Onde ficam os verdadeiros Instrutores dos homens, em relação ao *Dakshinamurti?* Pois tais Instrutores de vários graus e Mestres de Sabedoria indubitavelmente existem e de diferentes maneiras ajudam as pessoas em seu desenvolvimento espiritual. Não há lugar para eles na vida do aspirante que reconhece *Dakshinamurti* como o Supremo Instrutor? Ao considerar esta questão devemos lembrar-nos de que todos os *Sat-Gurus* são Seres libertos, permanentemente estabelecidos em *Sat* ou verdade, sendo, portanto, Sua Consciência una com a Consciência do *Dakshinamurti.* Eles são de certa maneira postos avançados de Sua

Consciência e agentes de Sua Vontade em relação a todos os aspirantes. Quando um aspirante necessita de auxílio este lhe é dado através Delcs, da melhor maneira possível e conforme as circunstâncias. Como ou por quem o auxílio é dado não lhe compete julgar. Ele deve deixar estas coisas Àqueles que podem levar avante a Vontade do Supremo Instrutor com a mais consumada habilidade e sabedoria, e deve ficar alerta e vigilante, pronto para receber ajuda e guia, de qualquer maneira que lhe venha. Pode ser que ele fique em contato físico com um Instrutor, ou seja guiado do interior; ou ainda seja deixado inteiramente a seus próprios recursos para desenvolver sua força interior e autoconfiança. A natureza do auxílio varia de acordo com as circunstâncias predominantes e as necessidades do discípulo. Instrutores menores podem também agir como instrumentos imperfeitos do *Dakshinamurti,* segundo sua pureza mental, libertação do egoísmo e harmonização da mente com Sua Consciência.

Glossário dos Termos Sânscritos Inseridos no Texto

Adi – O primeiro e o mais elevado.
Anupādaka – "Sem pais". É o Plano Monádico ou *Paranirvânico*.
Arhat – É aquele que alcançou a quarta Iniciação no caminho da santidade.
Ātmā – O espírito individual ou universal.
Bhakti – Devoção, amor.
Bhakti-Marga – O caminho da devoção.
Buddhi – Faculdade de percepção direta; faculdade intuitiva.
Chakra – Centro psíquico no corpo.
Chit – Um dos três aspectos da consciência.
Dharma – Lei, justiça, fé, religião, dever.
Gunas – Qualidades fundamentais da matéria baseadas no movimento.
Ishta-Devatā – A forma de Divindade que o devoto escolheu como objeto de adoração.
Ishvara-Pranidhāna – A autoentrega ou submissão ao Senhor.
Japa – Repetição de um nome sagrado ou de um *mantra*.
Jīvanmukti – Liberação da servidão aos mundos inferiores.
Jīvātmā – Alma espiritual
Jñānendriyas – Os cinco órgãos de percepção dos sentidos.
Karmendriyas – Órgãos de ação.
Kleshas – As causas da miséria humana.
Kundalinī – Fogo serpentino.
Māyā – Ilusão.
Nirbīja-Samādhi – Contemplação ou meditação "sem semente".
Nish-Kama-Karma – *Karma* ou ação sem desejo.
Nirvāna – Liberação; absorção no Espírito Supremo.
Prāna – Força vital que flui na contraparte do físico.
Purusha – Mônada; a alma espiritual eterna no homem.
Rajas – Uma das três Gunas: relacionada com a atividade.
Sabīja-Samādhi – Contemplação ou meditação "com semente".
Sādhana – Autocultura para desenvolvimento espiritual.
Samkhya – Um dos seis sistemas da Filosofia hindu.
Samyama – O triplo processo de meditação.

Samskāras – impressões deixadas por ações ou pensamentos.
Sat – Um dos três aspectos da consciência.
Sattva – Uma das três *Gunas;* relacionada à harmonia.
Slokas – Versos.
Sushumnā – A passagem na coluna espinhal em que *kundalinī* se move.
Tamas – Uma das três *Gunas* relacionada com a inércia.
Tapas - Austeridade.
Vairāgya – Ausência de desejo.
Viveka – A faculdade de distinguir entre o certo e o errado.
Vrttis - Atividades, estados ou maneiras de ser, modificações, transformações.
Vrtti-Nirodhah – Supressão das modificações.

Mais informações sobre Teosofia e o Caminho Espiritual podem ser obtidas escrevendo para a Sociedade Teosófica no Brasil no seguinte endereço: SGAS – Quadra 603, Módulo 20, CEP 70.200-630 Brasília, DF. Ou telefonando para (061) 3226-0662. Ou pelo E-mail: secretaria@sociedadeteosofica.org.br